Wie mächtig ist die Macht?

Manès Sperber

Wie mächtig ist die Macht?

Europaverlag
Wien · Zürich

Die Deutsche Bibliothek – CIP-Einheitsaufnahme

Sperber, Manès: Wie mächtig ist die Macht? / Manès Sperber.
Wien ; Zürich : Europa-Verl., 1991
ISBN 3-203-51145-2

Der Verlag dankt Jenka Sperber und
Jessica Beer sowie Hans-Rudolf Schießer,
Manès-Sperber-Archiv, Frankfurt am Main.

Graphische Gesamtgestaltung: Catherine F. Littasy-Rollier, Wien
Umschlagphotographie: Otto Breicha

Medieninhaber: Europa Verlag GesmbH

Satz: Sapperlot
Herstellung: Elbemühl Graphische Industrie GesmbH
Verlags- und Herstellungsort: Wien
Printed in Austria
ISBN 3-203-51145-2

Inhalt

I.

Der vielfache Tod des Wladimir Iljitsch — 11

Charles de Gaulle oder Der besiegte Sieger — 43

Willi Münzenberg — 90

Djilas oder Die bestrafte Reue — 105

Die falschen Situationen –
T. E. Lawrence und seine zwei Legenden — 129

II.

Der Mensch und seine Taten — 171

Der Attentäter — 199

Nur die Kürze des individuellen Lebens macht aus, daß gewisse Leute als Sieger in die Geschichte eingegangen sind: Sie haben die Umwandlung ihres Sieges in eine Niederlage nicht mehr erlebt. Ja, wäre die Geschichte ein Roulettspiel und Sie dürften aufstehen, sobald Sie gewonnen haben – aber, mein Junge, Sie müssen weiterspielen, bis Sie verlieren. Hat Alexander, hat Cäsar, hat Napoleon gesiegt? Hat Moses, Jesus oder Mohammed gesiegt? Hat Cromwell, Danton oder Robespierre gesiegt? Allons, mon enfant, *geben Sie es doch zu: Es gibt keine Siege.*

Wie eine Träne im Ozean

I.

Der vielfache Tod des Wladimir Iljitsch

1

Hundert Jahre nach Lenins Geburt und ein halbes Jahrhundert nach seinem Tode erachten es Freund und Feind und erst recht all jene, die weder das eine noch das andere sind, als durchaus gewiß, daß Wladimir Iljitsch Uljanow, genannt Lenin, im November 1917 eine welthistorische Persönlichkeit geworden ist. Alles, was er je geschrieben hat: Artikel, Broschüren, Bücher, Briefe, Notizen, große und kleine Zettel, sowie alles, was er je öffentlich geäußert hat, und vieles von dem, was Überlebende von ihren Gesprächen mit ihm in ihrem Gedächtnis bewahrt haben: alles, ja alles ist veröffentlicht worden. Seine Schriften sind in jede Sprache, sofern sie geschrieben wird, übersetzt worden; seine Gesammelten Werke umfassen bisher 54 Bände. Überall streiten Parteien, politische und ideologische Gruppen jeder Art und letzthin auch rebellische Jugendbewegungen darum, als leninistisch anerkannt zu werden. Sie verwehren häufig unter Gewaltanwendung dieses Privileg konkurrierenden Gruppen, die sie sodann als falsche Leninisten entlarven. »Unter dem Banner Lenins«, »getreu der leninistischen Lehre« – das sind Schlagworte, die sich Parteien in Indien und in Frankreich, in Japan und Italien streitig machen, aber auch innerhalb der kommunistischen Länder geht dieser Kampf um die anerkannte leninsche Orthodoxie.

Das alles würde jedoch nicht beweisen, daß man auf Lenin die von Hegel bevorzugte Bezeichnung »welthistorisches Individuum« anwenden kann. Entscheidend, weil unbestreitbar ist es jedoch, daß Aktionen, die er inspiriert, herbeigeführt oder gar selbst organisiert und geleitet hat, grundlegende Veränderungen wichtigster Tatbestände zur Folge gehabt haben. Seine Wirkung reicht weit über das russische Reich und über seine Lebenszeit hinaus.

Damit ist noch nicht ausgesagt, daß er in einem ganz besonderen oder einzigartigen Maße erfolgreich gewesen ist oder einen wirklich dauerhaften Sieg errungen hat, den das seither verflossene halbe Jahrhundert weder entwertet noch seinem Sinn entfremdet hätte. Es bleibt in der Tat zu untersuchen, ob Lenin das Ziel erreicht hat, dem er mit monomanischer Besessenheit fünfunddreißig von den vierundfünfzig Jahren geopfert hat, die zu leben ihm beschieden waren. Man weiß, daß es das Schicksal welthistorischer Persönlichkeiten ist, überdimensionale posthume Niederlagen zu erleiden, die wegen ihrer Dauer so manchem Deutungswandel unterliegen und schließlich, je nach der Epoche, durch Ideologie und heroistische Fiktion metamorphosiert, den Ruhm verjüngen und ihn überzeugender rechtfertigen, als es alle Taten und die historische Wahrheit je vermocht hätten.

Ist Moses erfolgreich gewesen? Der dümmste und feigste seiner Weggenossen durfte ins Gelobte Land einziehen und sich dort so breitmachen, als wäre er in seines Vaters Weingarten eingekehrt; Moses jedoch mußte draußen bleiben. Alexander der Große starb jung, in fremdem Lande; die sich seine Siegesbeute teilten, zerschlugen, was sein Reich hätte werden sollen, in Stücke.

Französische Kinder üben sich im Buchstabieren, indem sie auf den Straßentafeln fremde Ortsnamen entziffern: Eylau, Wagram, Austerlitz und so viele andere, die auf Siege hinweisen, die samt und sonders eine entscheidende säkulare Niederlage vorbereiteten. Ehe Napoleon in der Fremde und zu früh starb, versuchte er, in einem Gemisch von Wahrheit und Dichtung zu rechtfertigen, was er getan und was er unterlassen hatte. Aber noch ein Jahrhundert nach seinem Tode war die französische Nation biologisch-demographisch aufs gefährlichste geschwächt, eben weil sie seine nutzlosen weltgeschichtlichen Siege mit einem nicht enden wollenden Aderlaß gebüßt hat.

So ragen die historischen Persönlichkeiten nicht so sehr dadurch hervor, daß sie ihre Ziele verwirklicht oder ihren Errungenschaften eine ungebrochene Dauer gesichert hätten, sondern ausschließlich dadurch, daß sie die Welt so erschüttert und selbst das gewöhnlichste Gleichgewicht der Menschen, das ihres Alltags, während langer Monate, wenn nicht gar vieler Jahre so gestört haben, daß jedem war, als ob die Erde unter seinen Füßen fortgesetzt bebte.

2

Lenin, dieser Mann, der bis zur Revolution immer in der Nähe einer Bibliothek leben mußte, weil er seit seiner frühen Jugend ein unermüdlicher, ein besessener Leser war, dieser tatendurstige Bücherwurm, der im langen Exil nur lesen, schreiben und diskutieren durfte, errang von seinem 47. Lebensjahr an Siege, die in erster Linie militärisch waren oder es zu sein schienen. Mit Waffengewalt oder unter Androhung kriegerischer Aktionen stürzte er eine lächerlich schwache Regierung, zugleich mit ihr ein Regime und eine Gesellschaftsordnung. Während mehrerer Jahre führte er sodann einen Bürgerkrieg, in dem sich das Vernichtungspotential moderner Feuerwaffen mit der grenzenlosen Grausamkeit der Jacquerien verband. Die konterrevolutionären Armeen wurden, eine nach der andern, vernichtend geschlagen. Somit ist Lenin seit 1917 in erster Linie militärisch ein Sieger gewesen.

Jeder weiß, daß man seine Leiche einbalsamiert und in einem hierfür besonders errichteten Mausoleum im Herzen Moskaus wie eine Reliquie eingeschreint hat. Seit Jahrzehnten bilden sich im Schatten des Kremls tagaus, tagein Menschenschlangen, um im Vorübergehen auf die – größtenteils falschen, von Spezialisten präparierten – Überreste des Toten einen scheuen Blick zu werfen. Man könnte allerdings behaupten, daß spätestens damit, das heißt mit seiner Verwandlung in einen Götzen, Lenin seinen zweiten Tod gestorben ist.

Lenin hatte vor solchem Mißbrauch gewarnt, ohne je zu vermuten, daß dergleichen ihm selbst widerfahren könnte. Er erklärte: »Man versucht, aus Revolutionären nach ihrem Tode unschädliche Ikonen zu machen, sie zu kanonisieren, ihren Namen mit einer Aureole zu umgeben, um so die unterdrückten Klassen zu vertrösten, abzulenken, um sie hinters Licht zu führen.« So beschrieb er schonungslos die eigene Zukunft, denn just diese gottlose Heiligenkarriere stand ihm bevor.

Lenins Schriften haben, wie gesagt, eine Verbreitung gefunden wie sonst nur die Bibel und wie, zwischen 1930 und 1953, die Schriften Stalins. Aber werden sie wirklich gelesen? Selbst Intellektuelle, die sich auf ihn berufen, haben zumeist nur einige seiner Broschüren und einige immer wieder zitierte Artikel gelesen, daneben wohl auch sein Buch über den *Imperialismus als höchstes Stadium des Kapitalismus* und überdies vielleicht auch *Staat und Revolution*, viel seltener seine ersten Arbeiten wie etwa *Was tun?* oder die Kampfschrift *Ein Schritt vorwärts, zwei Schritte zurück*.

Gleichviel, ob man die übrigens noch immer unvollendete Gesamtausgabe mit den von offiziellen Anbetern mitgelieferten Vorworten, Nachworten, Erläuterungen, Kommentaren und Noten aller Art gelesen hat oder nur seine wesentlichen Schriften – in jedem Falle erhält man den Eindruck, daß Lenin als Schriftsteller und Journalist nur sehr selten das Mittelmaß überragt. Die meisten seiner Bücher und Broschüren waren Streitschriften, in denen er übrigens den Klassenfeind fast seltener angriff als jene Genossen, die über eine gerade aktuelle Frage oder über ein wesentliches politisches, organisatorisches und taktisches Problem anders dachten als er. Aber er focht nicht mit Schwert und Florett, sondern mit Hammer und Flegeln. Er war jedoch bedeutend, sooft er Fragen der Strategie und der Taktik der Machteroberung eingehend erörterte. Zu diesem Bereich gehört auch seine in der Tat wichtige, wenn auch nur relativ originelle Konzeption von der Organisation, der Rolle und den spezifischen Aufgaben einer Partei. Die fragmentarische Schrift *Staat und Revolution* darf in diesem Zusammenhang als die interessanteste Arbeit angesehen werden, vielleicht auch als die persönlichste. In ihr nimmt der mit offenen Augen geträumte Traum von der neuen Gesellschaft, wenige Monate vor der Revolution, vor der vermeintlichen Traumerfüllung, die Gestalt eines Plans an, dessen Verwirklichung nur noch eine Frage der Zeit, einer ganz kurzen Zeitspanne sein sollte.

3

Unter den vielen Millionen, die sich seit 1917 aufrichtig zum Leninismus bekennen, gibt es nur wenige, die Leninisten wurden, nachdem und weil sie Wladimir Iljitschs Werke gelesen hatten. In fast allen Fällen handelte es sich um den umgekehrten Vorgang: Man wurde zuerst durch den eigenen Aktivismus gedrängt, durch einen unduldsam strengen, fordernden Extremismus politisch angezogen und seelisch überwältigt; erst nachher empfand man das Bedürfnis, die Entscheidung zugunsten des Leninismus theoretisch oder, wie man heute häufiger sagt, ideologisch zu begründen. So war es, als Lenin zu Beginn seiner revolutionären Tätigkeit einige junge Menschen um sich scharte, so ist es bis zum heutigen Tag geblieben. Von Anfang an erzeugte er den Glauben, daß er zumindest in einem durchaus recht haben mußte: nämlich in der Forderung, daß, wer sich zu einem revolutionären Programm bekennt, seine Kräfte rückhaltlos in den Dienst der absolut notwendigen, alles verändernden Umwälzung stellen muß. Spätestens seit seinem 25. Lebensjahr, als er in Petersburg den »Kampfbund zur Befreiung der Arbeiterklasse« führte, erschien Lenin allen als ein beispielhaft konsequenter Kämpfer. Unter den zahllosen Pseudonymen, unter denen seine Genossen ihn kannten, tauchte bald der Deckname »Staryk« auf, das heißt »der Alte« oder »Alterchen«. Man nannte ihn so nicht nur, weil er früh kahl geworden war, sondern weil er seine Autorität mit einer solchen Selbstsicherheit ausübte, als ob er sie einer langen Erfahrung verdankte.

Ihm selbst schien seine Überlegenheitsposition stets natürlich. Er sah in ihr gleichsam Wirkung und Lohn seiner unbeirrbar konsequenten Haltung und seiner unerschütterlichen Treue zur Sache. Man wird erfahren, daß es mit dieser Konsequenz eine eigene Bewandtnis hatte, jedoch heute – wie damals – leuchtet es insbesondere ganz jungen Menschen ein, daß sie auf dem rechten Weg zur Revolution sind, wenn sie jeden Kompromiß zurückweisen und jeden Gedanken an ein dauerhaftes Bündnis mit Reformisten und Liberalen wie eine Todsünde verwerfen. In jeder Situation wollen sie nur die extreme Alternative gelten lassen: Wer nicht mit all seinem Können und Wissen aktiv für die Revolution, wie sie selbst sie verstehen, eintritt, hilft ganz gewiß objektiv, sagen sie, wenn nicht gar auch subjektiv der Konterrevolution, das heißt allen Mächten, die ein vitales Interesse daran haben, daß die bestehenden Zustände erhalten bleiben und deren Gegner schnellstens unschädlich gemacht werden.

Dem Kenner moderner revolutionärer Bewegungen enthüllt solch extremistische Haltung die charakteristischen Züge des Anarchismus. Obschon Lenin sein Leben lang darauf bedacht blieb, jede Frage streng im Sinne der Marxschen Lehre zu prüfen und gemäß den Präzepten, die er aus ihr ableitete, zu lösen, so war er tatsächlich nur selten — und während einer Aktion niemals — frei von einer bestimmten Art des Anarchismus, zu der er sich übrigens nie bekannt hat. (Ich werde darauf noch zurückkommen.) Man weiß, daß eine der ersten schicksalshaften Spaltungen der internationalen Arbeiterbewegung durch den Konflikt zwischen Marx und Bakunin ausgelöst wurde, der mit dem Ausscheiden des russischen Anarchisten und seiner Anhänger aus der Ersten Internationale endete. Selbstverständlich beurteilte Lenin diesen Konflikt ausschließlich im Lichte der Marxschen Auffassung, aber die Lehren Bakunins und die Aktionsregeln des anarchistischen Praktikers Netschajew und schließlich die Kampfform des Blanquismus übten auf Lenin eine Wirkung aus, die in ihm eine Ambivalenz erzeugten, die er weder bekannte noch jemals völlig durchschaute. Doch einige seiner zeitgenössischen Gegner entdeckten frühzeitig diesen erstaunlichen Sachverhalt und prangerten ihn an.

Doch eben diese Mischung extremistischer Zukunftsgewißheiten, die Lenin aus der Lehre von Marx und Engels bezog, und von anarchistischem Voluntarismus, der von den Taten einzelner oder einer entschlossenen Minderheit die Revolution oder zumindest den entscheidenden Anstoß zu ihrer Auslösung erwartete – diese Mischung befriedigt seit jeher einerseits das Bedürfnis nach einer wissenschaftlich oder ideologisch begründeten Gewißheit und anderseits den Drang einer revolutionär gestimmten Jugend, in Aktionen ihre eigene, exaltierende Bewährung zu suchen. In erster Linie geht es um die vollkommene Harmonie von Theorie und Praxis oder Überzeugung und Tat, doch wandelt die Tat mit Leichtigkeit die Theorie, auf die sich der Täter beruft, so um, daß sie zur dienenden, sich selbst verleugnenden Magd, zur falschen Zeugin wird. Das gilt heute, es galt aber besonders in Rußland zu jener Zeit, als der neunzehnjährige Lenin den Weg zur Revolution einschlug.

Ich weiß nicht, wie viele Biographien Lenins bisher erschienen sind, doch sind sie sehr zahlreich und vermehren sich fortgesetzt. Und wie gewöhnlich wird jede Darstellung dieses Mannes und seines Lebens im Lichte des Vollbrachten geschrieben werden, das heißt so, als ob all das, was zwischen April 1917 und dem Todestag Lenins geschehen ist, eine gleichsam selbstverständliche, unvermeidliche Konsequenz seiner lange vorher geäußerten und propagierten Ansichten, seiner frühen Beschlüsse und Taten gewesen wäre. Denn viel verbreiteter noch als der laut Descartes allen eigene gesunde Menschenverstand ist das Bedürfnis der Erdenbewohner, niederzuknien vor scheinbar oder wirklich verdientem und somit unantastbarem Ruhm. So ist es verlockend, anzunehmen, daß alles, was ihm geschehen ist, Voraussetzung und planmäßig geschaffene Vorbedingung für das große Gelingen am Ende seines Lebens gewesen ist. Nicht nur kommunistische Autoren haben Lenins Leben in diesem Sinne beschrieben und bewundernd festgestellt, daß er das Geschick souverän gemeistert und genau das erreicht hat, wonach er seit seiner Kindheit gestrebt hatte.

Obwohl es sich hier keineswegs um eine Lebensbeschreibung Lenins handelt, sondern um einen Versuch, einige Züge seines Wesens und sein seltsames Schicksal zu erhellen, muß doch in großen Linien sein Werdegang skizziert werden. So sei hier in Erinnerung gerufen, daß Wladimir Iljitsch Uljanow am 22. April 1870 in Simbirsk, der Stadt an der Wolga, die jetzt nach ihm Uljanowsk heißt, geboren wurde als das dritte von sechs Kindern. Ilja Nikolajewitsch, sein Vater, war wegen seiner hingebungsvollen Arbeit als Kreisschulinspektor allgemein sehr geachtet; wegen seiner Verdienste wurde er zum Staatsrat ernannt und als solcher in den erblichen Adelsstand erhoben. Entgegen den vor allem unter Stalin systematisch verbreiteten Legenden sei festgestellt, daß Lenin eine materiell völlig sorglose Kindheit verlebt hat, daß er in jeder Hinsicht und mit Brio alle Vorteile genießen durfte, die eine in wohlgeordneten Verhältnissen lebende Familie der gehobenen Stände bieten konnte. Ihn trieb von früher Schulzeit an der Ehrgeiz, stets der Erste zu sein. Dies gelang ihm auch tatsächlich fortdauernd, bis er an die Universität kam.

Er liebte seinen Vater, der prinzipienstreng und gerecht war, wenn er auch an Alexander, seinem älteren Bruder, besonders hing und ihn grenzenlos bewunderte. Dieser zeigte ein ungewöhnliches wissenschaftliches Interesse für alles, was ihn umgab, besonders aber für alle Lebewesen; alle, die ihn kannten, sahen in ihm ein früh erwecktes Genie. Alexander Iljitsch wurde am 20. Mai 1887, 14 Monate nach dem verfrühten Tod des Vaters, wegen seiner Teilnahme an einer Verschwörung gegen das Leben des Zaren Alexander III. zum Tode verurteilt und gehenkt. Der Einundzwanzigjährige bewahrte während des ganzen Prozesses eine unerschütterliche Ruhe und die sokratische Überlegenheit dessen, der sich darauf vorbereitet und gelernt hat zu sterben. Er lud alle Schuld auf sich, um seine Genossen völlig zu entlasten, und legte mit einer geradezu mathematischen Präzision die Gründe dar, derenthalben er beschlossen hatte, einen Menschen zu töten. Die Beamten, die den Zaren über diesen Prozeß ausführlich informierten, erkannten in diesem gelassenen Jüngling einen Feind, der um so gefährlicher war, als ihn keinerlei Haß und erst recht kein persönliches Interesse, sondern nur eine Idee beherrschte. Auch deswegen wurde ihm die Begnadigung, um die er übrigens gar nicht angesucht hatte, versagt. Doch viele Jahre nach seinem Ende blieb Alexander für die jungen Revolutionäre, die nach ihm kamen, der beispielhafte Kämpfer, dem es nachzueifern galt. Er ist nie vergessen worden.

In der Gymnasialzeit interessierte sich Lenin für alle Schulfächer, doch verwandte er seine freie Zeit hauptsächlich auf die Lektüre von Romanen und Erzählungen. Sein Lieblingsautor war Turgenjew. Es scheint, daß er lange Passagen aus dessen Werken auswendig wußte. Sein Interesse für die Revolution, allgemeiner für die Politik, erwachte wohl erst nach dem Tode seines Bruders. Im gleichen Jahr wurde er, noch ehe das Semester zu Ende war, von der Kasaner Universität wegen Beteiligung an einer politischen Manifestation relegiert. Er durfte später seine Prüfungen in Sankt Petersburg als Externist ablegen – eine Gnade, die ihm nur dank den fortgesetzten Bittgängen seiner Mutter, einer bewundernswert klugen und charaktervollen Frau, zuteil wurde.

Lenin widmete ökonomischen Fragen die größte Aufmerksamkeit, er las unermüdlich die einschlägige Literatur – im Gefängnis, in der sibirischen Verbannung und in der Emigration. Es ist wohl kennzeichnend, daß er sich an der juristischen Fakultät inskribierte und schließlich das Diplom eines Rechtsanwalts erwarb. Er war einer der ganz seltenen revolutionären Intellektuellen, die in jeder Situation ihr Augenmerk auf Prozeduren, auf die genaue Formulierung von Tagesordnungen und von Resolutionen jeglicher Art richteten. Das berühmte Bild, das ihn auf einer improvisierten Estrade zeigt, von der er sich mit einem sichtbar hinreißenden rhetorischen Elan an eine unübersehbare Menge wendet, illustriert die eine, feiertägliche Seite Lenins. Der Anblick dieses Tribuns läßt keinen Raum für die Vorstellung, daß der gleiche Mann stets geneigt und imstande war, viel Zeit auf scheinbar oder tatsächlich unwichtige Fragen zu wenden, die gewöhnlich die juristischen Pedanten, Tüftler und jene Vereinsmeier passionieren, welche sich nur in der Diskussion über solche Angelegenheiten zur Geltung bringen können. So unähnlich Lenin ihnen auch war, so beherrschte er wie sie und besser als sie die Technik solcher Tüfteleien und formalen Querelen und benutzte sie bei jeder Gelegenheit.

Der von N. G. Tschernischewsky im Jahre 1863 veröffentlichte berühmte Thesenroman *Was tun?* übte auf Lenin, der ihn mehr als einmal las, einen tiefen nachhaltigen Einfluß aus. Er hatte später, wie man weiß, diesen merkwürdigen Titel einer seiner ersten und wichtigsten Schriften gegeben. Doch stärker als Tschernischewskys Einfluß bestimmte das Schicksal seines Bruders Alexander den Siebzehnjährigen, den revolutionären Weg einzuschlagen. Er wurde Marxist, das heißt in seinem Falle: Er faßte den Entschluß, fortab den Marxismus, wie er ihn verstand, zu verbreiten, das aus ihm abgeleitete Programm zu verwirklichen und jede Abweichung von diesem zu bekämpfen. Jedoch gab es in seinem marxistischen Bereich von Anfang an eine Art von Enklave, innerhalb deren er

Reste der terroristischen Narodniki-Theorie und des Anarchismus Bakunins und Netschajews, fast möchte man sagen, geheim aufbewahrte.

4

Seine erste bedeutende Schrift erschien im April 1899 unter dem Titel *Die Entwicklung des Kapitalismus in Rußland.* Er hatte sie hauptsächlich in der sibirischen Verbannung geschrieben, wo er unter relativ sehr günstigen Bedingungen mit seiner Frau Nadjeschda Krupskaja und deren Mutter sich recht bequem eingerichtet hatte, so daß er ungestört das Leben eines Privatgelehrten führen konnte. Seine Familie versorgte ihn mit Geld und mit Büchern, deren er niemals genug zu haben glaubte. Im Sommer 1900 verließ er Rußland; es war seine zweite Ausreise in den Westen; bis zum April 1917 sollte er nur selten zurückkehren und gewöhnlich nur für kurze Aufenthalte. 1901 veröffentlichte er die schon genannte Schrift *Was tun?*, die seine Auffassung von der revolutionären Partei darlegte – eine Konzeption, der er auf dem Zweiten Kongreß der russischen Sozialdemokraten in London zu einem Siege verhalf, der bald von seinen Gegnern wieder verwischt wurde. In der Tat war fast jede Majorität, die er in den fortdauernden Kämpfen um die Durchsetzung seiner Ansichten sowie um die Erringung von Machtpositionen innerhalb der Partei und um die Leitung von Parteizeitungen gewinnen konnte, erstaunlich kurzlebig. Gelang es ihm zwar auf der bereits erwähnten, besonders wichtigen Tagung dank der Ausschaltung der Delegierten der jüdischen Arbeiterpartei »Bund« eine Mehrheit für seine Resolutionen zu erlangen und infolgedessen die Zeitung *Iskra* in die Hand zu bekommen, so mußte er wenige Monate später einsehen, daß der so mühsam und umwegig errungene Erfolg nicht viel wert war. Enttäuscht zog er sich aus der Redaktion der Zeitung und einige Monate später auch aus dem Zentralkomitee der Partei zurück. Was blieb, war der somit nur einen flüchtigen Augenblick lang gerechtfertigte Name »Bolschewiki«, das heißt »Mehrheitler«. Während der Jahre, die folgten, sollten die Bolschewiki in den meisten Auseinandersetzungen innerhalb der Russischen Sozialdemokratischen Partei in der Minderheit bleiben – und dies bis zum Ende, das ist: bis zu der von ihnen erzwungenen Liquidation der Menschewiki. Daß die Bezeichnung Bolschewiki von Lenins Fraktion beibehalten wurde, obschon es das Kräfteverhältnis durchaus verkehrt widerspiegelte, ist aufschlußreich. Man darf nicht vergessen, daß es sich bei den Teilnehmern am Londoner Parteikongreß nicht um ordentlich gewählte Delegierte handelte. Die Partei war illegal, die Organisierung von Wahlen, an denen sich alle eingeschriebenen Mitglieder hätten beteiligen können, durchaus unmöglich, ja undenkbar. Somit repräsentierten die Teilnehmer sich selbst und hie und da winzige Zirkel; bestenfalls drückten sie die vorherrschende Stimmung in diesem oder jenem Winkel des riesigen Reiches aus.

Lenin blieb nicht lange ohne Zeitung. Er gründete eine neue, die er *Wperjod* nannte. Es sollten mit der Zeit noch andere folgen; das geschah jedesmal, wenn ihm die Macht der Entscheidung über die Politik eines Partei- oder Fraktionsorgans entrissen oder bis zur Unerträglichkeit streitig gemacht wurde. Er war stets vollauf damit beschäftigt, seinen Standpunkt vor allem gegen »Abweichler«, wie man später sagen sollte, das heißt gegen divergierende Fraktionsgenossen, also gegen Bolschewiki, durchzusetzen. Er tat das jedes Mal mit solch ungeheurer Energie und solch verschwenderischem Aufwand an Zeit und Mitteln, als ob es jedes

Mal um das Ganze ginge. So hat er stets gehandelt, bis zur letzten Auseinandersetzung, die der todkranke Mann nicht mehr zu Ende führen konnte: er schrieb und mobilisierte Bundesgenossen gegen Stalin, den er unbedingt aus dem Generalsekretariat der Partei entfernen wollte.

Lenin hat sich selbst nie geschont noch die notwendigste Ruhe gewährt, wenn es sich darum handelte, Andersdenkende zu überzeugen und – gelang das nicht sofort – aufs härteste zu bekämpfen und zu isolieren. »Unversöhnlich, unbarmherzig« – der junge Trotzki, der gerade aus der Verbannung zu Lenin nach London gekommen war, staunte über die Häufigkeit und die Eindringlichkeit, mit der Lenin diese Worte benutzte. Anderseits blieb er bis ans Ende seines Lebens fähig und gewillt, sich mit jenen Weggenossen, die er einen Tag zuvor als das verkörperte Übel enthüllt und bekämpft hatte, aufrichtig auszusöhnen, sofern sie sich ihm anschlossen, das heißt unterwarfen. Seine Intransigenz war somit stets thematisch und damit zeitlich begrenzt. Gewiß hegte er Sympathien und Antipathien, doch ließ er sich in der Politik niemals oder, sagen wir, höchst selten von ihnen lenken. Das muß um so mehr hervorgehoben werden, als er im ideologischen, politischen, taktischen und fraktionellen Streit vor persönlichen Angriffen keineswegs zurückscheute und bedenkenlos den jeweiligen Gegner kränkenden Angriffen aussetzte, ja ihn diffamierte, wenn es ihm notwendig schien. Er war auch darin eine seltene Erscheinung: Indes in der Polemik sachliche Vorwände gewöhnlich dazu benutzt werden, um kaum gestehbare Ressentiments und persönliche Überansprüche zu tarnen, personalisierte Lenin zwar fast jeden politischen Streit, doch ging es ihm *wirklich* um die Politik und kaum je um seine persönliche Ranküne oder um neurotischen Persönlichkeitskampf.

Das bedeutet keineswegs, daß Lenin der gigantische, sozusagen granitene Kämpfer des Propagandamythos gewesen ist. Trifft es zwar durchaus zu, daß er mehr Zeit und Kraft, mehr Gedanken und Gefühle an seine revolutionären Bestrebungen gewandt hat als wohl irgendein Mensch vor ihm, so ist es anderseits wahr, daß er, der in Angriff und Verteidigung hart und unerbittlich war, ein ungewöhnlich empfindlicher, seelisch überaus verletzlicher, nervöser Mensch gewesen ist. Kein Zwist ließ ihn kalt, er litt schwer unter den Attacken, denen er ausgesetzt war oder die er provozierte, und er büßte seine eigene Aggressivität recht häufig mit völliger Appetitlosigkeit und gefährlicher Gewichtsabnahme, mit langer, quälender Schlaflosigkeit; zuweilen wurde er von noch schwereren nervösen Störungen heimgesucht und mußte immer wieder seine Tätigkeit unterbrechen, sich aufs Land zurückziehen, seine Lebensweise völlig ändern, um wieder zu Kräften, um wieder zu sich selbst zu kommen. Er hatte das Glück, daß Nadjeschda Krupskaja vom ersten Tag ihrer Begegnung an, was auch immer geschah, unverbrüchlich zu ihm stand und ihn nie verlassen sollte. Er hatte sie im zweiten Jahr seiner Verbannung geheiratet, damit sie mit ihm im sibirischen Dorf legitim zusammen wohnen konnte. Die bedingungslos ergebene Gefährtin eines Mannes, der stets aus eigenem Willen ihre Lebensführung bestimmte, verlor sehr früh die Reize einer jungen Frau; sie brachte freundschaftliches Verständnis für die seltenen, nie dramatischen Eskapaden ihres Mannes auf. Das gilt insbesondere für ihr Verhalten während der merkwürdigen, komplizierten Beziehung, die Wladimir Iljitsch mehrere Jahre lang an die durch ihn zum Bolschewismus bekehrte Frauenrechtlerin Inessa (Inès) Armand band.

5

Wie alle russischen Sozialisten und viele andere Zeitgenossen, sah auch Lenin voraus, daß infolge des Krieges mit Japan im Zarenreich eine revolutionäre Situation entstehen könnte. Da er jedoch nicht sehr fest daran glaubte und überdies wie gewöhnlich in interne Zwistigkeiten verwickelt war, blieb sein Anteil an den stürmischen Geschehnissen von 1905 recht gering – was auch immer die offizielle Legendenliteratur behaupten mag. Er kam erst im November 1905, also elf Monate nach dem blutigen Sonntag, in Petersburg an, wenige Wochen vor dem Ende. Zwar hatte er Beziehungen zu dem von Trotzki geführten Sowjet, dem ersten, welchem eine historische, beispielhafte Rolle zugefallen war, aber er übte wenig Einfluß auf ihn aus. Die Revolution war ausgebrochen, ohne daß die Bolschewiki sie ausgelöst hätten; ihr Verlauf blieb unbeeinflußt von Lenin und seinen zumeist kleinen Gruppen im Lande. Lenin hatte den Augenblick verpaßt, für den er sich fünfzehn Jahre lang vorbereitet hatte.

Der sechsundzwanzigjährige Trotzki, der das Heft in der Hand hatte, war kein Bolschewik. Wladimir Iljitsch, der ihn zweieinhalb Jahre vorher in London mit offenen Armen empfangen hatte, weil er in ihm einen zukünftigen Bundesgenossen, vor allem im Kampf gegen Plechanow sah, mußte bald erkennen, daß Trotzki entschlossen war, seinen eigenen Weg zu gehen. Die Entfremdung zwischen den beiden Männern verstärkte sich im Verlauf der Jahre und sollte bis zum Sommer 1917 dauern, als sie gemeinsam den Aufstand vorbereiteten. Trotzki hatte früher und schärfer als Rosa Luxemburg Lenins Konzeption von der Partei der professionellen Revolutionäre zurückgewiesen. Im Verlauf der Debatte formulierte er eine Prophezeiung, die sich grauenhaft erfüllen sollte: »Die Parteiorganisation wird sich anstelle der Partei setzen; das Zentralkomitee wird die Parteiorganisation ersetzen und schließlich wird ein einziger Mensch die Macht des Zentralkomitees an sich reißen.«

Trotzki hielt frühzeitig Ausschau nach einer demokratischen Form der proletarischen Diktatur, das heißt, der unvermeidlichen Übergangsphase zwischen Revolution und klassenloser Gesellschaft. Die Sowjets, das heißt, die an konkrete, befristete Aufträge ihrer Wähler gebundenen Arbeiterräte schienen ihm die einzig gemäßen Organe der proletarischen Demokratie, weil sie, glaubte er, wesensmäßig unfähig wären, sich in bürokratische Apparate zu verwandeln. Die Arbeiterräte sollten niemals für eine längere Frist gewählt werden und jederzeit abberufbar bleiben. Die Wähler verpfändeten somit niemals ihr souveränes Bestimmungsrecht – die Macht ging immer von ihnen aus.

Im Gegensatz zu dieser Auffassung, die auf der Trotzkischen These von der permanenten Revolution basierte und auf seinem Zutrauen zu der Arbeiterklasse beruhte, ging Lenin von der Feststellung aus, daß »die Arbeiterklasse aus eigener Kraft nur ein trade-unionistisches Bewußtsein hervorzubringen vermag, das ist, die Einsicht in die Notwendigkeit, sich in Verbänden zusammenzuschließen, einen Kampf gegen die Unternehmer zu führen, der Regierung diese oder jene für die Arbeiter notwendigen Gesetze abzutrotzen und anderes mehr«. Daher glaubte er an die Unerläßlichkeit einer streng disziplinierten Partei, die sich im wesentlichen, wenn nicht gar ausschließlich, aus professionellen Revolutionären zusammensetzen müßte. Deren Aufgabe sollte es sein, der Arbeiterklasse zu einem revolutionären Klassenbewußtsein zu verhelfen und sie in den Kampf gegen den Kapitalismus zu führen. Lenin sagte: »Gebt uns eine Organisation von Revolutionären, und wir werden Rußland aus den Angeln heben.«

Nun widerlegte die Revolution von 1905 diese Auffassung in eklatanter Weise: Keine Partei hatte sie vorbereitet, keine geführt. Sie brach spontan aus, Streiks legten wichtige Betriebe, so den Eisenbahnverkehr, still; Zusammenstöße mit den Organen der Staatsmacht wurden unvermeidlich. Das unvorhergesehene Ereignis, das im ganzen Zarenreich wie ein Signal zur Volkserhebung alle zutiefst aufrührte, erfolgte am 22. Januar 1905 vor dem Winterpalais in Sankt Petersburg. Hunderttausende, Männer und Frauen, viele von ihren Kindern begleitet, marschierten an diesem Tage mit Zarenbildern und Kruzifixen auf, um von Nikolaus II. eine Besserung ihrer unerträglichen Lage und staatsbürgerliche Rechte zu erbitten. Der Zar antwortete mit den Waffen seiner Kosaken, die an die tausend Manifestanten ums Leben brachten.

Doch kein Bolschewik und übrigens auch kein Menschewik noch ein Sozialrevolutionär war Initiator und Führer dieser Manifestation, sondern ein Mann namens Gapon, ein zwielichtiger Pope, der gewiß mit der politischen Polizei Verbindung hatte, jedoch während jener Phase, wie von einer unermeßlichen Gewalt über sich selbst hinausgehoben, zum Sprachrohr des unglücklichen Volkes und zum Führer seiner Erhebung wurde.

Lenin und Trotzki zogen, jeder auf seine Weise, Lehren aus dieser ersten russischen Revolution. Jeder fand in den Ereignissen eine volle Bestätigung seiner vorgefaßten Anschauungen. Im Juni 1912 erfolgte Lenins endgültige Trennung von der Partei und die Gründung seiner eigenen, bolschewikischen Partei. Trotzki seinerseits fand, daß Sieg und Niederlage seine Auffassung von der nahenden, permanenten, das heißt proletarischen Revolution erhärteten.

6

Lenin ließ sich für einige Zeit in Finnland nieder, sodann kehrte er ins Exil zurück – in die Schweiz, nach Frankreich, nach Österreich. Wo immer er war, blieb er in ständiger Verbindung mit den Aktivisten seiner Partei. Er schrieb oder diktierte zahllose Briefe, auf deren Beantwortung er stets mit schwer zähmbarer Ungeduld wartete; er beeinflußte zweifellos viele, wenn nicht die meisten Empfänger seiner Botschaften und Anordnungen. Auch war er immer wieder in der Lage, nicht nur die von ihm nacheinander gegründeten und geleiteten Zeitungen zu finanzieren, sondern sie in recht großen Mengen nach Rußland einschmuggeln zu lassen. Dabei halfen ihm allerdings Genossen der Bruderparteien, insbesondere bestimmte Organisationen der deutschen und der österreichischen Sozialdemokratie. Woher nahm er das Geld für diesen erheblichen Aufwand? Für seinen Lebensunterhalt sorgte seine Mutter, die ihm regelmäßig die Einnahmen aus den Gütern der Familie zusandte. Auch Krupskajas Mutter, die bis zu ihrem Ableben Lenins Haushalt führte, verfügte wohl über ein gewisses Einkommen. Am Ende, während der Kriegsjahre, half eine kleine, unverhoffte Erbschaft über die Not hinweg. Alle diese Geldquellen hätten es Lenin niemals ermöglicht, die politische Arbeit zu finanzieren. Die russische Emigration verfügte jedoch immer wieder über Subventionen, die nicht selten von großbürgerlichen Sympathisanten bereitgestellt wurden. Eine Zeitlang verwaltete Lenin selbst den Parteifonds, vor allem handelte es sich um Legate des steinreichen Großindustriellen Sawa Morosow und seines Neffen Nikolai Schmidt, dank denen er während einiger Jahre über eine bedeutsame Summe verfügte, bis die Verteilung dieses Vermögens der SPD beziehungsweise ihren Vertretern Karl Kautsky, Klara Zetkin und Franz Mehring übertragen wurde.

Gleichviel wo Lenin sich – stets provisorisch – niederließ und gleichviel wieviel Gleichgesinnte ihm folgten, überall teilte er seine Zeit zwischen dem Studium in den Bibliotheken, der Abfassung seiner Schriften und der Korrespondenz mit seinen Verbindungsmännern in Rußland. Diese Arbeit beanspruchte einen wachsenden Aufwand an Zeit und Kraft. Wäre er vor dem Jahre 1917 gestorben, so hätte man von ihm nur das Bild eines merkwürdigen, höchst eigensinnigen, überaus eifrigen und nicht selten streitsüchtigen Politikers bewahrt, der nie dazu kam, Politik offen und in einem beachtlichen Maß zu betreiben. Seine Neigung, sich in seinen zahllosen Zwistigkeiten so zu gebärden, als ob von ihrem Ausgang das Schicksal der Revolution abhinge, hätte die Nachwelt wohl nicht mit Spott, aber mit einer unverhohlenen Ironie gedeutet. Immer gab es diese Disproportion zwischen dem zumeist geringen Gewicht der strittigen Punkte und der Wichtigkeit, die Lenin ihnen beimaß, sobald er auf Widerstand stieß. Diese Diskrepanz erzeugte den Eindruck, daß man den dürren Knochen eines ausgehungerten kleinen Mannes das Gewand eines Riesen überwarf; er wirkte deshalb nicht größer, sondern glich nur noch einem Zwerg. Die späteren Ereignisse haben nur scheinbar diese Haltung Lenins retroaktiv gerechtfertigt. Sein Triumph von 1917 füllte sozusagen das zu weite Gewand mit einem Riesenkörper auf – und dies nicht nur in den Augen seiner Anbeter, sondern der meisten Interpreten und fast aller Nachgeborenen.

Nun, solche rückwirkende Magnifizierung ist nicht neu, und sie ist nicht nur das Ergebnis der schon erwähnten, fast allgemein geübten Selbstentwürdigung, derenthalben man vor den Triumphatoren einen

Kotau macht, als ob man damit sich selbst ehrte und einen Anteil an fremdem Ruhm ergatterte. Nein, es geht hier auch um etwas anderes: Liest man die vorrevolutionären Schriften Lenins im Lichte der späteren großen Geschehnisse, so tut man gleichsam einem logischen und jedenfalls einem psychologischen Bedürfnis Genüge, wenn man das Vorher und Nachher in eine Beziehung von Ursache und Wirkung bringt; dabei vernachlässigt man, läßt man all das unter den Tisch fallen, was diese unzulässige Identifikation von *post* mit *propter* desavouieren könnte. Man weiß, daß Lenin einige Wochen vor dem Ausbruch der Februar-Revolution in einem Vortrag vor Schweizer Jugendlichen, den übrigens der deutsche Jungsozialist und Internationalist Willi Münzenberg organisiert haben dürfte, erklärte, daß die Revolution unabwendbar wäre, daß aber die Männer seiner Generation sie wohl nicht mehr erleben würden; er war damals siebenundvierzig Jahre alt. Nur wenige Monate später wehte ihn der revolutionäre Sturmwind in das Zentrum welthistorischer Geschehnisse.

Diese Disproportion, die erst durch retroaktive *Sinn-Auffüllung* aufgehoben zu werden scheint, findet man auch in zahllosen anderen Aktionen und Episoden, denen man seit fünfzig Jahren eine Bedeutung zuschreibt, die sie nicht hatten und erst nachträglich durch eine *verfälschte Anreicherung* bekommen sollten. Das gilt zum Beispiel auch für die internationalen Tagungen in Zimmerwald und in Kienthal, auf denen sich jene kriegsgegnerischen Sozialisten vereinigten, die gerade in der Schweiz waren oder ohne allzu große Schwierigkeiten dorthin gelangen konnten. Alle Teilnehmer bekannten sich zum Internationalismus, gleichviel ob sie orthodoxe Marxisten oder Revisionisten waren, und nahmen entschieden gegen alle kriegführenden Regierungen Stellung. Es machten sich jedoch beträchtliche Meinungsverschiedenheiten geltend bezüglich der wirksamsten Manier, dem Krieg schnellstens ein Ende zu setzen, und bezüglich der spezifischen Rolle der Arbeiterklasse. Es handelte sich insbesondere um die Frage der Verwandlung des Weltkrieges in einen internationalen Bürgerkrieg. Bei all dem spielte Lenin eine ungleich geringere Rolle, als die kommunistische Hagiographie behauptet, aber es ist gewiß, daß er hinter den Kulissen viel stärker gewirkt hat als in den öffentlichen Debatten. Wie gewöhnlich hatte er den Kampf um die zu fassenden Resolutionen, um die Zusammensetzung des Resolutionskomitees, der Kongreßleitung und dergleichen sorgfältigst vorbereitet. Hierbei spielten wie gewöhnlich vorgeschobene Mitarbeiter, insbesondere gewisse weibliche Teilnehmer, die ihnen von Lenin zugeteilte Rolle. So zum Beispiel die schon erwähnte Inessa Armand.

Handelte es sich damals, im September 1915 beziehungsweise im Mai 1916, um relativ bedeutende internationale Manifestationen von Sozialisten, so nur, weil kaum etwas anderes von Belang zu jener Zeit in Gang gebracht werden konnte. Tatsächlich aber war ihre Wirkung geringfügig, um nicht zu sagen nichtig. Erst nachdem alles vorbei war, begann man diese beiden Orte so zu nennen, als ob sie Schauplätze entscheidender Aktionen im revolutionären Kampf gegen den Ersten Weltkrieg bezeichneten.

7

Der marxistische Eiferer Lenin stand, ebenso wie Trotzki und wie alle Internationalisten im marxistischen Lager, nach Kriegsausbruch unversehens vor einer höchst beunruhigenden Frage: Drückten die sozialdemokratischen Führer Deutschlands und die der anderen kriegführenden Länder noch die Meinung der von ihnen repräsentierten Arbeiterklasse aus, als sie zugunsten des Krieges Stellung nahmen? Traf dies zu – was war dann das Klassenbewußtsein des Proletariats wert, und was sollte dann der Glaube an seine historische Mission? Hatten aber diese Führer ihre Wähler, das heißt die sozialdemokratischen Massen im entscheidenden Augenblick verraten, um der herrschenden Klasse zu dienen – dann galt es, diesen Verrat im Sinne der materialistischen Geschichtsauffassung zu klären.

Marxisten wie Lenin und Trotzki war es schlechthin unmöglich, in Betracht zu ziehen, geschweige denn zuzugeben, daß die Arbeiterklasse versagt hatte, weil sie sowohl in Rußland als auch in den fortgeschrittenen Ländern nationalistisch und patriotisch war oder es jedenfalls wurde, sobald man sie glauben ließ, das Vaterland wäre in Gefahr. Auf einmal gab es tatsächlich keine »vaterlandslosen Gesellen« mehr, und der Arbeiter erwies sich als des Volkes bester, treuester Sohn. Die Folgerungen, die man daraus hätte ziehen müssen, waren für Lenin schlechthin undenkbar. Er und viele seinesgleichen, etwa die Bolschewiken in der Emigration und Internationalisten wie Trotzki, zogen es vor, den traumatischen Erschütterungen ein Ende zu setzen, indem sie die Politik der sozialistischen Parteien im Sinne der *Verratslegende* deuteten, welche Stalin und seine Komplizen später in eine *polizistische Geschichtsauffassung* umwandelten.

Für Lenin hatte dieses Trauma auch eine willkommene Wirkung: Er bezog aus den Ereignissen die endgültige Bestätigung dafür, daß er stets recht gehabt hatte, als er außer sich selbst nur jene als verläßliche Marxisten anerkannte, die in jeder Streitfrage seine Partei ergriffen hatten. Hierbei focht es ihn nicht sehr an, daß die Trennungslinie zwischen den »Sozialpatrioten« und den Kriegsgegnern erstaunlicherweise gar nicht so genau der zwischen Reformisten und Revisionisten einerseits und orthodoxen Marxisten anderseits entsprach. Überdies verdankte Lenin der Verratslegende die Vollendung einer Art von Autoemanzipation, die er wohl viel nötiger hatte, als man aufgrund seiner Schriften hätte vermuten können. Männer wie Plechanow und Karl Kautsky waren seine Lehrer gewesen; obschon er sich recht früh, spätestens Ende 1903, von Plechanow gelöst hatte, behielt der seinerzeit so brave Vorzugsschüler Wladimir Iljitsch gegenüber den älteren Lehrern eine Haltung, die ihn hemmte, so daß es ihm schwer fiel, sie polemisch so rücksichtslos oder diffamierend zu behandeln, wie sie es seiner Ansicht nach verdienten. Nun aber war er endlich frei, die Lehrmeister hatten sich kompromittiert, waren zum Feind übergelaufen oder hatten feige den Kampf vermieden. Fortan mengte sich in alle Polemiken, aber auch in die grundsätzlichen Auseinandersetzungen Lenins ein Ton der Verachtung gegen alle, die versagt – er meinte: verraten – hatten. Auch deshalb wurde die nachher vollzogene Spaltung der internationalen Arbeiterbewegung unvermeidlich und nahm den Charakter eines Vernichtungskrieges an. Jedenfalls war dies für die Bolschewiki die einzig mögliche Stellungnahme. Man vergesse nicht, daß der erste Moskauer Prozeß, in dem sich die *Kettenidentifikation* der stalinschen Justiz präformierte, die Menschewiki nicht nur als Repräsentanten der Zweiten Internationale, sondern als Verräter, als Agenten des Kapitalismus enthüllen sollte.

8

Lenin lebte in Zürich, als er wie jeder andere Zeitungsleser erfuhr, daß in Petersburg die Revolution ausgebrochen war. Diesmal war er entschlossen, nicht zu spät zu kommen wie zwölf Jahre vorher, sondern früh genug, um seine Partei als Avantgarde der Arbeiterklasse in den entscheidenden Kampf um die Macht zu führen. Auch deshalb scheute er sich nicht, die von den Deutschen gebotene, tatsächlich insgeheim angebotene Rückreise durch Deutschland auszunutzen. Er war mit Recht seines Prestiges, das heißt seiner politischen Autorität und seiner moralischen Integrität so sicher, daß er die in der Tat verdächtige Hilfe der deutschen Behörden fast ohne Bedenken annehmen durfte.

Alles, was Lenin geplant, organisiert und schließlich seit 1917 durchgesetzt hat, ist stets im voraus bekannt gewesen oder unverzüglich zur Kenntnis aller, die es wissen wollten, gebracht worden. Von jenem 16. April 1917 an, als er unmittelbar nach seiner Ankunft am Finnländischen Bahnhof in Petersburg den Massen, die den Heimkehrer aus dem Exil und seine Genossen stürmisch begrüßten, eine große Wendung ankündigte, die er anderntags seiner Partei darlegte – von jenem 16. April an bis zu seinem Tode liegt alles offen zutage. Mit den *Aprilthesen*, in denen er die Wendung formulierte, die unmittelbar zur proletarischen Revolution führen sollte, begann der Lauf von Geschehnissen, die durchaus bekannt und dennoch zumeist ideologisch entstellt und nachträglich so zurechtgemacht worden sind, daß sie den Deutern, den rasenden Ideologen im Dienst rivalisierender Diktaturen genau zupaß kamen.

Lenin erwies sich als fähig, nicht nur seine Taktik, sondern auch seine gesamte Strategie der sich fortgesetzt ändernden Lage blitzschnell anzupassen. Im Hinblick auf die vorrevolutionären Meinungsverschiedenheiten zwischen ihm und Trotzki darf man behaupten, daß Lenin sich Trotzkis Auffassung von der permanenten Revolution zu eigen gemacht und den *Aprilthesen* stillschweigend zugrunde gelegt hat. Im November des gleichen Jahres hat er das trotzkistische Programm zusammen mit Trotzki und der teilweise offen widerstrebenden Führung seiner eigenen Partei realisiert.

In diesem Zusammenhang ist es angebracht, die keineswegs originelle Feststellung zu wiederholen, daß man aus Schriften und Reden jedes Autors Bruchstücke, Absätze, ganze oder halbe Sätze zitieren kann, um zu beweisen, daß für ihn X weiß bedeutete, und mit dem gleichen Verfahren wird man genug Zitate finden, die überzeugen, daß X für ihn stets schwarz war. Das gilt auch für Lenins Stellungnahmen, für seine Thesen, Perspektiven, Programme und Taktiken. Der tote Lenin hat sich als ebenso leicht manipulierbar erwiesen wie Karl Marx.

Die Führer der Bolschewiki, die sich in Rußland befanden, als die Revolution ausbrach – die meisten waren aus Sibirien nach Moskau und Petersburg geeilt –, vertraten überall in den Sowjets, in den Parteikreisen und in der *Prawda*, ihrem Zentralorgan, die alte Generallinie, bis Wladimir Iljitsch mit seinen *Aprilthesen* alles umwarf. Lenin hoffte eine zeitlang wirklich, die Sowjets oder zumindest ihre absolute Majorität für seine Partei gewinnen zu können. Deshalb verlangte er aufrichtig, daß alle Macht den Räten gehören solle. Doch als er nach dem mißlungenen Juli-Aufstand aus dem finnischen Exil die Vorbereitung des Staatsstreiches in Gang setzte, wußte er bereits, daß er den Kampf um die Diktatur der Partei im Namen des Proletariats eventuell gegen die Sowjets würde bestehen müssen. Er mochte einige Zeit auch glauben, daß das neue

Regime die Einberufung der Konstituante, ihre Freiheit und ihre Souveränität absolut sichern würde – das versprach Trotzki vor dem 7. November allen, die es hören wollten. Was sehr bald als demagogische Lüge erschien, war eine Illusion gewesen, eine trügerische Hoffnung jener, die schließlich die Macht mit Berufung auf die Sowjets, aber in der Tat ohne sie ergriffen, die die Konstituante auseinandertrieben und schließlich den Fraktionen der verbündeten linken Sozialrevolutionäre und Menschewiki die Existenz unmöglich machen sollten. Man kennt die Folgen, deren erste und folgenschwerste die Unterdrückung der Pressefreiheit war.

Rosa Luxemburg nahm 1918 dazu Stellung. Sie schrieb unter anderem: »Freiheit nur für die Anhänger der Regierung, nur für Mitglieder einer Partei – mögen sie noch so zahlreich sein – ist keine Freiheit. Freiheit ist immer nur Freiheit des Andersdenkenden. Nicht wegen des Fanatismus der ›Gerechtigkeit‹, sondern weil all das Belehrende, Heilsame und Reinigende der politischen Freiheit an diesem Wesen hängt und seine Wirkung versagt, wenn die Freiheit zum Privilegium wird.«

9

Bis ans Ende sollte sich dieses merkwürdige Ereignis wiederholen, das typische Erlebnis des Wladimir Iljitsch: die rasche Entwertung oder der überraschende Bedeutungswandel seiner Erfolge. Vom 7. November 1917 an, dem offiziellen Datum der Machteroberung, die im wesentlichen sein Werk war, seines mehr als das Trotzkis, seit jener Nacht, »die die Welt erschütterte«, ist Lenin von Sieg zu Sieg fortgeschritten; jeder war stupend und hypertrophisch, denn er brachte mehr, weit mehr, als er sollte. Von da an mußte er immer mehr Macht an sich reißen, so daß seine Partei unter seiner Führung an die Stelle der Sowjets trat, die eigentlich und allein die Diktatur des Proletariats hätten ausüben müssen. Die Machtergreifung war ein Kinderspiel gewesen – Legendengläubige meinen, daß der 7. November der Tag des Aufstandes des Proletariats und seines Sieges über den Kapitalismus gewesen ist. Der Kampf um die Macht gegen die ordentlich gewählten Vertreter der Arbeiterklasse, das heißt gegen die Sowjets, endete tatsächlich in jener Nacht, und damit begann die politische Machtlosigkeit der Sowjets unter einem Regime, das sich bis heute sowjetisch nennt.

In Wahrheit hatte die Revolution mit dem erfolgreichen Sturm auf das Winterpalais noch lange nicht gesiegt; sie begann erst und mit ihr ein furchtbarer, langjähriger Bürgerkrieg, während dessen der Lebensstandard des Volkes ins Bodenlose stürzte, die Fabriken stillgelegt wurden und das Proletariat fast verschwand; die Opfer der Kriegshandlungen, des beiderseitigen Terrors, der Epidemien und Hungersnöte zählte man nicht mehr. Das alles hatte zur Folge, daß die Diktatur immer mehr ihre Massenbasis verlor, sie wurde die Sache von Machthabern, die nur den höchsten Parteiinstanzen gehorchten und nur ihnen verantwortlich waren ...

Lenin hatte auf die unmittelbar bevorstehende Weltrevolution gesetzt; von ihr bezog alles, was er unternahm, Sinn und Berechtigung. Ihm war's gewiß, daß die proletarische Revolution in den fortgeschrittenen kriegführenden Ländern, besonders aber in Deutschland, nach kurzem Kampf siegen und so die von ihm selbst geführte Revolution ins Hintertreffen geraten würde. Die proletarische Weltrevolution blieb aber aus. Nicht der Umsturz setzte dem Weltkrieg ein Ende, sondern die militärische Niederlage bewirkte den Sturz der Dynastien in den besiegten Ländern. Der Bürgerkrieg aber, mit dem Lenin nicht gerechnet hatte, erwies sich als das unvermeidliche Ergebnis einer Machtergreifung, die im Sinne der marxistischen Auffassung als putschistisch, blanquistisch angesehen werden konnte und jedenfalls ein folgenschwerer Irrtum war. Und Lenin, der orthodoxeste aller Marxisten, mußte, da seine weltrevolutionäre Perspektive durch die Ereignisse grausam desavouiert worden war, Zitate zusammensuchen, um zu beweisen, daß eine proletarische Revolution in einem so zurückgebliebenen Lande wie Rußland marxistisch zu rechtfertigen war.

Lenin war ein machiavellistischer Politiker wie alle, die machtstrebig Politik treiben. Dennoch war er trotz seiner Listen und Schliche ein höchst aufrichtiger, ein treuer Revolutionär. Er glaubte tatsächlich, daß die klassenlose, herrschaftslose, sozialistische Gesellschaft verwirklicht werden konnte, wenn nach einer Revolution das werktätige Volk durch Miliz und jederzeit abberufbare Räte alle Macht ausüben könnte, wenn das Volk die gesamte Verwaltung des Gemeinwesens in Freiheit und Souveränität zu übernehmen imstande wäre. Er hielt das Absterben des Staates und das Verschwinden all seiner Organe für unvermeidlich. Man hat von diesem merkwürdigen Mann nichts verstanden, wenn man nicht erfaßt hat, daß er zwar die Macht psychologisch brauchte, daß er aber durchaus fähig und gewillt war, sich ihrer zu entledigen zugunsten der proletarischen Diktatur. Natürlich hatte er in seiner letzten prärevolutionären Schrift den Traum von diesem idealen Gemeinwesen mit entsprechenden Zitaten aus marxistischen Schriften ausgeschmückt und andere Stellen, die nicht ganz dazu paßten, ausgeschaltet und milde entwertet.

Fünf Jahre lang siegte Lenin ununterbrochen; es blieb ihm noch ein allerletztes Jahr, während dessen er gerade noch mit dem Tode ringen konnte. Doch während jener fünf Jahre erlitt er nach jedem Sieg das fürchterliche Dementi aller unerschütterlichen Gewißheiten, in deren Namen er stets gehandelt hatte. Gab er sie deshalb auf? Keineswegs! Denn nun, da sie vorgeblich die Zukunft erobert hatten, konjugierten Lenin und seine Gefährten nur noch im Futurum. Nichts war wie erwartet, aber »budjet« (es wird sein) – morgen oder übermorgen oder in einem Jahr oder nach der Elektrifizierung des Landes. *Budjet!* Und dann kam Stalin, das Budjet wurde durch eine imperative, mörderische Fiktion abgelöst: Man mußte laut beteuern, daß das, was kommen sollte, bereits gekommen war. Aber die Arbeiter lebten nicht besser als früher, und sie leben noch heute weit schlechter als die Proletarier der kapitalistischen industriellen Gesellschaft. Der Staat starb nicht ab, die Bürokratie überwältigte das Volk und wurde so allmächtig, daß sie jederzeit den von ihr gewählten Kandidaten fast hundert Prozent aller Stimmen sichern konnte. Jahrzehnte nach der Zwangskollektivierung ist die Agrarfrage immer noch nicht gelöst. Die geistige Freiheit ist in Rußland weit geringer als zur Zeit Nikolaus II., von der politischen ganz zu schweigen. Und das Streikrecht ist vergessen. *Kein Alptraum könnte beängstigender und zugleich erniedrigender sein, als es das heutige Rußland für einen wiedererstandenen Lenin wäre.*

Obschon Lenins persönliches Macht- und Überlegenheitsstreben dem Psychologen unanzweifelbar ist, darf man ihn dennoch als den seltenen, wahrscheinlich sogar als den einzigen Machthaber ansehen, den der unbeschränkte Besitz der Macht nicht nur nicht verdorben, sondern in persönlichen Beziehungen milder und toleranter gestimmt hat. Er ist, so unglaublich es klingen mag, menschlicher geworden, je grausamer die Wirklichkeit wurde.

Fast alle Historiker und Biographen führen Lenin als ein leuchtendes Beispiel dafür an, daß es ihm als Führer restlos gelungen sei, sein entmutigend fernes Ziel zu erreichen. Demgegenüber sei festgestellt, daß sich Wladimir Iljitsch schon vor seinem Tode immer schwerer der Einsicht erwehren konnte, daß sein Ziel, obschon erreicht, sich wieder zu entfernen begann und somit noch immer verfehlt werden konnte. Zwischen seinem ersten und seinem vorletzten Schlaganfall versuchte er mit allen Mitteln, diese Entwicklung abzuwenden; es gelang ihm nicht. Er wußte bereits und sprach es aus, daß die Bürokratie die Errungenschaften der Revolution mißbrauchte und ihre Macht *gegen* das Volk und *gegen* das Proletariat einsetzte. Er warnte vor Stalin, aber es war zu spät. Am 21. Januar 1924, seinem Sterbetag, begann sein vielfältiger posthumer Tod. Es fing damit an, daß sein Testament unterdrückt und nicht nur dem Volk und der Partei vorenthalten wurde, sondern daß selbst Stalins Opfer an der Verleumdungskampagne gegen all jene teilnehmen mußten, die von dem Vermächtnis Kenntnis hatten und wagten, davon zu sprechen. Erst zweiunddreißig Jahre später war man nicht mehr ein verleumderischer Antikommunist, wenn man es erwähnte.

Während der fünfzehn Jahre, die auf Lenins Tod folgten, starb er mit seinen Kampfgefährten, die in seinem Namen vernichtet wurden; viele von ihnen mußten ihre eigene Vergangenheit verleugnen, ehe sie schändlich maskiert ermordet wurden. Und Lenin starb unter den Tanks, die den Aufstand der Berliner Arbeiter im Juni 1953 liquidierten, und drei Jahre später unter den Tanks in Budapest. Und er starb im Sommer 1968 in Prag, als ein ganzes Volk, das den Kapitalismus abgeschafft hatte, sich friedlich einen neuen Weg zu einem nicht fiktiven, wahrhaft befreienden Sozialismus zu bahnen suchte.

Doch vielleicht hatte der Tod Wladimir Iljitschs noch vor seinem Ableben begonnen, in jenen Märztagen des Jahres 1921, als er und Trotzki auf die friedlich vorgebrachten sozialistischen Forderungen der Kronstädter Matrosen mit dem vernichtenden Feuer von Kanonen und Maschinengewehren antworteten und dann mit der Erschießung der Überlebenden.

Man behielt die Fahnen der Revolution und wiederholte unablässig ihre Schlagworte, aber alles wurde Falschmeldung, eine *gewalttätige Fiktion* ... Die Wölfe hatten sich in den Leib des Pferdes eingebissen, das den Schlitten durch die verschneite Steppe zog. Aus der Ferne, von vorne, mochte man glauben, das Pferd wäre unversehrt geblieben. Es war jedoch längst verendet, die Wölfe, die, ohne im Laufe haltzumachen, an ihm fraßen, zogen den Schlitten, den andere Wölfe geleert hatten ...

Einleitend war die Rede davon, wie lebendig der Leninismus überall in der Welt geblieben zu sein scheint und wieviele sich auf ihn berufen, als ob er die sichere Gewähr für den Sieg der nahenden Weltrevolution wäre. Nun, das ist so überraschend nicht; es ist wohl schon des öfteren geschehen, daß man die Heilsbotschaft auch nach ihrer Desavouierung empfangen hat, als wäre sie selbst die Erlösung. Man mag daraus schließen, daß die Menschen die Botschaft, welche die Hoffnung nährt, dringender brauchen als die von ihr angekündigte Erlösung.

Januar 1970

Charles de Gaulle oder Der besiegte Sieger

Der bedrohlichste der vielen Widersprüche, die dieses Jahrhundert unablässig verschärft hat, betrifft den Wert sowie die Rolle der Person in der Gemeinschaft und in dem sich stetig beschleunigenden Prozeß der gesellschaftlichen Wandlungen. Schon im Ersten Weltkrieg geschah es, daß die kämpfenden Soldaten, frenetisch als Helden gefeiert, individuell immer mehr entwertet, zu einer Masse gesichtslosen Kanonenfutters zusammenschmolzen. Wo Hunderttausende junger Europäer in wenigen Tagen, zuweilen in wenigen Stunden einander mechanisch ermordeten, verlor die Person ihr wichtigstes, ihr unverbrüchliches Recht: sie selbst zu sein. Sie wurde zu einem anonymen Partikel des Menschenmaterials, wie es hieß, das erst krepieren mußte, ehe es in Gedenkreden zu Ehren kam. Je nichtiger die Person wurde, um so mächtiger wuchs der Ruhm der Feldherren an, die völlig unfähig waren, diesen Krieg zu führen. Ihr unverdienter Ruhm wurde um so lärmender gepriesen, je grauenhafter sich die Opfer ihres Unvermögens häuften.

Bald nach dem Krieg gab es Anzeichen dafür, daß sich die Menschheit ihrer militärischen Begeisterung und ihres mörderischen Hasses schämte und ihren Heldenfimmel verleugnen wollte. Gewiß ist, daß man diese Begeisterung schnell vergaß, noch schneller, als die Holzkreuze der sinnlos Gefallenen verfaulten. Doch sollte diese Reue nicht lange dauern. Schwerste wirtschaftliche Krisen und die Umwälzungen, die sie herbeiführten, degradierten aufs neue den einzelnen zu einem Partikel der Masse, die zur gigantischen ja-sagerischen Komparserie von Männern wurde, welche sich als Schmiede des Schicksals ihrer Nation, wenn nicht gar der ganzen Menschheit anboten. Je höher ein Hitler oder ein Stalin stieg, um so wertloser wurde das einzelne Individuum. Dieser moralische und politische Verderb hatte aber bereits im Ersten Weltkrieg begonnen.

Charles de Gaulle ist durch die Erlebnisse jenes Krieges geformt worden. Die Ideen, die seinen Weg und schließlich seinen Aufstieg bestimmen sollten, sind nur im Zusammenhang mit der Dauerkatastrophe von 1914–1918 verständlich.

Man kennt verschiedene Geschichtsauffassungen: religiöse, moralische, ökonomische, technologische, dynastische, heroistische und rassistische, von ihren unzähligen Abarten zu schweigen.

In der Schule lehrt man gewöhnlich die Geschichte der eigenen Nation, als ob diese das Herzstück der Welt wäre – und das gemäß einer heroistischen Auffassung. Das Geschehene erscheint gleichsam als ein Teil der Biographie vorgeblich oder wirklich großer Männer. Alles Gute, das zu ihrer Lebens- oder Regierungszeit geschehen ist, wird ihnen zugeschrieben; seltener auch das Schlechte. Handelt es sich nicht um dynastische Herrscher, sondern um Feldherren, erfolgreiche Staatsmänner, Usurpatoren oder Diktatoren, so werden die folgenreichen Veränderungen, die sich zu ihrer Zeit ereignet haben, ausschließlich als ihr Werk gerühmt oder getadelt.

Es ist einleuchtend, daß jene, die sich überhaupt für Geschichtsschreibung interessieren, zumeist auf der Suche nach dramatischen Geschehnissen sind, deren packende Schilderung ihnen das Gefühl vermittelt, gerade in schicksalhaften Augenblicken dabeigewesen zu sein. Daß Wendungen und Entscheidungen im Leben der Personen wie der Gemeinschaften sich dramatisch, das heißt ereignishaft vollziehen, leuchtet auf den ersten Blick ein. Auf den ersten, aber nicht auf den zweiten ...

Ich meinerseits gehöre zu jenen, die sowohl die heroistische wie die ihr verwandte dramatische Geschichtsauffassung als falsch und irreführend ansehen und daher der epischen Auffassung der Geschichte zuneigen. Die langsame oder beschleunigte Entwicklung der Zustände und der Umstände, unter denen Menschen leben, sich fortpflanzen, Werke schaffen, welche sie überdauern, Techniken entwikkeln, mit denen sie der Natur ihre Geheimnisse ablisten – all das ist Geschichte der Menschen, Geschichte ihrer Zivilisation. Das dramatische Ereignis selbst ist nur die Form, in der veraltete Verhältnisse abgelöst werden durch Neuerungen, die das Zuständliche schneller oder langsamer verdaut und sich einverleibt.

Dieses Bekenntnis zum fundamental epischen Charakter der Menschheit ist hier notwendig, eben weil Charles de Gaulle eine geradezu melodramatische Erscheinung ist. Sein Aufstieg mitten in einer Weltkrise, in einer nationalen Katastrophe, seine Rückkehr zur Macht, seine besondere Fasson, Politik zu treiben – all das macht aus ihm einen idealen Helden heroistischer und dramatischer Geschichtsauffassung. Hinzu kommt, daß de Gaulle mit seinen bedeutenden Gaben als Schriftsteller und Redner sich stets wirkungsvoll in Szene setzt.

Der skeptische Epiker bleibt sich stets dessen bewußt, daß nichts mit uns angefangen hat und nichts mit uns endet, ja daß es kein Ende gibt. Diese Einsicht ist, je nachdem, tröstlich oder höchst entmutigend, doch jedenfalls dazu angetan, uns vor den Verlockungen des Augenblicks zu bewahren, der größenwahnsinnig ist, weil er gerade, schon und noch, Gegenwart ist. Dank dieser Einsicht vermögen wir die drei Zeiten als einen einzigen Zeitraum zu erhellen, in dem Lügen und Legenden schlecht gedeihen.

Die Zeitgenossen eines Hitler oder eines Stalin haben nicht vergessen, wie sehr alles, die Gegenwart *und* die Zukunft, von jenen Übermenschen abzuhängen schien, die sich stark genug dünkten, rückwirkend die Vergangenheit zu verändern. In ihren Händen schien die Menschheit plastischer Stoff, nichts als Ton in des Töpfers Hand zu sein. Ihre Laune war Befehl, der sofort in die Tat umgesetzt wurde. Und diese Taten, glaubten sie, wiesen der Geschichte ihren Lauf für Jahrhunderte, für ein Jahrtausend an. Aber diese Töpfer sind tot und verleugnet. Vergänglicher, sozusagen vergangener als der Ton, der aus des Töpfers Hand gefallen ist.

Um sofort einem Mißverständnis vorzubeugen: Charles de Gaulle ist mit keinem dieser beiden, noch mit Mussolini oder sonst irgendeinem Diktator der letzten Jahrzehnte zu vergleichen. Zwar hat er einen ausgeprägten Sinn für Macht und den schwer zähmbaren Willen zur Macht, doch bestimmt dieser Zug weder sein Wesen, noch seine Pläne und Entwürfe, noch seine Taten. Man könnte ihn am ehesten mit Leo Trotzki vergleichen; genau wie der russische Revolutionär hatte de Gaulle lange, ehe nach dem Zusammenbruch Frankreichs seine Stunde schlug, eine klare Vorstellung von der Rolle, die er spielen wollte, eine fundierte Auffassung von dem Lauf der Geschichte und davon, wie er ihn mitbestimmen würde.

Charles de Gaulle hat sich seit seiner frühen Jugend darauf vorbereitet, eine Rolle, wenn möglich eine Hauptrolle im Leben der *grande nation* zu spielen. Er wartete ungebärdig auf das Stichwort, das ihm den Auftritt ermöglichen würde. Und der Augenblick kam.

Er verwandelte seine höchst persönliche, subjektive Zukunftsvorstellung in eine politische und schließlich in eine historische Wirklichkeit. Den Beginn dieser schicksalhaften Wendung kann man mit einem Datum bezeichnen — mit dem 18. Juni 1940. Charles de Gaulle stand in seinem fünfzigsten Lebensjahr; der ungeduldige Mann hatte ein Vierteljahrhundert auf das Stichwort gewartet.

»In dem Maße, in dem die unwiderruflichen Worte entflohen, fühlte ich in mir selbst ein Leben zu Ende gehen – das Leben, das ich im Rahmen eines festgefügten Frankreich und einer unteilbaren Armee geführt habe ... Ich trat in das Abenteuer ein, wie ein Mann, den das Schicksal aus jeder Rangordnung geworfen hat.«

Mit diesen Worten kennzeichnete der Memoiren-Schreiber de Gaulle seine Tat, jene Radioansprache vom 18. Juni, die den Berufsoffizier in einen Meuterer und damit in eine seltsame, zuerst — dem Scheine nach — nicht recht klare historische Figur verwandeln sollte.

Kaum mehr als zehn Jahre waren seit jener Abendstunde verstrichen; de Gaulle zog sich täglich in den Turm zurück, den er neben seinem Landhaus im Dorfe Colombey-les-deux-Églises hatte erbauen lassen, um sich dort abzuschließen. Damals glaubte er noch nicht, daß seine Karriere zu Ende, daß seine Rolle in Frankreich und in der Weltpolitik ausgespielt wäre. Er schrieb in diesem Turm sein dreibändiges Werk, das er *Kriegserinnerungen* nannte, nicht so sehr um der Nachwelt zu überliefern, was er erlebt, getan und verhindert hatte, sondern um seine Aktion mit anderen Mitteln fortzusetzen und zu vollenden. Dieser Memorialist war entschlossen, dafür zu sorgen, daß kommende Geschlechter sich von ihm und seinem Wirken genau das Bild machen, das er sich selbst von sich und seiner Rolle geformt hatte.

Man kennt in großen Zügen die Lebensgeschichte des am 22. November 1890 in Lille geborenen Charles André Marie Joseph de Gaulle, dieses äußerlich keineswegs charismatischen Franzosen, der mit 50 Jahren zu leben begann, als wäre er eine wahr gewordene Legende, und der heute der Präsident der Fünften Republik ist. Sie ist die Fünfte, weil er zum Untergang der Vierten fast ebensoviel beigetragen hat wie zu ihrer Geburt.

Wer heute gleichviel auf welchem der fünf Kontinente eine Zeitung zur Hand nimmt oder einen Radioapparat anstellt, stößt nach wenigen Minuten unweigerlich auf seinen Namen. Er ist ein Mann, der oft, ja seit einigen Jahren fast ununterbrochen von sich reden macht. Er macht gerne von sich reden.

Nun, da er sein 75. Lebensjahr abgeschlossen hat, blickt er keineswegs zurück, sondern beschäftigt sich ausschließlich damit, den zukünftigen Weg Frankreichs, vielleicht auch Europas, am liebsten der ganzen Welt, im voraus zu bestimmen – nach seinem Gutdünken. Nicht nur in Europa fragt man sich besorgt, was wohl der nächste Schachzug de Gaulles sein wird: »Will er wirklich die Europäische Wirtschaftsgemeinschaft vernichten? Will er sie zu einer *quantité négligeable* degradieren? Will er wirklich aus der Atlantischen Allianz austreten? Sucht er aufrichtig ein Bündnis mit Rußland – auf Kosten Deutschlands, Westeuropas, der ganzen freien Welt?« Es mag sein, daß einige Vertraute de Gaules diese Frage beantworten könnten. Es ist aber auch denkbar, daß de Gaulle selber die Antwort noch gar nicht kennt.

Hier ein Beispiel, um solchen Zweifel verständlich zu machen: Seit den Sommertagen und bis zum Abend des 4. November 1965 fragten sich alle Franzosen, die engsten Mitarbeiter de Gaulles so gut wie die gewöhnlichen Zeitungsleser, ob er Präsidentschaftskandidat sein werde oder nicht. Nicht wenige seiner Verehrer und die Mehrzahl seiner Gegner verbreiteten die Meinung, der General habe seinen Beschluß längst gefaßt und halte ihn nur aus taktischen Gründen geheim – und vielleicht auch, um sein Bedürfnis an theatralischen Effekten zu befriedigen. Und es trifft ja zu, daß de Gaulle in jeder Situation darauf bedacht ist, eine maximale Wirkung zu erzielen. Dessenungeachtet besteht guter Grund zur Annahme, daß er in jenen Monaten tatsächlich geschwankt und sich selbst eine Frist gewährt hat, ehe er sich entscheiden wollte. Dieser sehr kühl abwägende, berechnende, machtbewußte Politiker lebt seit Jahren im Schatten des Alters, im pausenlos bedrängenden, schmerzlichen Bewußtsein, daß der Fall – langsam oder schnell – unvermeidlich und unaufhaltsam ist. Er fürchtete, ehe er seinen Beschluß faßte, er wird bis ans Ende fürchten, daß er als sein eigener Nachfolger zur Karikatur seiner selber werden, daß er über das unüberwindbare Hindernis der gehäuften Jahre tödlich, schlimmer: lächerlich stolpern könnte in den sieben Jahren, in deren letztem er ein 82jähriger Greis sein würde.

Solch kluge, rationale Erwägungen hätten ihn dazu bewegen müssen, mit dem Ablauf seines siebenjährigen Mandats abzugehen, aber hinter seiner Rationalität verbirgt sich ein seltsamer, irrationaler Glaube:

»Mein Leben lang habe ich mir von Frankreich eine bestimmte Vorstellung gebildet, die das Gefühl mir eingibt ebenso wie der Verstand. Meinem Gefühl erschien Frankreich stets wie die Königstochter im Märchen oder die Madonna der Mauerfresken: zu erhabenem und außergewöhnlichem Schicksal auserkoren. Ich habe instinktiv den Eindruck, daß die Vorsehung Frankreich so gestaltet hat, daß ihm Vollendetes gelinge oder beispielhaftes Unglück widerfahre.«

Mit diesen Worten leitet de Gaulle die über zweitausend Seiten seiner dreibändigen *Kriegserinnerungen* ein; es sind die ersten Worte des ersten Bandes. Die letzten Worte des letzten Bandes lauten: »Im Angesichte der Welt, die auf uns sieht, wollen wir Frankreich wieder aufbauen.«

Auf französisch heißt Frankreich *la France.* Bei diesem Wort muß man nicht an ein Land oder an ein Reich denken; es könnte auch der Name einer Frau sein. Oft hört man Franzosen von *la douce France* sprechen, was mit sanfte, süße oder zärtliche France übersetzt werden könnte. Man kann sich schwer einen Memorialisten vorstellen, der weniger sentimental wäre als de Gaulle, aber sooft er das Wort *la France* benutzt, entdeckt der aufmerksame Leser eine heiße Gefühlsaufwallung, die einzige, die der Autor anscheinend niemals scheut.

Man kennt nur oberflächlich die persönlichen Erlebnisse, Verhältnisse und charakteristischen Züge aus dem privaten Leben dieses bedeutenden Zeitgenossen, der so viel über sich geschrieben hat, ohne sich je preiszugeben, der sich so beharrlich in den Mittelpunkt – *en vedette,* wie Friedrich der Große es wünschte – stellt, aber stets nur in einer wohlberechneten Beleuchtung mit exakt erprobten Effekten. Außer de Gaulle selbst haben soviele seiner Freunde und Feinde, seiner Bewunderer und Verächter über ihn geschrieben – und dennoch bleibt er eine der wenigst bekannten Personen, denen man in der modernen Geschichte begegnet. Das witzige französische Wort *un illustre inconnu* – ein berühmter Unbekannter – trifft auf ihn ganz besonders zu. In einer der seltenen persönlichen Äußerungen über sich selbst hat er zugegeben: »Was meine persönlichen Beziehungen betrifft, so ist Einsamkeit mein Los.«

Henri de Gaulle, dessen zweitgeborener Sohn Charles de Gaulle ist, gehörte einer alten Pariser Familie an, doch nicht der großen Aristokratie jener de Gaulles, von denen in der französischen Geschichte hie und da die Rede war. General de Gaulles Vater war Verwaltungsbeamter, später Literatur- und Philosophieprofessor in einem Pariser Jesuitengymnasium. Widrige materielle Umstände hatten ihn daran gehindert, seiner Neigung zu folgen und die militärische Laufbahn einzuschlagen. Die de Gaulles waren seit Generationen zumeist mittlere Beamte, viel seltener Offiziere oder Geistliche. Charles de Gaulles Mutter, Jeanne Maillot, entstammte einer bürgerlichen Familie aus Lille; in diese Stadt begab sie sich, um im Hause ihrer Eltern mit ihrem zweiten Sohn niederzukommen.

Man war standesgemäß streng katholisch, royalistisch und extrem patriotisch; die fünf Kinder Henri de Gaulles lernten früh, daß *la France* das bewundernswerte Werk war, das vierzig Könige Frankreichs in einem Jahrtausend hervorgebracht hatten. Die vier wohlgeratenen Söhne zweifelten auch nicht daran, daß die französische Armee trotz der furchtbaren Niederlage von 1870 eine »der größten Erscheinungen der Welt« wäre, wie Charles de Gaulle später häufig wiederholte.

Wahrscheinlich hatte Charles von seinem Vater die Leidenschaft für Geschichte und den ungehemmten Fleiß, mit dem er frühzeitig begann, sich alles Wissen mit besonderem Bedacht einzuprägen, etwa, wie man ein bewundertes Gedicht auswendig lernt. Und noch der Greis ist ein Auswendiglerner. Auch jetzt noch stilisiert er fast alle seine Reden mit großer Sorgfalt und lernt sie dann brav auswendig. Mag sein, daß er auch die linkischen Gebärden der viel zu langen Arme vorher einübt, die seine Worte – zum Beispiel auf Pressekonferenzen – so oft unterstreichen.

Selbstverständlich besuchte er keine staatliche, das heißt religionslose, sondern eine katholische Schule, das Gymnasium Ste. Geneviève. Sodann wurde er Kadett von St. Cyr, wo er wegen seiner übermäßigen Länge bemerkt und »Doppelmeter« genannt wurde. Führte man Theaterstücke auf, so gab man ihm eine komische Rolle, nicht zuletzt wohl auch, weil seine viel zu große Nase im kleinen Gesicht über dem riesigen Körper auffallen mußte.

Man darf annehmen, daß der junge Mensch unter der Wirkung seines Äußeren um so mehr litt, als er sich sehr frühzeitig weitgespannte Ziele gesetzt hatte.

Noch in der Schule begann er zu schreiben; ein Stück in Versen erhielt einen Preis und wurde in einer Provinzrevue veröffentlicht. Es hieß *Eine üble Begegnung*, und sein Held war ein recht unglücklicher Bandit. Der angehende Offizier las mit großem Ernst in erster Reihe natürlich die Autoren, die damals in seinem Milieu tonangebend waren: Barrès, Deroulède, Rostand. Sie und ihresgleichen drückten in allen ihren Werken den französischen Nationalstolz aus. Viele von ihnen waren von der Idee besessen, daß Frankreich Elsaß-Lothringen zurückerobern müsse. Der Gedanke an einen nahenden Krieg war de Gaulle von frühester Jugend an vertraut, und die Dreyfus-Affäre, die das Land aufgewühlt und an den Rand des Bürgerkrieges gebracht hatte, blieb aktuell. Im Gegensatz zu seinem engeren Umkreis war Charles de Gaulles Vater kein Anti-Dreyfusard; er dürfte sein Amt in der Polizeipräfektur verloren haben, weil er Zweifel an der Schuld des jüdischen Hauptmanns geäußert hatte. Unter den Denkern, die den zukünftigen General damals am stärksten beeinflußten, war Charles Péguy, ein aufgeschlossener katholischer Schriftsteller, um dessen Zeitschrift *Les Cahiers de la Quinzaine* sich die besten Geister scharten.

Zweifellos wurde de Gaulle auch von dem royalistischen Extremisten Charles Maurras beeinflußt und etwa gleichzeitig von dem Philosophen-Psychologen Henri Bergson, der damals auf die oberen Schichten Frankreichs, nicht zuletzt auch auf die Führer der Armee, einen heute nicht leicht erklärlichen Einfluß ausübte.

Als der Weltkrieg ausbrach, war Charles de Gaulle 24 Jahre alt. Er hatte sich auf ihn nicht nur militärisch, sondern auch geistig und seelisch vorbereitet. Was er von der Haltung der Armee schrieb, galt für ihn selbst:

»Gelassen, von einer unausgesprochenen Hoffnung beseelt, wartete die Armee auf den Augenblick, da alles von ihr abhängen würde.«

Lieutenant in dem 33. Infanterieregiment, dessen Kommandeur Philippe Pétain hieß, erlebt er den Sommer 1914 im Zeichen einer großen Erwartung:

»Frankreich wird gewaltige Prüfungen bestehen müssen, das Lebensinteresse wird darin bestehen, diesem Frankreich eines Tages einen nennenswerten Dienst zu erweisen. Hierzu wird fortab die Gelegenheit geboten sein.«

Später einmal, nach der Feuertaufe, wird er von der kriegerischen Handlung als einem göttlichen Heldenspiel sprechen.

Das klingt wie Hinterlandsgeschwätz, aber tatsächlich hat sich de Gaulle überaus tapfer geschlagen und ist dreimal verwundet worden; das letzte Mal vor Douaumont im Jahre 1916, wo er seine Kompanie mit unwiderstehlichem Elan zum Sturmangriff führte. Er galt als verloren. Der Divisionsbericht rühmte und beklagte in ihm einen unvergleichlichen Offizier. Doch war er nur verwundet worden und in Gefangenschaft geraten.

Er unternahm natürlich mehrere Fluchtversuche, bis er schließlich nach Ingolstadt ins Fort IX gebracht wurde. Das Gefangenenlager wurde für ihn zu einer Fortbildungsschule. Er setzte seine historischen Studien fort und lernte daneben Deutsch, täglich las er deutsche Zeitungen. Dieser Lektüre verdankte er die erste Anregung zu einer Schrift, die er erst 1924 unter dem Titel *Zwietracht beim Feinde* veröffentlichen sollte. Es ist bemerkenswert, daß dieser Berufsoffizier in seiner ersten Schrift darlegt, daß ein Land in größte Gefahr gerät, wenn ehrgeizige Militärs, insbesondere während eines Krieges, die Oberhand über die Staatsmänner gewinnen und, statt zu gehorchen, selbst die politischen Entscheidungen treffen wollen. Jene Abhandlung war vor allem gegen Ludendorff gerichtet, dessen Intrigen im Jahr 1917 den Sturz des Kanzlers Bethmann-Hollweg herbeiführten.

1919 wurde de Gaulle der polnischen Armee zur Verfügung gestellt. Der brave Schüler, der er geblieben war, lernte eifrigst Polnisch und überraschte seine Hörer dadurch, daß er seine auswendig gelernten Vorträge zum Teil in polnischer Sprache hielt. Als im Sommer 1920 die Rote Armee in Polen einbrach und gegen Warschau marschierte, schloß sich de Gaulle einer kämpfenden Einheit an. Er muß sich besonders hervorgetan haben, denn ihm wurde *Virtuti Militari*, der höchste polnische Orden, verliehen.

Ein Jahr nach seiner Rückkehr aus Polen heiratete der inzwischen zum Hauptmann avancierte de Gaulle die Bürgerstochter Yvonne Verdoux aus Calais. Er ließ sich mit ihr in Paris nieder, und zwar in dem gleichen Viertel, wo er aufgewachsen war, wenn auch in einer recht bescheidenen Wohnung. Er wurde zuerst Hilfsprofessor in St. Cyr und später in der Ecole Militaire, der Militärakademie Frankreichs. Nach einiger Zeit wurde er aber selbst wieder Schüler und bereitete sich für die Aufnahmeprüfung in das sogenannte Dritte Büro vor. Er erhielt nicht die beste Note, ohne die keiner in diese strategische Studienabteilung des Generalstabs zugelassen wurde. Vor der Prüfung wurde er von den Professoren wie folgt charakterisiert:

»Intelligenter, gebildeter, ernster Offizier. Brillant, mit viel Substanz. Leider verdirbt er die unbestreitbaren Vorzüge durch seine übertriebene Selbstsicherheit, durch seine Strenge gegenüber den Meinungen der anderen und dadurch, daß er sich verhält, als ob er ein König im Exil wäre.«

Man darf die psychologische Scharfsicht dieser Professoren bewundern, aber kaum darüber staunen, daß dem 34jährigen Hauptmann von 1924 der doppelt so alte Präsident von 1958 zum Verwechseln ähnlich geblieben war.

Nach dem Mißerfolg mußte er eigentlich zur Truppe zurück, und zwar nach Mainz. Da griff ein Mann ein, der in de Gaulles Leben eine einzigartige, widersprüchliche Rolle spielen sollte. Philippe Pétain, seinerzeit Kommandeur des 33. Infanterieregiments, später Divisionär und noch später Armeegeneral an den Frontabschnitten, an denen de Gaulle kämpfte, faßte frühzeitig Interesse für den schon äußerlich auffälligen Offizier, der in der Diskussion stets sein ungewöhnliches historisches Wissen mit einer entwaffnenden Präzision zur Geltung brachte. Marschall Pétain war es, der dafür sorgte, daß de Gaulle in Paris bleiben konnte und daß er eingeladen wurde, an der Ecole Militaire Vorträge zu halten. In diesen entwickelte er Gedanken, die mit den Jahren für ihn und seine Karriere bestimmend werden sollten. Sie bezogen sich einerseits auf die spezifischen Aufgaben des Offiziers an der Spitze seiner Truppen, doch allgemeiner auf die Psychologie des Führers:

»Die für den Kampf, für Prüfungen, für große Dinge vorbestimmten Personen zeigen nicht immer jene leicht erkennbaren Vorzüge, jenes Gefällige, das im gemeinen Laufe des Lebens so gern gesehen wird. Ausgeprägte Charaktere sind gewöhnlich unzugänglich, unbequem, ja schroff.

... Der Mann von Charakter verkörpert in seiner Person die für große Bestrebungen erforderliche Strenge. Im übrigen hält solch ein Führer einen gewissen Abstand, denn Autorität ist nicht möglich ohne Prestige, Prestige nicht ohne Distanz. Unter ihm erhebt sich dann ein Murren über seinen Hochmut und die Anforderungen, die er stellt. Doch wenn er handelt, verstummt die Kritik.«

Dies schrieb er später, in dem 1932 veröffentlichten Buch *Le Fil de l'Épée (Des Degens Schneide)*. Doch daneben interessierte ihn die beschleunigte Motorisierung der Armee. Er trat insbesondere für die Formierung von großen, operativ unabhängigen Tankeinheiten ein. Er war nicht der einzige militärische Denker jener Nachkriegszeit, der nach Mitteln suchte, die Beweglichkeit der Fronten wiederzufinden, den Krieg »wieder aus der Erde hervorzuholen«, wie er sagte. De Gaulle gelangte zu der Schlußfolgerung, daß die Dienstpflichtarmee von einer neuen, technisch hochspezialisierten Berufsarmee abgelöst werden müßte.

Längere Zeit schien Pétain diesen der Erneuerung der Armee und der Strategie gewidmeten Bemühungen de Gaulles günstig gesonnen. Er gab ihm einen Posten in seinem Stab – der Marschall war damals Vizepräsident des Obersten Kriegsrates und Generalinspekteur der Armee. Einmal stellte er seinen Mitarbeiter mit den Worten vor:

»Meine Herren, hören Sie den Hauptmann de Gaulle aufmerksam an, denn der Tag wird kommen, an dem das dankbare Frankreich ihn rufen wird.«

Die Worte wurden am 7. April 1927 gesprochen, dreizehn Jahre, ehe der allmächtige Staatschef Pétain den meuternden Brigadegeneral de Gaulle degradieren, in Kontumaz zum Tode verurteilen und schließlich der französischen Staatsbürgerschaft für verlustig erklären ließ.

Doch noch sind wir nicht so weit, sondern erst im Jahre 1927. Pétain ist ein republikanischer Marschall; sein Schützling geht nach Trier, wo er zum Major avanciert und ein Bataillon der Besatzungstruppen kommandiert. Etwa um diese Zeit schreibt de Gaulle an seinen Freund Nachin die prophetischen Worte:

»Die Macht der Dinge bricht alle überlieferten und zum Teil wertvollen Zäune nieder, die es in Europa noch gibt. Man muß davon ausgehen, daß der Anschluß nahe ist und daß Deutschland, mit oder ohne Gewalt, sich alles wieder aneignen wird, was man ihm zugunsten Polens entrissen hat. Und danach wird man von uns das Elsaß zurückverlangen. Dieses steht deutlich am Himmel zu lesen.«

Diese Worte wurden 1928 zu Papier gebracht, fünf Jahre bevor Hitler zur Macht kam. Am 20. Juni 1929 richtet de Gaulle an den gleichen Freund diese merkwürdigen Zeilen:

»Ach, welche Bitternis ist es doch, in diesen Tagen das Rüstzeug zu tragen. Man muß es dennoch tun. In einigen Jahren wird man sich an unsere Rockschöße hängen, damit wir das Vaterland und mit ihm überdies noch die Kanaille retten.«

Man könnte noch viele andere, schriftliche und mündliche Äußerungen de Gaulles zitieren, die von seiner Scharfsicht beredtes Zeugnis ablegen. Natürlich sind jene Biographen, die ihm ein Denkmal setzen wollen, besonders eifrig im Aufspüren solcher Texte. Wie es häufig geschieht, wenn man die Voraussicht eines Menschen rühmen will, produziert man Montagen, das heißt, man zitiert hauptsächlich all das, was sich inzwischen bewahrheitet hat. Das andere ist vergessen oder wird nicht in Betracht gezogen.

De Gaulle blieb nicht in Trier, verließ Deutschland und Europa und machte Studienreisen nach Syrien, Libanon und in andere Kolonialgebiete. Nach Paris zurückgekehrt, wurde er dem Generalsekretariat des Obersten Rates der nationalen Verteidigung zugeteilt. Von da an begann seine eigentliche schriftstellerische Laufbahn. Er veröffentlichte das schon erwähnte Buch *Le Fil de l'Epée*, das in einem gewissen Sinne die vollständigste Darlegung seiner grundsätzlichen Auffassungen ist. Man darf behaupten, daß er zwischen 1940 und 1946, besonders aber seit seiner Rückkehr zur Macht im Juni 1958 diese Idee zu verwirklichen, wenn nicht gar zu verkörpern unternommen hat.

1934 veröffentlichte er sein Plädoyer für die Berufsarmee, das fast allgemein, in Offizierskreisen wie bei Politikern, entschiedene Ablehnung hervorrief. Der unnahbar stolze Mann wurde sein eigener Propagandist, antichambrierte in Redaktionen, um Militärspezialisten für seine Ideen zu gewinnen und den Abdruck von Artikeln zu erlangen, in denen er seine Auffassungen einem breiten Publikum darlegen wollte.

Zur gleichen Zeit suchte er methodisch die Bekanntschaft von Abgeordneten, Senatoren, Parteiführern und Ministern, denen er mündlich und schriftlich Exposés unterbreitete, welche die Notwendigkeit bewiesen, sofort selbständige Panzerdivisionen, ja ganze Panzerarmeen aufzustellen.

Natürlich waren diese Ideen nicht so originell, wie sie nachträglich von manchen angesehen wurden. Als General von Seeckt die Berufsarmee der Weimarer Republik schuf, sann er darauf, das Potential der hunderttausend Mann durch Verwendung modernster technischer Mittel zu vervielfachen. Was die Panzerwageneinheiten betrifft, so weiß man, daß der französische General Estienne, der Österreicher Eimannsberger, auf den Guderian sich beruft, und schließlich dieser selbst sowie manche andere den Tanks eine strategische Bedeutung zuerkannten.

Seit spätestens 1933 wandte de Gaulle all seine Kraft daran, vor dem nahenden Krieg zu warnen; er forderte unermüdlich, daß die französische Armee materiell, strategisch und taktisch auf die furchtbare Prüfung vorbereitet werde. Er blieb nicht allein, denn in dem späteren Ministerpräsidenten Paul Reynaud fand er einen klugen, einflußreichen Anhänger und Förderer. Doch die Chefs der französischen Armee wollten nichts mehr von ihm wissen. Auch Pétain wandte sich von ihm ab.

Der Grund der Abkühlung zwischen ihm und de Gaulle war höchst lächerlich und für beide enttäuschend. 1938 veröffentlichte de Gaulle ein Buch unter dem Titel *Frankreich und seine Armee*, für das er das Material zu sammeln begonnen hatte, als er noch in Pétains Kabinett arbeitete. Es mag wohl stimmen, daß ihn der Marschall dazu angeregt hatte oder daß dieser selbst das Thema behandeln wollte und von seinem Mitarbeiter die Zusammenstellung eines Dossiers angefordert hatte. Als nun das Buch erscheinen sollte, sandte de Gaulle seinem früheren Chef die Bürstenabzüge und bat ihn der Form halber um die Zustimmung. Die Reaktion des Marschalls war unerwartet, denn er verlangte, als Initiator und Inspirator genannt zu werden. De Gaulle lehnte ab; damit begann ein Bruch, der eigentlich schon früher hätte erfolgen können — und aus ungleich triftigeren, unpersönlichen Gründen. Ebenso wie General Weygand trat Pétain dafür ein, daß die französische Armee auf die Defensive gedrillt werde, daß ein Schutzwall im Nordosten Frankreichs die Schützengräben des Ersten Weltkrieges ersetze. In den Verliesen der sogenannten Maginot-Linie sollten Frankreichs Soldaten unterschlüpfen, bis sich die Angriffs- und Feuerkraft des Feindes an ihr nutzlos verbraucht hätte. In einem Vorwort zu einem Buch mit dem Titel *Ist eine Invasion noch möglich?* betonte Pétain überdies, daß weder die Luftwaffe noch die Panzerwagen in einem kommenden Krieg eine wirklich bedeutende Rolle spielen würden. Diese Stellungnahme hätte genügt, die Entfremdung herbeizuführen, um so mehr, als de Gaulle auch dadurch seinen Kollegen immer unangenehmer auffiel und geradezu verdächtig wurde, daß er sich mit republikanischen Politikern verband und sogar bei sozialistischen Deputierten Zustimmung suchte. So versuchte er, Léon Blum und andere Männer der Volksfront, die 1936 zur Macht gekommen waren, zu gewinnen. Sein Verhalten erschien dem Offizierskorps kaum zulässig, seine Weigerung, dem hohen Vorgesetzten in seinem Buch ausdrücklich Dank abzustatten, höchst unelegant. Aber es kam noch schlimmer:

Im Januar 1940 verteilte de Gaulle an achtzig der wichtigsten Persönlichkeiten des Landes ein Memorandum, in dem er die verantwortlichen Politiker aufforderte, die Armeeführung zu einer sofortigen Änderung ihrer Strategie zu zwingen – im Sinne der Konzeptionen, mit denen dieser Oberst seit Jahren hausieren gegangen war. In diesem ungünstigen Lichte stellten sich die verzweifelten Demarchen de Gaulles einem Gamelin oder einem Georges dar.

Paul Reynaud, inzwischen Ministerpräsident geworden, berief de Gaulle als Unterstaatssekretär ins Kriegsministerium. Er holte ihn von der Front, wo de Gaulle, provisorisch zum Brigadegeneral avanciert, die IV. Panzerdivision führte. Man weiß – darüber ist viel geschrieben worden –, daß er zwischen dem 17. und 19. Mai seine Panzer bei Laon einsetzte. Guderian berichtet in seinen Erinnerungen darüber; er erzählt, daß de Gaulles Panzer sich seinem Hauptquartier bis auf zwei Kilometer genähert haben.

Zwischen dem 28. und 30. Mai wurde de Gaulle bei Abbéville eingesetzt, er drückte die feindlichen Stellungen zurück, machte 400 Gefangene, doch mußte er sich nach zwei Tagen vom Gegner lösen. Er kehrte nicht mehr an die Front zurück, es gab sie auch bald gar nicht mehr; Frankreich erlitt in den Tagen, in denen de Gaulle Minister war, die umfassendste, demütigendste Niederlage seiner an Wechselfällen so reichen Geschichte.

Sowenig wie Paul Reynaud oder der Innenminister Georges Mandel, der einmal Clemenceaus enger Mitarbeiter gewesen war, sowenig dachte Charles de Gaulle an eine Kapitulation. Zugleich mit anderen schlug er vor, den Regierungssitz nach Algerien zu verlegen, alle kampffähigen Truppen nach Nordafrika zu verschiffen und von dort aus zusammen mit den Engländern die Landung im Mutterland vorzubereiten.

Alle Landstraßen waren mit Flüchtlingen überfüllt, die in heilloser Panik im Süden Zuflucht suchten. Überall stieß man auf Soldaten, die einzeln oder scharenweise vor den unaufhaltsam vordringenden Siegern Reißaus nahmen. Ihnen gingen die Offiziere mit dem schlechtesten Beispiel voran. Weit mehr als eine Million Soldaten gaben sich gefangen – zumeist kampflos. Marschall Pétain wurde als Retter des Vaterlandes zum Führer der Nation erhoben. Am 17. Juni kündigte er ihr über alle Radiostationen die Kapitulation an.

In jenen Tagen war de Gaulle zweimal nach England geflogen, um mit britischen Ministerkollegen über einen massiven Einsatz der Flugwaffe zu verhandeln. Doch kam alles viel zu spät; die Niederlage war total. Aus Bordeaux, wo Pétain und seine Regierung sich provisorisch niedergelassen hatten, brachte der englische General Spears de Gaulle in einem Flugzeug nach London. Sie verließen den europäischen Kontinent am 17. Juni um 9 Uhr vormittags. Am 18. Juni hielt de Gaulle seine seither immer wieder zitierte Rede. Er sagte unter anderem:

»Frankreich ist nicht allein. Der Krieg bleibt nicht auf das unglückliche Gebiet unseres Landes beschränkt. Dieser Krieg wird nicht nur durch die Schlacht von Frankreich entschieden. Dieser Krieg ist ein Weltkrieg ... Ich, General de Gaulle, zur Zeit in London, lade die französischen Offiziere und Soldaten, die sich auf britischem Territorium befinden, ein, sich mit mir in Verbindung zu setzen. Was auch immer geschehen mag, die Flamme des französischen Widerstandes darf nicht verlöschen, und sie wird nicht verlöschen. Morgen so gut wie heute werde ich im Londoner Radio sprechen.«

Und in der Tat, anderntags ging er einen Schritt weiter. Er handelte fortab als ein Mann, der sich mit *la France* völlig identifizierte und die Gewißheit hatte, daß *la France* sich mit ihm identifizierte. Er »nahm Frankreich auf sich«, wie er zu sagen liebte. Er dachte damals, er denkt heute: Ich, Charles de Gaulle, bin *la France*, nicht wie sie sich im Alltag gibt, sondern wie sie gemäß ihrer Sendung und ihrem Wesen ist und stets sein sollte. Diese Selbstgewißheit äußerte sich zuerst am 19. Juni 1940:

»Angesichts der Verwirrung der Gemüter in Frankreich, des Zerfalls einer unter die Herrschaft des Feindes geratenen Regierung bin ich, General de Gaulle, Soldat und Anführer der Franzosen, mir bewußt, im Namen Frankreichs zu sprechen.«

Das waren die Worte, mit denen er, wie gesagt, jenem Leben ein Ende machte, das er bis dahin geführt hatte, um in ein Abenteuer einzutreten, das ihn endgültig aus der gewohnten Bahn werfen mußte.

Zwar hatte er schon seit Jahrzehnten von Frankreich diese mythische Vorstellung gehabt und an die Sendung geglaubt, die er eines Tages erfüllen würde, aber er hatte doch gewiß nie vorausahnen können, daß sein Aufstieg erst mit dem tiefsten, erniedrigendsten Sturz seines Volkes beginnen und er selbst von einem Nullpunkt aus den Weg zur Macht beschreiten würde.

Rückblickend schreibt er darüber in seinen Memoiren:

»Was nun mich anbelangt, der ich einen so schwierigen Aufstieg unternehmen wollte, so war ich zu Anfang ein Nichts. Nicht der Schatten einer Macht noch einer Organisation stand mir zur Seite. In Frankreich gab es für mich kein Echo und kein Renommee, im Ausland weder Kredit noch einen Rechtsanspruch. Aber gerade dieses Entblößtsein von allen Mitteln schrieb mir mein Verhalten klar vor. Nur indem ich die Sache des nationalen Heils völlig ohne Vorbehalt zu meiner eigenen machte, würde ich Autorität erlangen können ...«

Über Louis Bonaparte, den Begründer und Verderber des Zweiten Empire, schrieb Karl Marx, daß er eben deshalb, weil er gar nichts war, ausersehen wurde, alles zu werden. Nun, von Charles de Gaulle konnte man 1940 keineswegs sagen, er wäre nichts. Der fünfzigjährige Mann vereinigte in sich hervorragende charakterliche Eigenschaften, ungewöhnliche Fähigkeiten und Kenntnisse, die Eignung zu scharfer Einsicht in verworrene Verhältnisse, daneben das im Unglück unendlich verstärkte Bewußtsein, zu einem besonderen Schicksal geboren, für eine besondere Aufgabe auserkoren zu sein. Wenn er also in seinen Erinnerungen mehrfach betont, wie sehr er aller Mittel entblößt war, wie er nichts hatte und nichts war im großen Spiel der Mächte, so geschieht dies vor allem, um solcherart einen Überanspruch zu rechtfertigen: Eben weil er so arm und machtlos war, mußte er mit jeder Geste Anerkennung, Würden und Ehren fordern. Denn er allein war das wirkliche Frankreich, indes das andere, jenseits des Ärmelkanals, dem alten Marschall zujubelte, der seinen wohlverdienten Siegesruhm dazu verwandte, eine Niederlage akzeptabel und ehrenvoll zu machen.

Versuchen wir nun, das öffentliche Wirken de Gaulles zu erfassen. Dies ist nicht so leicht und seit dem Jahre 1940 immer schwieriger geworden, weil Charles de Gaulle wissentlich, willentlich und zuweilen auch ohne sein Dazutun jenes schillernde Gewebe absondert, mit dem man Legenden nährt. Man betrachte etwa de Gaulles Position in England, seine Beziehungen zu den Alliierten, besonders sein Verhältnis zu Roosevelt, und die Sonderaktionen, die immer wieder, mitten im schwersten Ringen, für einige Stunden oder einige Tage die Aufmerksamkeit auf ihn zogen. Man weiß, daß die ersten militärischen Aktionen, die unter der Flagge des gaullistischen Comités unternommen wurden, mit blutigem Mißerfolg endeten. So vor Mers El Kebir und so vor Dakar, zum Beispiel. Die späteren Kriegshandlungen in Syrien enthüllten die innere Widersprüchlichkeit der de Gaulleschen Politik gegenüber England. Er zwang die Briten nachgerade zu dieser militärischen Intervention, für die er keineswegs die Mittel hatte, doch als sie beendet war, bestand er wieder darauf, daß sie als eine rein französische Angelegenheit betrachtet würde. Vor der Schlacht klagte er, es gäbe zu wenig Engländer; nach dem Siege, den sie errangen, waren es ihrer zu viele. Sein Hauptanliegen war stets, in allen überseeischen Gebieten Frankreichs Hoheitsrechte gegenüber den Alliierten in aggressivster Weise zur Geltung zu bringen.

Auch wer jene schwierige Periode ausschließlich im Lichte des Gaullismus betrachtet und sie an Hand der *Kriegserinnerungen* studiert, kann sich nicht des Eindrucks erwehren, daß der Chef der Freien Franzosen in

London, der in jeder Hinsicht von den Engländern abhing, hauptsächlich gegen sie gerungen hat in all den Jahren, in denen sie für jede Uniform, für jeden Liter Benzin aufkommen mußten.

Das ist natürlich ein imponierender Beweis von Unabhängigkeit und vielleicht auch von Charaktergröße. De Gaulle ist dem Prinzip, das er damals nur dank Churchills kluger Großzügigkeit anwenden konnte, treu geblieben. Man muß es kennen, will man seine windungsreiche Politik verstehen. Wie ein verwöhntes Kind, das von den Eltern alles fordert und ihnen so wenig wie möglich bietet, da es überzeugt ist, daß sie es niemals auf einen Bruch würden ankommen lassen, genauso rücksichtslos verfährt de Gaulle all jenen gegenüber, auf deren entschiedene Abneigung, mit ihm, d. h. mit Frankreich zu brechen, er rechnen zu können glaubt.

Es schien ihm durchaus natürlich, daß er umso mehr Hilfe, Rücksicht, ja Ehrerbietung beanspruchen durfte, je schwächer er war. Jedoch ist kaum ein Fall bekannt, in dem er einem ähnlich begründeten Anspruch anderer entsprochen hätte.

Er fühlt sich durch keine Dankesschuld verpflichtet, durch keine Rücksicht gehemmt, solange er Frankreich »auf sich nimmt« oder sich gar mit ihm identifiziert. Dieser in privaten Angelegenheiten höchst untadelige, absolut saubere und moralistisch strenge Mann ist in der Politik ein harter, aber dennoch nicht selten recht erfolgloser Machiavellist.

Doch wer mag glauben, daß de Gaulle kein sehr guter Politiker ist? Der alte Mann hat den Zenith seiner Macht erreicht, sein Prestige ist in der ganzen Welt unvergleichlich. Ist er Präsidentschaftskandidat, so nehmen sich seine Konkurrenten ihm gegenüber wie Miniaturfiguren aus. Und dennoch darf man bezweifeln, daß er ein guter Politiker ist.

Solcher Zweifel könnte die Vermutung nahelegen, daß ich ein Anti-Gaullist bin. Nun, ich bin weder ein Anti-Gaullist noch ein Gaullist. Ich bin ein entschiedener Gegner jeder Form von Alleinherrschaft. Es erscheint mir schlecht und einer Nation unwürdig, daß ein Mann, mag er auch so uneigennützig, geistig so bedeutend und so liberal sein wie de Gaulle, alle Macht in seiner Hand vereinigt. Und er hat viel zu viel Macht, mehr als irgendein König oder Kaiser, mehr noch als etwa Ludwig XIV. oder Napoleon je in Frankreich besessen hat. Das ist gefährlich, solange de Gaulle an der Spitze des Staates steht; danach wird sein unvermeidlicher Abgang das Land vor große und zeitweilig bedrohliche Probleme stellen.

Er sieht dies wohl selber ein. Vielleicht hat er auch deshalb das französische Volk gewarnt, es gehe einer Katastrophe entgegen, wenn es ihn nicht wiederwähle. Dies ist zweifellos eine demagogische, in jeder Hinsicht bedauerliche Übertreibung. Aber de Gaulle gehört zu jenen klugen Männern, die den eigenen Übertreibungen Glauben schenken, weil das Echo ihrer eigenen Stimme sie stets bezaubert.

Natürlich entzieht sich kaum jemand der Wirkung eines Sieges. Im Lichte der Siege schreibt man Geschichte. Daher sind außer de Gaulles Feinden fast alle Zeitgenossen überzeugt davon, daß der General das im Jahre 1940 völlig erledigte Frankreich befreit und gerettet hat.

Um nun zwei miteinander verbundene und doch völlig verschiedene Sachverhalte zu unterscheiden, sind einige Fragen angebracht.

Die ersten lauten: Wenn es de Gaulle überhaupt nicht gegeben hätte – oder an seiner Stelle einen anderen oder gar keinen –, hätte der Zweite Weltkrieg genau den gleichen Ausgang genommen? Wäre die Wehrmacht genauso aus Frankreich vertrieben worden wie etwa aus Belgien und Holland? Wäre Frankreich in seinen Staatsgrenzen von 1939 wieder als souveräner Staat hergestellt worden?

Die meisten »Wenn-Fragen« sind gewöhnlich müßig, ein Spiel, das nur amüsiert, wenn es nicht lange dauert, und nur akzeptabel ist, wenn man es nicht ernst nimmt. Doch die hier gestellten Fragen sind objektiv beantwortbar. Auf alle kann man ungescheut mit Ja antworten: Der Kriegsausgang wäre der gleiche gewesen; genauso wie die anderen von Deutschland überrannten Länder Westeuropas hätte Frankreich dank dem Siege der Alliierten seine Unabhängigkeit wiedergefunden.

Eine andere Frage, die viel komplexer ist, lautet: Wäre die Résistance-Bewegung entstanden, wenn es de Gaulle und die von ihm begründete Gruppe der Freien Franzosen nicht gegeben hätte?

Auch in diesem Falle lautet die Antwort: ja. Doch das eigentliche Problem ist damit nicht wirklich berührt. In allen besetzten Ländern bildeten sich Widerstandsorganisationen; jede trug einen anderen Charakter, war politisch verschieden zusammengesetzt und formulierte verschiedene Ziele. Die Résistance berief sich anfangs nur zu einem geringen Teil auf de Gaulle und auf seinen Aufruf vom 18. Juni, der ja damals nicht von vielen Leuten bemerkt wurde. Es ist charakteristisch, daß eine der allerersten Gruppen aus Intellektuellen bestand, die fast ausnahmslos antistalinistische Linke waren; ihre Führer waren einige Anthropologen und Ethnologen, die im Pariser Musée de l'Homme arbeiteten. Sie brauchten de Gaulles Aufruf nicht, um gegen die Kapitulation zu sein, und nicht seine Anweisungen, um zu handeln. Im übrigen waren sie, wie die Initiatoren so vieler anderer, hauptsächlich linker Widerstandsgruppen, gegenüber de Gaulle zuerst mißtrauisch, da sie in ihm einen Jünger des ultrareaktionären Royalisten Charles Maurras vermuteten.

Je aktionsfähiger die Résistance wurde, um so mehr war sie auf die Hilfe der Engländer angewiesen, die sie zumeist ohne die Vermittlung der Londoner Gaullisten erhielt. Die Wirksamkeit der Bewegung hielt sich viele Monate in bescheidensten Grenzen, denn die Mehrheit der Franzosen stand zumindest bis zum Frühjahr 1941 entschieden auf seiten Pétains.

Diese Stellung änderte sich in dem Ausmaße, wie der Sieg Hitlers fraglicher und die Niederlage Englands unwahrscheinlicher wurde. Die Résistance, die aus kleinen, zumeist isolierten Gruppen bestanden hatte, suchte nunmehr eine organisatorische Einheit, um die lokale Aktion zur nationalen zu erweitern. Hierbei gewann nun der Gaullismus immer mehr an Bedeutung. Pétains Popularität blieb zwar noch lange in allen jenen Schichten unangefochten, die sich jeder Politik enthalten wollten, aber auch unter seinen Anhängern verbreitete sich die Überzeugung, daß der Marschall nur auf Zeitgewinn aus wäre und im gegebenen Augenblick, zusammen mit de Gaulle, Frankreich befreien würde.

Als der Ausgang des Krieges gewiß geworden war, fand sich ein großer Teil des französischen Volkes schließlich bereit, die Résistance gutzuheißen. Sich dann als siegreiche Kämpfer zum Siegesfest einzustellen, gelang nur jenen, die sich nachträglich mit einer löblichen Résistance-Vergangenheit ausstatteten. Doch die meisten konnten sich gar nicht erkühnen, mit solchen Ansprüchen anzutreten; sie waren eine Zeitlang gegnerisch, sodann untätig gewesen — und nun war es jedenfalls zu spät. Und da kam de Gaulle und bot ihnen allen eine wundersame Chance: Er erklärte vorerst alles, was zwischen 1940 und 1944, zwischen dem Beginn und dem Ende der Okkupation, geschehen war, staatsrechtlich für null und nichtig. Dieses legalistische Wagnis gelang über alles Erwarten, eben weil die

Franzosen ein Interesse daran hatten, sich mit jenen zu identifizieren, die recht gehabt hatten, Pétain nicht zu folgen, die Kollaboration entschieden abzulehnen und den Alliierten die Treue zu bewahren. Der gleiche, eigenartige psychologische Prozeß, der Charles de Gaulle erlaubte, *la France* zu verkörpern, ermöglichte es nun zahllosen Franzosen, retroaktiv an de Gaulles exiliertem Frankreich teilzuhaben. Sie brauchten nur Gaullisten zu werden und sich zu dem Meister des Schicksals umso lauter und vertrauensvoller zu bekennen, als sie vier Jahre vorher seine Verurteilung zum Tode und die frenetische Verleumdung seiner Person und seiner Politik gleichgültig hingenommen hatten.

Somit war der Gaullismus 1944 und später auch das Ergebnis eines Identifikationsprozesses, dank dem man eine unerwünschte Vergangenheit spurlos bewältigte und sich seinen Anteil an einer ruhmvollen Gegenwart sicherte.

Nach dem schweren traumatischen Erlebnis, welches das furchtbare Debakel von 1940 für alle Franzosen bedeutete, war die Résistance der Beginn einer Selbstheilung. Wahrscheinlich wäre das Volk sehr lange ein Opfer dieses Traumas geblieben, hätte ihm de Gaulle nicht den Mut gegeben, sich als Nation wieder aufzurichten. Niemand hat bisher im einzelnen beschrieben, wie sich dieser Prozeß zwischen 1944 und 1946 vollzogen hat. Aber so gewiß der Ausgang des Krieges der gleiche gewesen wäre, hätte es de Gaulle gar nicht gegeben, so sicher ist es, daß Frankreich, traumatisiert, politischen und moralischen Gefahren wehrlos ausgeliefert geblieben wäre, hätte Charles de Gaulle nicht eingegriffen und wäre er nicht der Mann gewesen, der er mit seinen Vorzügen und Fehlern unveränderlich geblieben ist.

Man weiß, daß er 1944 die Mitarbeit der Kommunisten nicht zurückgewiesen, sie sogar in Algerien gesucht und in Paris erweitert hat. Doch ist von vielen Historikern – und erst recht von seinen Gegnern – nicht genügend anerkannt worden, in welch kurzer Zeit er die freiwillige Auflösung der kommunistischen Bürgerkriegsarmee bewirkt hat. In diesem Falle, wie in allen Bereichen des nationalen Lebens, stellte de Gaulle die staatliche Autorität mit fester Hand und viel List schnell wieder her. Gleichermaßen der Erbe Richelieus und der Jakobiner, läßt er nur den unteilbaren zentralistischen Staat der einen und unteilbaren Nation gelten und bekämpft die geringste Beschränkung der zentralen Autorität als einen Angriff auf den Lebensnerv der Nation. Er war und ist stets bereit, alles, was nicht die Hoheitsrechte des Staates berührt, als sekundär zu betrachten und mit Toleranz zu behandeln. Deshalb sah er zum Beispiel in Stalin den mächtigen Zaren des russischen Reichs, indes er die bolschewistische Ideologie nur als eine lästige, selten nützliche Begleitmusik betrachtete. Aus gleichen Gründen akzeptierte er die Gefolgschaft aller, gleichviel, woher sie kamen, welcher Religion oder politischen Auffassung sie anhingen, sofern sie sich davor bewahrt hatten, nichtfranzösischen Interessen zu dienen. Als er später die Kommunisten dennoch zurückstieß, stigmatisierte er sie mit einem einzigen Wort, das nicht ihre Ideologie, sondern nur ihre Unterwerfung unter Moskauer Direktiven anprangerte. Er nannte sie »Separatisten«.

Während des Krieges und danach setzte er alles daran, bei den Kolonialvölkern das Gefühl ihrer unkündbaren Zugehörigkeit zu Frankreich wiederherzustellen. Wegen der Unantastbarkeit des Empires hatte er sich häufig mit den Engländern überworfen; sein eifersüchtiges Mißtrauen erzeugte in ihm den

Verdacht, daß die Anglosachsen darauf aus waren, Frankreich seiner überseeischen Besitzungen zu berauben.

Im Dezember 1944 schloß er in Moskau ein französisch-russisches Bündnis mit Stalin ab, das nicht den geringsten Wert hatte. Er ergriff diese Initiative, um gegenüber den westlichen Alliierten die Unabhängigkeit und Großmachtstellung Frankreichs provokant herauszustreichen. Vergebens, denn er wurde dennoch nicht nach Jalta eingeladen und ebensowenig später nach Potsdam; Moskau hatte ihm nichts zu bieten, vor allem keinen Anteil an der russischen Besatzungszone. Trotz aller Aggressivität de Gaulles gegenüber den Anglosachsen und seinem Affront gegen den sterbenskranken Roosevelt blieb Frankreich in jeder Hinsicht auf die westlichen Alliierten, insbesondere aber auf die Hilfe der USA angewiesen, die dem Lande nicht wegen, sondern trotz de Gaulles herausfordernder Politik zuteil wurde. Seine Kolonialpolitik schließlich rief in der Folge Katastrophen hervor. Sie war schuld am Krieg in Indochina, der die Vierte Republik an den Rand des Abgrundes brachte, und schuld an der blutigen Niederschlagung des Aufstandes in Constantine, die den Algeriern den Weg zum Bürgerkrieg zeigte. Zwar erwog de Gaulle bereits im Kriege Pläne, die eine liberale Änderung des Status der Kolonialländer vorsahen, doch war, was er dann tatsächlich bot, zu wenig – und es kam zu spät.

Zwischen 1944 und Januar 1946 hätte er ohne die geringste Schwierigkeit eine persönliche Diktatur errichten können. Statt dessen trug er entscheidend dazu bei, daß Frankreich wieder eine demokratische Republik wurde. Doch erwies es sich sehr bald, daß die wiederhergestellte Demokratie keineswegs die Errichtung und Festigung jenes Staates erlauben würde, ohne den de Gaulle das Gedeihen der Nation und die

Wiedererringung ihrer *grandeur* für unmöglich hielt. Zwar hatte er überaus geschickt die Kommunisten aus ihrer starken Bürgerkriegsposition hinausmanövriert, doch war es ihm nicht gelungen, die Parteien zu entmachten. Trotz der kompromittierenden Vergangenheit, die man ihnen vorwerfen konnte, waren sie alle wieder auferstanden und hatten zumeist ihre Wähler wiedergefunden. Und nun, da das Volk sich dank de Gaulle gesäubert fühlte, empfand es die fordernde Gegenwart dieser übergroßen Statue als recht ungemütlich: als nicht mehr wünschenswert.

Als de Gaulle am 20. Januar 1946 plötzlich seinen Abgang ankündigte, vertraute er darauf, daß weder die Parteien noch gar das Volk ihn gehen lassen würden. Er beabsichtigte nur, was die Theaterleute einen »falschen Abgang« nennen; mit pochendem Herzen wartete er hinter den Kulissen, aber man rief ihn nicht zurück. Dies war gewiß eine der bittersten Enttäuschungen seines Lebens, er brauchte sehr lange, bis er sich damit abfand. Wochen und Monate verstrichen, während deren er sich bereit hielt, etwaigen dringlichen Bitten nachzugeben. Als er des Wartens überdrüssig wurde, beschloß er, aus eigener Initiative seinen Platz wieder zu erobern. 1947 gründete er das RPF, die Sammlung des französischen Volkes, die keiner Partei, sondern aller Parteien Tod sein sollte. Nach anfänglich vielversprechenden Erfolgen, insbesondere gelegentlich der Gemeinderatswahlen, verlor diese Bewegung allgemach ihren Elan und ihre Anziehung, die sie insbesondere auf Kleinbürger aller Art und auf die Bauernschaft ausgeübt hatte.

Damals war de Gaulle überzeugt davon, daß der Krieg vor der Türe stehe. Also rechnete er auf das Nahen seiner Sternstunde – der Stunde der entsetzlichsten Gefahr. Sie kam nicht, der Krieg blieb aus, und auch der innere politische und wirtschaftliche Zusammenbruch Frankreichs traf nicht ein. Diese der Weimarer Republik so ähnliche Vierte Republik, fast von niemandem geschätzt, doch von extremistischen Parteien links und rechts und von de Gaulles Anhängerschaft unaufhörlich verspottet, gehaßt und rücksichtslos bekämpft, hatte tatsächlich mit den größten Schwierigkeiten wirtschaftlicher und innenpolitischer Art zu ringen. Sie mußte den Wiederaufbau des Landes bewerkstelligen und zugleich den kostspieligen, verderblichen Krieg in Indochina weiterführen. Trotz allem hat diese Republik mit ihren lächerlichen Ministerkrisen, kompromittierenden Skandalen und charakterlosen Schwankungen wahre Wunder zustande gebracht. Sie hat nicht nur Frankreich wirtschaftlich wiederaufgebaut, wobei natürlich die Marshall-Plan-Hilfe eine ungeheure Rolle spielte, sondern sie hat das Land, das seit dem Ersten Weltkrieg steckengeblieben war, ins 20. Jahrhundert hineinbugsiert, seine ganze Produktionsmaschinerie erneuert und auf den höchsten technischen Stand gebracht. So ist Frankreich während der wenigen Jahre, die diese verhöhnte Vierte Republik bestanden hat, endlich in die industrielle Gesellschaft eingetreten und hat zugleich entscheidend zur Begründung der Europäischen Gemeinschaft beigetragen.

Nein, Frankreich brach nicht zusammen und der dritte Weltkrieg brach nicht aus; also setzte de Gaulle im Jahr 1953 dem RPF-Abenteuer, das in den Faschismus hätte ausmünden können, ein ruhmloses Ende. Ein Jahr darauf veröffentlichte er den ersten Band seiner Memoiren. Im gleichen Jahr beendete die Regierung Mendès-France den Krieg in Indochina; wenige Monate später brach der Aufstand in Algerien aus.

Die Memoiren de Gaulles beeindruckten alle – ausgenommen die Ultrarechten, die ihr Haß seit Jahrzehnten verblendet. Die Leser erkannten, daß de Gaulle intellektuell weit bedeutsamer ist, als man allgemein angenommen hatte, und entdeckten staunend in ihm einen bemerkenswerten Schriftsteller, der den besten französischen Memorialisten mit Erfolg nacheiferte. Zugleich wurde man gewahr, wie sehr dieser Mann verwachsen ist mit dem Mythos, auf den er sich beruft, und mit der Legende, die sich – nicht ohne sein Dazutun – um ihn gebildet hat.

War seine Darstellung der gigantischen Geschehnisse verblüffend egozentrisch, so wirkte sie dank seiner Intelligenz und der literarischen Qualität weder absurd noch lächerlich. Ist es zum Lachen, wenn de Gaulle von sich selbst in seinen Memoiren und in seinen Reden immer wieder in der dritten Person spricht und sich als »General de Gaulle« bezeichnet, statt »ich« zu sagen? Seien wir vorsichtig, bedenken wir, daß sich hinter dieser Manier nicht notwendig seine Arroganz verbergen oder enthüllen mag, sondern vielleicht das Gegenteil: nämlich die philosophische Bescheidenheit eines bejahrten, erfahrenen Mannes, der sich der Gewißheit nicht verschließen kann, daß in absehbarer Zeit alles Persönliche mit ihm dahingehen wird, daß es jedenfalls nicht erhaben wird dadurch, daß die gleiche Person – General de Gaulle – in die Geschichte eingreift. Daher macht er diesen bizarr erscheinenden Unterschied, diese Trennung, durch die er schon jetzt die sterbliche Hülle fallen läßt, um die Unsterblichkeit des historischen Helden um so deutlicher hervorzuheben. Wo er also von sich in dritter Person spricht, meint er jenen, dessen Handlungen unabhängig von dem Wert seiner Person in der Erinnerung bleiben, um bewundert oder verurteilt zu werden.

Doch noch sind wir in der Mitte der fünfziger Jahre; de Gaulle, der nicht mehr erwartet, zu Hilfe gerufen zu werden, schreibt an seinen Memoiren und beginnt, sich vor den Tagen zu fürchten, da er nichts mehr zu schreiben haben wird. Jemand, dem er diese Bangnis vor der Zukunft verrät, rät ihm, daß er sich schlicht darum bemühe, glücklich zu sein, und erhält die Antwort: »Aber gehen Sie, mein Lieber, was reden Sie denn da! Das Glück – das gibt es doch gar nicht.«

Gewiß, der General – so nennen ihn seine Anhänger kurz, als ob es nur einen einzigen gäbe – der General mengt sich noch in vieles und in vielerlei ein. Er übt Einfluß aus, denn der Strom jener versiegt nicht, die zu ihm kommen, um nach seiner Meinung zu fragen, sich von ihm Rat oder Ermutigung zu holen oder sich von ihm lenken zu lassen.

Er empfängt bei sich in Colombey-les-deux-Églises, aber auch in dem Büro der Rue Solferino, wo ihm einige Getreue als Sekretäre zur Verfügung stehen, unter ihnen der Literaturprofessor Georges Pompidou, der Bankbeamter geworden ist. Man weiß in Paris, was de Gaulle dem oder jenem zu dieser oder jener Frage gesagt hat, oder welch bissigen Aphorismus er bei irgendwelcher Angelegenheit angebracht haben soll. Man erzählt sich immer neue Anekdoten, ist berührt von seiner ironischen Resignation. Überdies tritt in allem ein eigenartiger Zug zutage, den man nicht ohne weiteres bei ihm vermutet hätte: de Gaulle ist im privaten Gespräch, wenn er es nur will, ein psychologisch sehr geschickter, überzeugender Schmeichler. Fast jeder, der ihn in jenen Jahren besuchte, war gewonnen, denn er brachte ein Kompliment nach Hause, das ihn dem General mehr verpflichtete als irgendwelche politische Ideologie. Es ist übrigens bemerkenswert, daß de Gaulle mit seiner durchaus echten Hoffart einen Charakterzug vereint, der zu ihm am wenigsten passen sollte: die unermüdlich angewandte Schlauheit. Er ist einer der listenreichsten Politiker unserer Zeit; wie alle Schlauköpfe überschätzt er jedoch die Wirkung der Finten und Listen.

In jenen Jahren der »Wanderung durch die Wüste« beeinflußte de Gaulle die französische Politik indirekt in mancherlei Hinsicht. Vor allem durch seine entschiedene Ablehnung der europäischen Verteidigungsgemeinschaft und durch seine Opposition gegen die gesamte europäische Politik Robert Schumans, Jean Monnets und ihrer Mitarbeiter. Zu der algerischen Frage nahm er nie ganz eindeutig Stellung. Er war da nur entschieden in seiner Warnung vor der Verwendung von Napalmbomben; ebenso entschieden nahm er während des marokkanischen Konfliktes zugunsten des von der französischen Regierung abgesetzten Sultans Stellung.

Die Pressekonferenzen, in denen de Gaulle seine Kritiken und Befürchtungen ausdrückte, setzte er bis 1955 fort. Dann schien er sich damit abzufinden, daß das französische Volk, das er weiterhin abstrakt grenzenlos liebte und konkret – im Alltag – geringschätzte, ohne ihn auskommen wollte. Im Januar 1958 vernahmen die Neujahrsgratulanten aus seinem Munde, daß es nun wohl keine Rückkehr mehr für ihn geben werde.

Was dann im Frühsommer des gleichen Jahres geschah – der groteske Putsch vom 13. Mai in Algier und seine äußerst bedrohlichen Folgen –, ist noch in aller Erinnerung. Wieder stand Frankreich vor der Katastrophe; sie lieferte das Stichwort, auf das zu warten de Gaulle schon müde geworden war. Dennoch trat er sofort auf, zwölf Jahre älter, als er hätte sein mögen, doch elastisch genug, um das schwierige Quidproquo der Intrigen mit solch souveräner Meisterschaft zu nutzen, daß er in seinen Memoiren – sollte er sie je wieder aufnehmen – wird vermerken dürfen, daß er stets mit offenem Visier gekämpft, seine Position von Anfang an klar formuliert und seine Ziele nie verhehlt habe. Ja, das wird er schreiben können, und es wird wahr sein – bis knapp an den Rand der bengalisch beleuchteten Szene. Was sich hinter dem Schauplatz abgespielt hat, war wichtig genug, doch agierten andere: Soustelle, Debré, ihre Gehilfen und Spießgesellen und schließlich die gaullistischen Offiziere, die übrigens nicht sehr zahlreich waren. Sie hätten kaum zu handeln gewagt, wären sie nicht – zumindest im Falle des Gelingens – der Zustimmung des Generals sicher gewesen. Desungeachtet darf man nicht behaupten, de Gaulle habe diesen Putsch organisiert, er habe die Fäden gesponnen, die zum Strick wurden, der die Vierte Republik erwürgte. Zwar sah er sie mit Genugtuung verenden und gab ihr mit Gusto den Gnadenstoß, doch waren die Geschehnisse, Intrigen und Verschwörungen, die dazu führten, nicht sein Werk.

Er wußte sein Leben lang von einer Gelegenheit zu profitieren, wenn sie sich nur anbot; dies ist ja eine der ersten und wichtigsten Fähigkeiten, die sich ein Militär aneignen muß.

Unter dem Jubel auch der nicht-gaullistischen Rechten riefen Soustelle, Debré und der General Salan de Gaulle, damit dieser große Führer die algerische Revolution niederwerfe und so allen Kolonialvölkern vor Augen führe, daß Frankreich, zum Unterschied von England, entschlossen wäre, sein Kolonialreich zusammenzuhalten. Man weiß, daß de Gaulle, nicht ohne Zickzack-Bewegungen, schließlich die entgegengesetzte Richtung eingeschlagen hat. Er hat vier Jahre später den Muselmanen von Algerien nicht nur die staatliche nationale Unabhängigkeit vertraglich zugestanden, sondern sie auch wirtschaftlich bis auf weiteres gesichert. Damit hat er praktisch die Europäer jenes

Landes aller Hoffnungen und schließlich ihrer Heimat beraubt. Darüber hinaus hat de Gaulle in einer erstaunlich kurzen Zeit fast alle nennenswerten überseeischen Besitzungen Frankreichs freigegeben.

Was die äußerste Linke gerade noch zu träumen, kaum je zu formulieren, geschweige denn auszuführen gewagt hatte, das vollbrachte de Gaulle – in schreiendem Widerspruch mit der Politik, die er während des ganzen Krieges verfolgt hatte, im flagranten Gegensatz zu dem Gesetz, nach dem er angetreten war.

Seit seiner frühen Jugend der Armee verpflichtet, die er neben dem Staat als die erhabenste Institution Frankreichs ansah, hat de Gaulle zuerst im Kampfe gegen die militärischen Putschisten in Algerien, die ihm zuvor den Weg zur Macht geebnet hatten, sodann im Kampf gegen den Generalstab die traditionelle Armee entwertet und praktisch fast abgeschafft. Er hat einen großen Teil der Berufsoffiziere aus der Armee gedrängt und in Zivilisten verwandelt. Darüber hinaus hat er noch dies getan: Er hat Frankreichs Rechte, zu der er durch Geburt und Erziehung gehörte, in ihren Grundfesten so erschüttert, daß ihre Existenz phantomhaft geworden ist. Doch ihrem Traume von der *grandeur* Frankreichs ist er treu geblieben.

Was hat er für diese *grandeur* getan? Um die institutionellen Voraussetzungen für sie zu schaffen, hat er der fast unbeschränkten Parteienherrschaft der Dritten und der Vierten Republik ein Ende gesetzt und ein Präsidialregime eingeführt. Die Notwendigkeit einer solchen Änderung war natürlich vielen französischen Staatsmännern schon früher gewiß gewesen, so etwa Léon Blum, der im Gefängnis von Riom zu dem Schluß gelangt war, daß eine neue Konstitution nach amerikanischem Muster dem Lande zu einer stabilen Regierung verhelfen müsse.

Aber die de Gaullesche Konstitution von 1958 mit ihren nachträglichen Modifikationen ist nicht für Frankreich, sondern für einen einzigen Mann nach Maß gearbeitet. Daher ist diese mit Recht gerühmte Errungenschaft, die Stabilität der Regierung, nur gesichert, solange de Gaulle Präsident bleibt. Dieser, sein größter Erfolg ist also nur provisorisch. Und er ist fast der einzige, der nicht im Widerspruch mit seinen ursprünglichen Absichten und Zielen steht.

François Mauriac, seit Jahren Charles de Gaulles unermüdlicher Apostel, meint dazu:

»In trüben Stunden mag de Gaulle denken, daß er sein Ziel verfehlt hat. Zumindest stelle ich mir vor, daß er sich manchmal über diese Dinge selbst Fragen stellt und sich eingestehen muß, daß seine Erwartungen getäuscht worden sind, daß er selbst enttäuscht wurde und somit andere enttäuscht hat. Zum Beispiel Afrika. Was er davon erhofft hatte, diese sogenannte Union Française, die seine einzige Chance war, den beiden Atomreichen ein Reich von 100 Millionen Menschen entgegenzusetzen – um diese Hoffnung hat das Schicksal ihn betrogen.«

Und gerade darin, worin er, wie Mauriac schreibt, enttäuscht hat und worin er vom Schicksal betrogen wurde, darin besteht de Gaulles größte historische Leistung, denn er hat Frankreich einen Dienst von unermeßlicher Bedeutung erwiesen, indem er es von Algerien und von all seinen Kolonien befreit hat.

Was bleibt von seiner Berufung? Wofür kämpft er jetzt? Wie befriedigt er sein Bedürfnis, dramatisch »Geschichte zu machen«? – Nun, *plus ça change, plus c'est la même chose* ... denn schon wieder kämpft er gegen Verbündete, gegen sie allein, und schon wieder geht es um das sakrosankte Hoheitsrecht und die ach so leicht verletzliche Unabhängigkeit. Wer bedroht sie denn? Die NATO im allgemeinen, die USA im besonderen. Seit Jahren, spätestens seit 1959, betreibt de Gaulle Frankreichs neue *Libération* von jeder militärischen oder politischen Integration, daneben von allen Verträgen, aufgrund deren Organe der NATO oder amerikanische Einheiten oder militärische Basen sich in Frankreich installieren durften.

Was soll das? Nicht um einer Gefahr zuvorzukommen, hat de Gaulle diese Politik gewählt, sondern gerade umgekehrt: er ist davon überzeugt, keiner Vorteile und keiner eventuellen Hilfe verlustig zu gehen, wenn er sich heute jeder Verpflichtung gegenüber der NATO entzieht. Müßte er befürchten, daß andere Alliierte sein Beispiel nachahmen, so würde er sich sehr hüten, so vorzugehen.

Mit oder ohne de Gaulle, mit oder ohne Pakt bleibt Frankreich unter dem amerikanischen Atomschirm. Solange Amerika seinerseits nicht isolationistisch wird, bleibt eine französische Enklave, deren Himmel dem Feinde preisgegeben wäre, undenkbar. Natürlich glaubte de Gaulle nicht, daß sein Land im Falle einer Katastrophe sich auch nur eine Stunde lang allein behaupten könnte. *La France, la France seule* – das ist eine chauvinistische Parole für Friedenszeiten, nicht für den Ernstfall. Andererseits denkt de Gaulle auch keineswegs an ein Bündnis mit Rußland oder mit China; er fürchtet diese Mächte auch nicht, denn er glaubt nicht, daß sie in den nächsten Jahren, zu seinen Lebzeiten, Europa ernstlich gefährden werden.

Also warum die Absonderung, die militärisch fast bedeutungslos bleibt und politisch höchst ärgerlich ist?

Man könnte de Gaulles gegenwärtige Außenpolitik als eine Fortsetzung seiner Innenpolitik auffassen, als deren letzte Etappe, dank der die Franzosen ein neues

Selbstbewußtsein erlangen und die Demütigung des Zusammenbruchs von 1940 überkompensieren sollen. So wäre diese Politik der *splendid isolation* gegenüber den Alliierten und des Werbens um den Beifall der Feinde und der Neutralen gleichsam die Krönung der Résistance, wie sie der fünfzigjährige Brigadegeneral im Juni 1940 erträumt hatte. Und daß die historische Kontinuität Frankreichs solcherart gesichert würde, leuchtet de Gaulle um so mehr ein, als er seinerzeit die Existenz des Pétainschen Staates mit einem Federstrich legal auszuwischen wagte. Und hat er es nicht zum Dogma gemacht, daß er seit 1940 ohne Unterbrechung, also auch zwischen Januar 1946 und Juni 1958, der einzige *legitime* Lenker der französischen Geschicke geblieben ist? Solcher Anspruch mag absurd erscheinen, aber dieser Mann, der zu spät gekommen ist, um die Siege, die er meinte, zu erringen, ist dazu verdammt, ein *Umwerter* zu sein. Die Dekolonisation, die die Vierte Republik unternommen hätte, wäre todeswürdiger Verrat gewesen. Diese gleiche Liquidierung in noch größerem Maßstabe von ihm selbst, von ihm allein bewerkstelligt, wird zu einem notwendigen, nützlichen, gloriosen Staatsakt, dessen jeder patriotische Franzose sich rühmen muß.

Man darf auch an psychologische Erklärungen denken; sie sind beunruhigend, denn es handelt sich um einen Alleinherrscher. Ein Mann, der gewohnt ist, bei keinem Mitarbeiter Widerspruch zu begegnen, und der es fortab als selbstverständlich ansieht, Entscheidungen zu treffen, ohne vorher die Zustimmung seiner Minister einzuholen – solch ein Mann wird unfähig zum Dialog und schnell ungeduldig gegenüber Verhandlungspartnern, sofern sie nicht Jasager sind. Er wird ein Monologist, der es vorzieht, aus eigener Machtvollkommenheit zweimal so viel zu bieten, als man von ihm verlangt, statt zu verhandeln und sich Zugeständnisse abringen zu lassen.

Eine andere, zusätzliche Erklärung ist nicht weniger beunruhigend: der *Geltungsprofit*, den die Macht einbringt, amüsiert de Gaulle wahrscheinlich seit einigen Jahren nicht mehr. Er ist bereits zu sehr *desabusiert*, wie man französisch sagen würde, und er ist müde der Menschen und ihrer Eitelkeiten, müde auch seiner eigenen Eitelkeit. Was fängt man in solchem Falle mit der Macht an? Man verwendet sie für ein monologisches Spiel, das höchst gefährlich aussehen und fast alle um so mehr verärgern soll, als es ihnen unmöglich ist, einen wirksamen Gegenzug zu machen, der ihnen nicht noch teurer zu stehen käme als dem provokanten Spieler.

Schließlich könnte man auch vermuten, daß de Gaulle jetzt den Augenblick für gekommen erachtet, um alte Rechnungen zu begleichen, die man gewöhnlich nur mit der eigenen Familie, mit Freunden und Verbündeten, nicht aber mit den wahren Feinden zu regeln hat. De Gaulle hat seine innenpolitischen Feinde, im Anfang hauptsächlich dank den Alliierten, fast ausnahmslos erledigt. Die anderen aber hat nicht er besiegt. Heute schmeichelt er den potentiellen Feinden, denn von den Verbündeten hat er sowieso nichts zu erhoffen, was sie ihm nicht im Ernstfall würden bieten müssen. Und er hat, glaubt er, von ihnen nichts zu fürchten als böse Laune. Und diese fürchtet er nicht; sie amüsiert ihn nicht selten.

Frankreich ist keine Weltmacht mehr, so kann ein französischer Staatsmann nur in Hilfsstellung Weltpolitik machen. Daran ist nichts zu ändern. Doch hätte de Gaulle für seinen letzten Akt etwas Großes, die Erfüllung der europäischen Sendung erwählen können.

Wußte Napoleon schon vor 150 Jahren, daß ein Krieg in Europa fortab nur noch ein wahnwitziger Bürgerkrieg sein würde, so ist es spätestens seit 1945 offenbar, daß Europa, doch keiner der europäischen Staaten, eine Weltmacht sein könnte. Frankreichs Platz innerhalb einer geeinten europäischen Weltmacht wäre in jeder Hinsicht bedeutend genug, um jeden nationalen Ehrgeiz zu befriedigen. Aber die letzten Schachzüge de Gaulles gefährden mindestens zeitweilig dieses so notwendige werdende Europa.

Der *grandeur de la France* zuliebe? Was wäre denn die Größe eines Volkes? Der 24jährige Charles de Gaulle, der ruhmgläubig und ruhmsüchtig in den Krieg zog, durfte noch denken, man fände sie in der Schlacht. Doch

Der Ruhm der tausend Schlachten ist verweht,
Was bleibt vom Heldentum? Ein morscher Hügel,
Auf dem das Unkraut rot wie Feuer steht.

Nach zwei Weltkriegen denkt Europa genauso wie Konfuzius vor etwa 2500 Jahren, als er mit diesen Worten einen toten Krieger betrauerte.

Und de Gaulle sollte anders denken? Er, der der intellektuell bedeutendste, wahrscheinlich auch der gebildetste und wohl auch der weiseste jener Männer ist, die heute Macht haben. Er ist der Weiseste, weil er unfähig ist, je den Begleiter zu vergessen, der ihm wie jedem Menschen auf den Fersen bleibt: den Tod.

»Das Alter, welch ein Schiffbruch!« rief de Gaulle aus, als er an einen alten Mann dachte, dem das Volk wie einem guten Großvater vertraute und der unaufhörlich allen riet, ihrer Arbeit nachzugehen und ihm allein die Wahl der Ziele und der Mittel und die Macht der Entscheidungen zu überlassen. Jener alte Mann, dem der heutige Star des Fernsehens

Charles de Gaulle immer mehr zu ähneln beginnt, hieß Pétain.

»Von nun an wird die Politik die Triebfeder der Tragödie sein; die Politik wird das Fatum der Antike ersetzen.«

Diese Meinung äußerte Napoleon am Vorabend seines Sieges bei Austerlitz. Er ahnte nicht, wie jämmerlich der 5. Akt seiner Tragödie ausfallen würde – und wie unaufhaltsam, wie schnell er herannahte.

De Gaulle ist dessen inne geworden, daß die Politik ein Element der Tragödie ist. Es mag sein, daß er eben, um sich dieser tragischen Gewißheit noch eine Weile zu entwinden, komplizierte außenpolitische Intrigen spinnt. Einem betagten Mann mag es guttun, denken zu dürfen, daß die Zukunft jener, die ihn überleben werden, von ihm abhängt und daß sie ihn noch dringend brauchen, weil er allein die Knäuel entwirren kann.

Kein Staatschef wird in seinem eigenen Lande so gehässig angegriffen, so bösartig karikiert wie de Gaulle. Das beweist natürlich, wie liberal der absolute König Charles der Einzige geblieben ist. Es ist gar leicht, diesen großen Mann zu karikieren, ihn etwa als einen Don Quichotte darzustellen, der Fett angesetzt und sich Sancho Pansa sowie dessen Opportunismus und Schlauheit einverleibt hat. Wie man weiß, lachen nur ganz junge Leser über jenen zu spät gekommenen Ritter. Älter geworden, erkennen sie seine Tragik und entdecken in ihr die eigene.

De Gaulles Größe scheint auch einem Nichtgaullisten wie mir unbestreitbar. Sie ist tragisch, weil jeder seiner Siege dazu beigetragen hat, die Wertmaßstäbe abzuschaffen, mit denen er glaubt, werten und richten zu müssen. Sie wird tragikomisch, weil er trotzdem an seinen Sieg glaubt und deshalb den Abgang verpaßt.

Der Niedergang verbraucht zu viel Zeit in der Geschichte der Völker und Zivilisationen so gut wie im Leben des einzelnen. Alle nehmen zu lange Abschied und verpassen daher den rechten Abgang. Sie täuschen sich darüber hinweg, indem sie die Strahlen der untergehenden Sonne mit der Morgenröte verwechseln und die *grandeur* gerade dann proklamieren, wenn sie unwiederbringlich verloren ist und dahin.

November 1965

Postscriptum

Am 9. November 1970, an dem Charles de Gaulle plötzlich verstarb, trennten ihn nur 13 Tage von seinem 80. Geburtstag. Er hatte sein übliches Tagespensum erfüllt – er schrieb am zweiten Band seiner neuen Memoirenserie; nun setzte er sich an den Tisch, hinter dem der Fernsehapparat stand, und in Erwartung der Nachrichten spielte er, wie jeden Abend, das Kartenspiel der Einsamen und der Alleingänger: eine Patience, die man übrigens nach Napoleon benannt hat. Und da sank er unversehens vom Stuhl.

Siebzehn Monate waren erst vergangen, seit die Franzosen einen von ihm eingebrachten Reformvorschlag abgelehnt hatten. Er hatte daraufhin das Präsidentenpalais wie ein brennendes Haus verlassen und sich in sein Dorf Colombey-les-deux-Églises zurückgezogen. Paßte solch wortloser Abgang einerseits zu der hoffärtigen Natur dieses Mannes, so handelte er doch auch im Bewußtsein der politischen, ja historischen und zugleich höchst theatralischen Wirkung solch präzis stilisierter Geste.

Als sich de Gaulle 24 Jahre vorher, am 20. Januar

1946, ohne jede sichtbare Notwendigkeit und ohne vorherige Warnung von den Regierungsgeschäften zurückgezogen hatte, glaubte er keineswegs, die Franzosen würden sich damit abfinden, daß der Retter des Vaterlandes sie allein lasse. Die schlecht verhohlene Erwartung trog ihn, man rief ihn nicht zurück, nun aber entschwand er sang- und klanglos in eine wohlbehütete Einsamkeit, nachdem er länger als ein Jahrzehnt mit praktisch unbegrenzter Machtvollkommenheit das Land regiert und sich mit Menschen umgeben hatte, die sich ihm bedingungslos unterordneten oder abgehalftert wurden, sobald ihre Treue auch nur eine flüchtige Sekunde lang bedingt erschien.

Auch diesmal glaubte Charles de Gaulle vielleicht, daß alles drunter und drüber gehen müßte, wenn seine gebieterisch ordnende Hand aufhörte, über allem zu walten. Aber Frankreich blieb ruhig und genoß die durch kein politisches Abenteuer gefährdete Ordnung und insgeheim wohl auch die Abwesenheit eines Mannes, dessen Anwesenheit manchmal drückend spürbar geworden war.

Während der 17 Monate, die Charles de Gaulle noch zu leben beschieden waren, arbeitete er, wie gesagt, unermüdlich. Er veröffentlichte seine Gesammelten Reden und Manifeste und im September 1970 den ersten Band seiner *Memoiren der Hoffnung*. Das Buch wurde sofort zum ersten Bestseller. De Gaulle blieb bis an sein Lebensende für literarische Erfolge so empfänglich wie ein ganz junger Schriftsteller. Es hat ihm gewiß gut getan, knapp vor seinem 80. Geburtstag der erfolgreichste Autor Frankreichs zu werden.

Ganz selten nur empfing er den oder jenen seiner engsten Mitarbeiter, doch nie seinen Nachfolger Pompidou noch den Premierminister Chaban-Delmas, nie ein Mitglied der Regierung. Ohne es öffentlich auszusprechen, betrachtete er alle diese Männer, die ihm allein ihren Aufstieg zu verdanken hatten, als Verräter oder zumindest als Treubrüchige. Denn sie waren, glaubte er, im Begriff, die Fünfte Republik – das heißt: sein Werk – zu zerstören. Damit tat er nicht nur den Beschuldigten, sondern auch sich selber unrecht, denn die von ihm geforderte, immer wieder für seinen eigenen Bedarf neu fassonierte Verfassung, die er dieser Republik gegeben hatte, bleibt unangetastet. Da ich 1965 behauptet habe, diese Verfassung würde de Gaulles Abgang nicht lange überdauern, ist es nur gerecht, daß ich mich hier selbst *desavouiere:* Trotz all ihren Mängeln bewährt sich diese Konstitution und sichert dem Lande eine stabile Regierung. Und man weiß, daß gerade solche Stabilität sowohl der Dritten wie der Vierten Republik, das heißt fast insgesamt 90 Jahre lang, versagt geblieben war.

Wie aber steht es mit den anderen großen Plänen und Entwürfen, denen Präsident de Gaulle seine größte Aufmerksamkeit gewidmet hat? Er wollte die europäischen Einigungsbestrebungen nur gelten lassen, sofern sie seiner Vorstellung von der *grandeur* Frankreichs und dessen überragender Rolle entsprechen würden. Deshalb hat er sowohl der Europäischen Wirtschaftsgemeinschaft wie dem Atlantik-Pakt Hindernisse in den Weg gelegt, die nicht für die Partner, sondern für Frankreich selbst schließlich zu kostspielig, ja gefährlich zu werden drohten. So hat er das Werden Europas verzögert, ohne jedoch damit jener *grandeur* irgend etwas hinzuzufügen. Es bleibt daher als sein größter Gewinn ein Verlust, als sein größter Sieg seit seiner Rückkehr zur Macht 1958 ein ungeheurer Verzicht, der ihm wohl mit der Zeit abgezwungen worden wäre, dem er aber mit taktischer Klugheit und historischer Weisheit den Charakter eines freiwilligen und daher großmütigen Staatsaktes zu verleihen gewußt hat: nämlich die Dekolonisierung, das heißt die Liquidierung des französischen Imperiums und darüber hinaus die den früheren Kolonien oft großzügig gewährte ökonomische Hilfe.

Wie man weiß, hat de Gaulle überall zugunsten des Friedens Stellung genommen und in die kriegerischen Konflikte anderer vermittelnd eingegriffen. Hierbei erwies er seine Unfähigkeit, in der Tat: seine Weigerung, sich mit der Rolle eines Vermittlers zu bescheiden. Er verhielt sich, als ob er der Schiedsrichter wäre, und gab der einen oder anderen Seite gnadenweise den Vorzug. Deshalb mußten seine maßlos gepriesenen Demarchen wirkungslos bleiben, doch gaben sie ihm das Gefühl, daß man überall in der Welt auf seine Worte wartete, ja lauschte. Seine Gastspiele in Asien, Kanada, Lateinamerika und Europa bestärkten ihn in diesem Glauben. Er betrachtete als politische Triumphe, was ein schnell vergessener Publikumserfolg war, denn die Staatsaktion war jedes Mal »ach ein Schauspiel nur«. Er aber glaubte an ihre historische Bedeutung. Nicht zuletzt deshalb verkannte er während zwei langer katastrophaler Wochen die Vorgänge im Mai 1968. Doch ist es andererseits wahr, daß er, sobald er erfaßt hatte, worum es wirklich ging, gleichsam mit einer Bewegung das Steuer herumwarf und dem Spuk ein Ende bereitete. Allerdings hatte inzwischen der Premierminister Pompidou durch die Verständigung mit den Gewerkschaften die Arbeiterklasse neutralisiert.

Der allerletzte Triumph Charles de Gaulles war ein posthum errungener, ein Ergebnis seiner genauen Anordnungen darüber, wie er zu Grabe getragen werden sollte, wer am Leichenbegängnis teilnehmen durfte und wer nicht. Aber gewiß auch eine Nachwirkung seines Abgangs, der die Mächtigen dieser Erde nicht weniger als die Völker beeindruckt hatte. Ihm gelang der wirksamste Kunstgriff melancholischer

Bescheidenheit: sich mit kaum hörbaren Schritten, stumm in den Mittelpunkt der Aufmerksamkeit aller, in den Lichtkreis der stärksten Jupiterlampen zurückzuziehen.

Was bleibt vom Heldentum? Nur ein morscher Hügel, auf dem das Unkraut rot wie Feuer steht? Nein, in diesem Falle weit mehr. Es bleibt ein Memoirenwerk, das wahrscheinlich 95 Prozent der zeitgenössischen Literatur überdauern wird, und es bleibt die Erinnerung an einen Mann, den ungewöhnliche Vorzüge trotz gefährlicher Fehler befähigt haben, einem gedemütigten Volk ein neues Selbstbewußtsein zu geben und es gleichzeitig von einer üblen Vergangenheit zu befreien, indem es den kolonisierten Ländern die Freiheit wiedergab.

So darf auch ein kritischer Biograph abschließend behaupten, daß Charles de Gaulle ein großer Mann gewesen ist.

Januar 1971

Willi Münzenberg

In der Weimarer Republik verband man das rechts sehr imponierende und links stets herausfordernde Wort *Konzern* unter anderem mit zwei Namen, die die letzte Silbe gemein hatten: mit Hugenberg und Münzenberg. Der deutschnationale Hugenberg, der Hitler durch Koalitionsmanöver in die Tasche zu stecken glaubte, beherrschte einen beträchtlichen Teil der deutschen Presse. Der Kommunist Willi Münzenberg aber war seit seiner frühen Jugend ein professioneller Revolutionär. Bürger, aber auch Leute der Linken fanden es bizarr, wenn nicht gar verdächtig, daß der mehr oder minder anarchistische Jugendführer von gestern sich in einen Generaldirektor verwandelt hatte, der selbstherrlich, hieß es, einen *Konzern* leitete, welchem Zeitungen und Zeitschriften, Buchverlage, eine internationale Filmgesellschaft, eine Zigarettenfabrik und noch andere Unternehmungen angeschlossen waren.

Öfters als mit seinem Namen bezeichnete man diesen mächtigen Mann mit seinem Vornamen: Willi. Wie es damals üblich war, duzten ihn die Mitglieder der KP und auch die Angehörigen der vielen »Harmlosen«-Organisationen, die er unermüdlich ins Leben rief. Die weitverzweigte Internationale Arbeiterhilfe ebenso wie die in Verbindung mit dieser wirkende berühmte Filmgesellschaft Meschrabpom, das war er – Willi. Die Zeitungen *Berlin am Morgen* und *Welt am Abend*, auch das war er. Die hervorragend redigierte *Arbeiter-Illustrierte* (AIZ), die Zeitschriften *Der rote Aufbau*, der *Mahnruf*, *Der Weg der Frau*, *Der Arbeiterpho-*

tograph – das alles war er, Münzenberg, ebenso wie mehrere Verlage und Büchergemeinschaften, unter anderem der *Neue Deutsche Verlag*.

Willi organisierte im Weltmaßstab Bewegungen gegen Imperialismus und Kolonialismus, gegen Krieg und Faschismus, an deren Spitze Männer wie Romain Rolland oder Henri Barbusse oder die Witwe Sunyatsens und ähnliche damals weltbekannte Figuren standen, das heißt zu stehen glaubten. Von seinen Leuten bekamen die über die ganze Welt verstreuten Ortsgruppen und Bezirkssektionen der Münzenbergschen Organisationen die Schlagwörter geliefert, die einer Generallinie entsprachen, nach der man sich zu richten hatte. In allen Sprachen wurde die unvermeidliche Propagandaliteratur produziert. Sie war zumeist mittelmäßig und repetitiv, obschon berühmte Männer, unter ihnen Schriftsteller von Weltruf, als Autoren zeichneten. Denn Münzenberg war im Reiche der Intellektuellen zum Rattenfänger geworden, die ganze Welt war sein Hameln. Er rief, und die Unterschriften kamen – für Hilferufe zugunsten Hungernder oder politisch Verfolgter, zugunsten von Kolonialvölkern oder unschuldig verurteilten Negern, von nicht-kommunistischen Dichtern, Philosophen, Priestern, die allerdings in den meisten Fällen tatsächlich Funktionäre der Komintern waren.

Es mag sein, daß ich Willi Münzenberg das erste Mal im September 1931 in Moskau gesprochen habe; gesehen hatte ich ihn vorher, natürlich. Eine marxistische Zeitschrift für Psychologie sollte gegründet werden, hatte man in Moskau kurz davor beschlossen; ich sollte sie leiten und bei Willi verlegen – in einem seiner bereits bestehenden Verlage oder in einem neuen, den er zu diesem Zwecke gründen mochte. Ich hatte keine große Lust dazu, denn ich mochte den Münzenberg-Konzern nicht; Willi seinerseits brachte auch nur wenig Interesse für das Projekt auf. Nach einer zweiten Besprechung in seinem Berliner Büro vertagten wir die Ausführung dieses Planes.

Abgesehen von dem Interesse, das dieses ungewöhnlich ereignisreiche Leben hervorruft, stellt Willi Münzenberg einen Fall dar, der höchst selten geworden ist: Der Begründer und Leiter eines Konzerns und ungezählter politischer, intellektueller und sonstiger Organisationen ist eine Zeitlang ein echter revolutionärer Führer der Arbeiterjugend und zugleich in mehr als einer Hinsicht ein charakteristischer Repräsentant der emanzipierten mitteleuropäischen, insbesondere jener deutschen Arbeiter gewesen, von denen Friedrich Engels gehofft hatte, sie würden die Erbschaft der Philosophen antreten.

Der höchst seltene Fall wurde mit der Zeit paradox bis zur Unfaßlichkeit, denn der zweite Aufstieg dieses Mannes – nach dem zum Jugendführer – erfolgte innerhalb einer schnell bürokratisierten, im übelsten Sinne verbonzten und, wie man später sagte, bolschewisierten Partei. Bolschewisiert, das bedeutete in der zweiten Hälfte der zwanziger Jahre die völlige Unterwerfung aller Sektionen der Komintern unter die Befehlsgewalt Stalins und seiner Knechte im Sinne der totalitären Autoritätsforderung. Die Parteien wurden von Grund auf umgewandelt, hörten in Wirklichkeit auf, eine eigene Existenz zu haben, denn sie wurden zur *Massenfiktion* degradiert. Der Befehl kam von oben, stets von oben; dort bestimmte man auch, wer die Massen vertreten und in ihrem Namen wiederholen durfte, was man ihm jeweils eintrichterte. Es durfte keine echte Meinungsbildung mehr geben; die öffentliche Meinung wurde zu einer pausenlos abgespielten Grammophonplatte, die auf Befehl ausgewechselt, zerschlagen oder auch wieder aufgelegt wurde. Doch selbst in dieser Zeit der zweibeinigen Grammophone brachte Münzenberg es zustande, eben auch dank seinem sogenannten Konzern, eine relative Selbständigkeit zu bewahren.

Der 1889 geborene Münzenberg verlor seine Mutter mit fünf Jahren; sein Vater, ein dörflicher Schenkwirt, war der Sohn eines Freiherrn von Seckendorf, der seinen illegitimen Sproß nie anerkannt, aber immer wieder zu fördern versucht hatte – stets ohne Erfolg. In mehr als einer Hinsicht glich Willi den kindlichen Helden der Romane des 19. Jahrhunderts, die zu früh lernen mußten, sich ohne Eltern zurechtzufinden, um im grausamen Getümmel nicht unterzugehen. Er war schwach, klein, scheinbar zu nichts nutze. Mit elf Jahren riß er das erste Mal aus; er wollte zu den Buren, die damals gegen das übermächtige England kämpften. Er kam nicht weit, wurde heimgeholt, durfte wieder die Lampen der Schenke putzen, das Bier servieren und häusliche Dienste verrichten. Mit 13 Jahren verwaiste er zum zweiten Mal, wurde zur Schwester nach Gotha gebracht; dann kam er nach Erfurt in eine Schuhfabrik, wo er »Leistenjunge« war.

Heute versteht man kaum noch, wieviel Leid es mit sich brachte, Lehrling zu sein. Das halbwüchsige Proletarierkind, das arbeitend sein Fach erlernen mußte, stand auf der allerletzten Sprosse der sozialen Leiter. Der Lehrling wurde nicht nur vom Arbeitgeber ausgebeutet und von ihm oder dem Werkmeister oft mit heute unvorstellbarer Roheit behandelt, auch die Arbeiter und Gesellen nutzten seine Hilflosigkeit aus, kühlten an ihm häufig ihr Mütchen und ließen ihn jeden Augenblick fühlen, daß er ihnen allen unterlegen und völlig rechtlos war. Willi wurde einer der ersten kämpferischen Organisatoren einer Arbeiter-Jugendbewegung, die sich nicht nur gegen die Ausbeutung des Proletariats erhob, sondern auch gegen die Unterdrückung der Jugend, gegen die Bestrafung des so vergänglichen biologischen Defekts, jung zu sein.

Es gehörte ein durchaus ungewöhnlicher Mut dazu, die Lehrlinge zu organisieren, ihre Forderungen vor der gleichgültigen, wenn nicht gar feindlichen Öffentlichkeit zu vertreten, sie zugleich gegen die Arbeitgeber und gegen die Gewerkschaft durchzusetzen. Die damaligen Parteibonzen hatten zwar vor der heraufkommenden Generation keine Angst, aber es erschien ihnen widernatürlich, daß diese jungen Menschen sich nicht der Autorität unterwerfen wollten, unter der sie selbst einmal gelitten hatten. Jugend mußte gebüßt werden; da sie sowieso nicht von Dauer war, was sollten die Klagen, was der Anspruch auf eigene unabhängige Organisationen!

Es war die Zeit, da nicht nur die Arbeiterjugend, sondern auch bürgerliche Jugendliche zu entdecken glaubten, daß Jugend nicht der Korridor sein müßte, durch den man schnell aus der Kindheit in die Welt der Erwachsenen zu entwischen hatte. Die Jugend, proklamierten sie, ist nicht eine Zwischensaison, sondern der ideale Zustand, in dem man klarer als in irgendeinem andern Alter zu erfassen vermag, was Wert und was Unwert ist, wozu es zu leben und wofür es zu kämpfen lohnt. Die neue Kultur wird eine Kultur der Jugend sein, die sich gleichsam als eine neue Menschheit konstituieren wird. Man weiß, wie folgenlos diese Ideologie geblieben ist, die zu dem Schwur auf dem Hohen Meißner geführt hat.

Der junge Münzenberg war gewiß avantgardistisch und anarchistisch, wenn auch nicht nihilistisch gestimmt, doch weit von den Steglitzer Gymnasiasten des Wandervogel und von der Wynekenschen und der bündischen Jugendideologie entfernt. Er lernte auf die härteste Weise, was schlecht war und ungerecht im Dasein der arbeitenden Menschen, besonders der jungen unter ihnen, und was es grundlegend zu ändern galt — sofort und durch eigene Aktion und im Vertrauen auf den eigenen Wagemut.

Es gibt im Leben fast aller Menschen die »privilegierten« Augenblicke, die man als Momente der glückhaft sinnvollen Koinzidenzen bezeichnen könnte. Genau in dem richtigen Augenblick taucht auf, was oder wen man gerade am dringendsten braucht. Das Fernste steht plötzlich da und gibt sich einem in die Hand. So entdeckte Willi im Sommer 1906, er war erst 17 Jahre alt, in Erfurt den Bildungsverein »Propaganda«, den der Werkzeugschlosser Georg Schumann leitete; dieser wurde später ein bekannter Kommunist, den die Nazis im Januar 1945, viereinhalb Jahre nach Willis Ermordung, hinrichten sollten.

Münzenberg blieb sein Leben lang von der Gewißheit durchdrungen, die man damals so gläubig in der Arbeiterbewegung formulierte: »Wissen macht stark. Wissen macht frei.« Er wurde ein leidenschaftlicher Leser; er liebte die Poesie, schrieb selber Gedichte und veröffentlichte sie in der Schweiz. Doch vor allem entdeckte er die Ausdrucksmöglichkeiten, die ihm fortab zur Verfügung standen, um andere zu überzeugen. Seine erstaunlich frühen Erfolge überzeugen den Halbwüchsigen davon, daß er die Fähigkeit eines Propagandisten hat; er wird sie unermüdlich entfalten. Und das ist in der Tat der Beginn seiner Laufbahn: er wird als Führer immer ein Menschenfischer sein, dem Jugendliche, Arbeiter, Intellektuelle fast aller Länder ins Netz gehen. Er fängt sie nicht um seines Nutzens, sondern um der Sache willen, für die er sie wirbt und für die sie fortab ihr Bestes leisten müssen. Münzenberg wurde, was der Organisator in der industriellen

Gesellschaft sein muß: ein *homo factitivus*. Dieses Wort prägte ich auf ihn nach unserer ersten Begegnung. Damals, im Jahre 1931, meinte ich es ironisch und zugleich ernst.

Es gab zu Beginn dieses Jahrhunderts einige bemerkenswerte Männer in Deutschland, vor allem unter den Sozialisten, die sich für die Arbeiterjugend und ihr Recht auf eigene, unabhängige Organisationen einsetzten. Einer von ihnen war Ludwig Frank, der die »Junge Garde« gründete; sodann Karl Liebknecht, dessen Broschüre *Militarismus und Antimilitarismus* Münzenbergs weiteren Weg mitbestimmte; und schließlich Max Peters, der 1905 die Zeitung *Arbeitende Jugend* gründete und die freien Verbände junger deutscher Arbeiter organisierte. In Erfurt nannte der Verband sich »Freie Jugend«; der kaum 19jährige Münzenberg war der Führer. Als solcher nahm er im September 1908 an einer Tagung teil, für die er seine erste Reise nach Berlin antrat. Sie kompromittierte ihn, hatte seine Entlassung aus der Fabrik zur Folge und damit das Ende der ersten Periode seiner politischen Arbeit in Deutschland.

Münzenberg wurde ein Wanderer. Er durchzog Deutschland, die Schweiz, 1911 kam er bis nach Italien. In Zürich ließ er sich dann nieder, von älteren Kameraden ermutigt, die diesen thüringischen Jungen, der kaum Hochdeutsch sprach, wegen seiner ungewöhnlichen Begabung schätzten, Menschen in Bewegung zu setzen und sie in den Kampf zu führen. Zu diesen erwachsenen Freunden gehörte Dr. Fritz Brupbacher. Der 15 Jahre ältere Schweizer Arzt, ein intellektueller Revolutionär von ungewöhnlicher menschlicher Qualität, hat Willi sein Leben lang geholfen und ihm Wege geebnet, noch ehe der junge Mensch ahnen konnte, daß es sie gab und er sie beschreiten würde.

In Brupbachers Haus traf Willi auch zum ersten Mal mit den legendären Figuren der *Narodniki*, der revolutionär-terroristischen Bewegung zusammen – so mit Vera Figner, die Jahrzehnte des zaristischen Kerkers ungebrochen überstanden hatte. Er sollte später, während des Krieges, Lenin und dessen Freunden begegnen, dem Führer der Bolschewiki die ersehnte Möglichkeit bieten, zur Jugend zu sprechen. Merkwürdigerweise ist er Lenin gegenüber bis zu dessen Tode eher der Gebende als Nehmende gewesen. Man weiß, daß Lenin ihn zu sich rief und ihm die Leitung der großen Hilfsaktion zugunsten der Hungernden in den Wolga-Gebieten anvertraute. Die ganze Welt mußte mobilisiert werden; Willi war der Mann, dem das gelingen konnte.

Er gründete die Internationale Arbeiterhilfe, der noch lange Zeit nach Lenins Tod viel mehr Manövrierfreiheit zugestanden wurde als der Roten Hilfe. War es eine Narrenfreiheit, die einem Mann gewährt wurde, der möglichst viele Gegner neutralisieren, die (von Radek so genannten) Harmlosen gewinnen, die Sympathisanten organisieren und immer gründlicher zugunsten der Bewegung ausnutzen sollte? Tatsache ist, daß Münzenberg – gewiß auch, weil er ein von Lenin selbst Erwählter war – während langer Jahre in seinen Aktionen mehr Entscheidungsfreiheit besaß als die Höchstgestellten unter seinen deutschen Genossen. Ihm schien von vornherein das Recht zugebilligt, eigene Wege zu dem ausschließlich von der Komintern gewählten Ziele zu gehen. Seine Erfolge waren schließlich das entscheidende Argument auch in den Augen Stalins und der Russen, etwa Manuilskis oder Piatnitzkis, denen der Diktator den »Kramladen«, das heißt die Komintern, zeitweilig anvertraut hatte.

Obschon die Kommunisten und ihre Mitläufer Münzenbergs Namen und Verdienste seit Jahrzehnten verschweigen, kann keiner seiner Zeitgenossen die hervorragende Rolle vergessen haben, die er im Kampfe gegen die Nazipropaganda in Deutschland und ab 1933 im Ausland gespielt hat. Die ungeheure Aufwallung, die spätestens seit dem Reichstagsbrand viele unpolitische Menschen in kampfwillige Antifaschisten verwandelte, war in einem hohen Maße sein Werk.

Aus guten und aus weniger guten Gründen sprach Münzenbergs Propaganda besonders die Intellektuellen an. Deshalb war es ihm leicht, eine Waffe zu erfinden, die seither nicht mehr aus der Mode gekommen ist: die Unterschriften-»Stampiglie«. Dichter, Philosophen, Wissenschaftler, Künstler aller Art wurden von ihm dazu gebracht, mit ihrer Unterschrift zu bezeugen, daß sie sich in die erste Reihe der radikalen Kämpfer stellten. Sie brauchten nur jedes Mal, wenn er es wünschte, zu protestieren, begeistert zu Taten aufzurufen oder ihren Schauder vor Untaten zu proklamieren. Münzenberg stellte so Intellektuellenkarawanen zusammen, die sich auf einen Wink von ihm in Bewegung setzten; auch die Richtung bestimmte er. War ein Name ein halbes Dutzendmal unter solchen, von Münzenbergs Mitarbeitern gelieferten Erklärungen erschienen, so wurde er fortab ohne die ausdrückliche Einwilligung seines Trägers benutzt. Es wurde zahllosen Intellektuellen zur lieben Gewohnheit, im Morgenblatt ihren Namen – neben viel berühmteren oder weniger bekannten – immer aufs neue gedruckt zu sehen. Man weiß, daß Münzenbergs »Stampiglie« – mutatis mutandis – noch immer gute Dienste leistet.

Als Münzenberg mit seinen »Braunbüchern«, mit dem Gegenprozeß, der Dimitrows Unschuld bewies, und mit zahllosen anderen Aktionen die Weltöffentlichkeit aufrührte, war er tatsächlich ein mächtiger Mann – um so mächtiger, je weniger zutage trat, in wessen Auftrag er handelte. Die von ihm gegründeten und gelenkten Organisationen wurden von Männern repräsentiert, die nicht nur nicht der Kommunistischen Partei angehörten, sondern aufgrund ihrer Abstammung, ihres Milieus oder ihrer Werke eine unanfechtbare Garantie für den nichtkommunistischen Charakter dieser Verbände und Bewegungen boten. In welchem Maße diese Strohmänner bewußt an der Täuschung teilnahmen oder sie nur ignorieren wollten oder tatsächlich nicht kannten – diese Frage interessierte kaum jemanden. Sie war im übrigen unerheblich, denn alle Arbeit wurde tatsächlich von Parteimitgliedern ausgeführt und überwacht.

Die meisten intellektuellen Sympathisanten wünschten zu gehorchen, weil sie die Gewißheit erlangen wollten, daß sie dabei waren, daß sie dazugehörten. Dies allein erklärt, warum so viele von ihnen auch dann bei der Stange blieben, als der Stalinismus durch die Moskauer Prozesse, die massenhaften Deportationen und durch die Praktizierung der polizistischen Geschichtsauffassung die Verkommenheit des Kommunismus jedem, der sehen wolle, täglich vor Augen führte. Es erwies sich damals, daß nicht wenige Intellektuelle um so mehr durch den Extremismus beeindruckt und verführt werden, je mehr er ihrem eigenen Urteil, ihren persönlichen Erfahrungen und dem *common sense* widerstreitet. In vielen Fällen dienten damals die Sympathisanten der stalinistischen Führung gleichsam als Kronzeugen zugunsten einer politischen Linie, die wegen ihrer Widersinnigkeit von den politisch erfahrenen Parteimitgliedern nur mit größtem Widerstreben befolgt wurde.

Dem kommunistischen Eisenbahner fiel es sehr schwer, gemäß der Stalinschen Behauptung bezüglich der Zwillingsgeschwisterschaft von Sozialdemokratie und Faschismus, seine sozialdemokratischen Arbeitsgefährten als Sozialfaschisten anzusehen. Diese wahnwitzige Generallinie, die den Nazis den Weg zur Macht geebnet hat, wurde hingegen ohne Schwierigkeit von politisch zumeist unerfahrenen Intellektuellen akzeptiert, die von der proletarischen Realität kaum etwas wußten und denen auch deshalb – wie den Kiebitzen – kein Spiel zu hoch war. Dieser Sachverhalt erklärt, daß nicht nur das propagandistische Genie Münzenbergs die intellektuellen Weggefährten zu einer Zeit in Bewegung gesetzt hat, in der der stalinistische Wahnsinn sie hätte entschieden abstoßen müssen. Die einer Massenbewegung aufgezwungene Paranoia, die jeden zum Todfeind, zum Faschisten usw. deklarierte, der nicht unermüdlich jedes extremistische Schlagwort wiederholte – dieser von einem mächtigen Apparat manipulierte Beziehungswahn zog die Intellektuellen damals an; es ist heute nicht anders.

Aber ist es möglich, daß Münzenberg selbst die von Moskau diktierte Politik für richtig gehalten hat? Diese Politik der Gewerkschaftsspaltung, der aberwitzigen Zwillingsgeschwisterschaft, der »Bolschewisierung«, das heißt der vollkommenen politischen Sterilisierung der zum Kadavergehorsam gezwungenen Parteien? Hielt er die kommunistische Teilnahme am Nazi-Plebiszit gegen Preußens sozialistische Koalitionsregierung für richtig? Glaubte er gemäß der Komintern-Resolution von 1933, daß der Sieg der Nazis keineswegs eine Niederlage der KPD und der Arbeiterklasse bedeutete? Glaubte er auch nur einen Augenblick, daß die Angeklagten der Moskauer Prozesse schuldig waren? – Alle diese Fragen darf man verneinen. Nicht nur er, sondern eine große Anzahl politisch gebildeter Kommunisten dachten, ja wußten, daß all das hirnrissig war und vernichtende Niederlagen unvermeidlich machte. Und trotzdem brach er nicht, sondern ließ seine Organisationen alle anbefohlenen Manöver brav mitmachen. Was für ein Führer war er? Was für ein geführter Verführer?

Nicht wenige Bücher – Romane, Autobiographien, Essays, Studien und historische Darstellungen – versuchen zu erklären, wie all dies geschah: wie wir alle gleichsam in selbstgewählter und doch gehaßter Gefangenschaft verharrten, im Glauben, daß man aus ihr nur ins Nichts entfliehen könnte. Und weil man bis zum Hitler-Stalin-Pakt glauben konnte, daß trotz allem in den Reihen der KP verharren mußte, wer wirklich in der ersten Frontlinie gegen den Faschismus stehen wollte. Münzenberg war nicht der einzige, der vor sich selbst die wahren Empfindungen verhehlte, die die anbefohlenen politischen Verirrungen und die furchtbaren Fehlschläge in uns allen auslösten. Man exilierte sich in die Selbstentfremdung, man sterilisierte das Bewußtsein und setzte das zu wache Gewissen auf Wartezeit.

Auf einmal schien es, daß all das doch einen Sinn gehabt hätte: als im Sommer 1935, auf dem VII. Komintern-Kongreß, zugleich mit der Abwendung von der paroxystisch-aggressiven Phrasendrescherei eine Wendung zu einer Politik beschlossen wurde, die den Kommunismus aus der Isolierung befreien und die Einheit der Arbeiterklasse in einer Front – der Volksfront – wiederherstellen sollte. Damals brach für Münzenberg eine große Zeit an. Niemand war geeigneter als er, diese Politik durchzusetzen und auch jene zu gewinnen, die guten Grund hatten, sich vor den Kommunisten in acht zu nehmen. Ihm gelang es, ein wirklich repräsentatives deutsches Volksfrontkomitee zu bilden, das er mit ungewöhnlichem Geschick leitete. Man mußte damals so tun, als ob man an die polizeilichen Phantasmagorien, an die mörderischen Fiktionen der sowjetischen Innenpolitik glaubte, um außerhalb Rußlands eine vernünftige Politik zu betreiben.

Etwa um jene Zeit begannen Willi und ich einander öfters zu treffen. Wir sprachen nie über die Moskauer Prozesse, über die GPU oder Stalin, sondern über die Volksfront in der Welt, über Spanien, über die Arbeit der KPD in der Emigration und im Lande. Wir wurden erst später Freunde, wohl im Jahre 1937, nachdem er und ich mit der Partei gebrochen hatten. Willi sollte nach Moskau gehen; er wußte, daß man ihn rief, um ihn zu liquidieren und seine Vergangenheit verleumderisch zu metamorphosieren, wie man es mit so vielen alten Kommunisten getan hatte – nicht zuletzt unter der mit Unterschriften bescheinigten Zustimmung der von ihm seinerzeit mobilisierten Intellektuellen. Er zögerte lange, wurde krank; endlich beschloß er, mit der Partei zu brechen und damit vielleicht seine politische Tätigkeit zu beenden.

Münzenberg war natürlich nicht fähig, untätig zu bleiben; er war nicht etwa ein neurotischer Polypragmatiker, sondern der *homo factitivus*, der die modernen Kommunikationsmittel benutzt, um ohne Unterlaß Initiativen zu ergreifen, Energien zu wecken und so stets dafür zu sorgen, daß etwas: das Notwendige, das Nützliche geschehe. Ich arbeitete an der von ihm gegründeten Wochenschrift *Die Zukunft* mit, Ludwig Marcuse war ihr Kulturredakteur, Arthur Koestler einer ihrer Initiatoren. Wir diskutierten eingehend jedes politische Ereignis und formulierten Zukunftsperspektiven. Damals, als er ein verfemter, seiner Machtmittel entblößter, frenetisch verleumdeter Mann war, als ihm gar kein Konzern mehr zur Verfügung stand, da wurde es auch dem kritischen Beobachter offenbar, daß Münzenberg ein echter politischer Führer, ein wirklich bedeutender Arbeiterführer werden könnte, wenn wieder einmal die Gelegenheit sich böte, politische Meinungen zu bilden, das heißt, Menschen für eine Sache dadurch zu gewinnen, daß man ihnen ermöglicht, selbsttätig die Probleme zu analysieren und kritisch Ziele und Mittel zu erwägen, um schließlich in Freiheit zu wählen.

Ich fürchte, daß es Babette Gross* trotz der Fülle der Informationen und trotz ihrer Einsicht in alle Situationen eines komplizierten Lebens nicht gelungen ist, das erstaunliche Format dieses Kämpfers und Organisators und seine tragische Widersprüchlichkeit faßbar zu gestalten. Dieses Ungenügen darf man der Biographin nicht vorwerfen; es ist in der Tat durch die Selbstentfremdung bestimmt, zu der sich Münzenberg während vieler Jahre selbst verurteilt hatte, um der Bewegung treu zu bleiben. Das kennzeichnet sein Schicksal: er wurde ein Held der Tragödie unserer Zeit. Das verfrühte Ende, das seinem Leben gesetzt wurde, ist so signifikant, daß es eigentlich von einem philosophischen Romancier hätte erfunden werden müssen: Als im Juni 1940 die deutschen Truppen Frankreich im Sturmschritt besetzten, flüchtete Münzenberg mit einigen Schicksalsgenossen aus dem Internierungslager, in dem antifaschistische Emigranten als Angehörige eines feindlichen Staates festgehalten wurden. Willi, der sich mit Recht am meisten bedroht fühlte, machte nicht halt, als die anderen angekommen zu

* Babette Gross hat 1967 eine ganz ausgezeichnete Biographie ihres Lebensgefährten veröffentlicht: *Willi Münzenberg – Eine politische Biographie.*

sein glaubten. Er wollte weiter fliehen, ein sicheres Versteck finden, sich vielleicht bis zur Schweizer Grenze durchschlagen. Man weiß nichts Bestimmtes, doch bestehen triftige Gründe zur Annahme, daß sich ihm ein junger Mann angeschlossen hat, der ein GPU-Agent und vielleicht auch ein Gestapo-Mann gewesen sein kann. Von ihm hat man seither keinerlei Spur entdeckt. Willi aber wurde viel später in einem Wäldchen tot aufgefunden, einen Strick um den Hals. Seine Ermordung erfolgte zur Zeit der Kollusion zwischen Hitler und Stalin, zwischen GPU und Gestapo. Man weiß, daß in den letzten Tagen des Jahres 1939 die GPU deutsche und österreichische Kommunisten, unter ihnen viele Juden, im besetzten Polen der Gestapo ausgeliefert hat.

Münzenberg war seit dem Bruch mit der KP einer jener Männer, die von beiden totalitären Mächten verfolgt wurden, weil er gegen beide kämpfte. In jenem Sommer gelang es übrigens Stalin endlich, auch Trotzki durch einen Meuchelmörder zu beseitigen. Die zahllosen Intellektuellen, die Willi in die politische Arena gebracht hatte, blieben stumm angesichts jener Untaten – sie, die gewöhnlich so flink protestierten. Bedeutende deutsche Schriftsteller, die mit ihm eng verbunden gewesen waren und ihm mancherlei zu verdanken hatten, sagten nichts; für ihn unterschrieben sie nichts mehr; zu seinem Tod fiel ihnen und ihresgleichen nichts ein.

April 1968

Djilas oder Die bestrafte Reue

Der Büßer muß, genau wie der Held nach seinem Triumph, recht schnell verschwinden, will er nicht selbst dem gütigsten seiner Zeitgenossen lästig werden. Das gilt ganz besonders für einen Mann, der sich von der Macht zurückgezogen hat und sich danach so anklagt, daß ein jeglicher die Verurteilung der Macht und jener Machthaber heraushören muß, die sich damit abgefunden haben, auch weiterhin zu herrschen und im Genuß ihrer Vorrechte zu bleiben.

Mag der Kronprinz nach seinem Verzicht auf die Thronfolge sich zum Bettler oder zum Propheten eines neuen Glaubens machen: er soll sich davor hüten, den König oder die Sitten seiner Höflinge zu richten, wenn er nicht alle Welt gegen sich aufbringen will.

Von allen Kommunisten, die aus freien Stücken mit ihrer Partei gebrochen haben, war Milovan Djilas der einzige, der, vor eine letzte Alternative gestellt, sich entschied, seine Position aufzugeben. Er trennte sich von der Führergruppe, die seit 1945 Jugoslawien beherrscht. Seit dem Januar 1954 führt er ganz allein einen ungleichen Kampf, dessen Ausgang nicht ungewiß erscheint. Und dennoch ...

Der Widerstreit, der den Fall Djilas kennzeichnet, geht weit über seine Person und seine Schriften hinaus, über seine Irrtümer von gestern und seine Leiden von heute. Er betrifft keineswegs nur Tito, sein Regime und Jugoslawien.

Doch handelt es sich immerhin in erster Linie um

einen Menschen, der seit seinem Bruch mit der Macht wie eingemauert lebt in der entmutigendsten Einsamkeit: in der Einsamkeit jenes, der von Menschen verfolgt wird, die er gestern noch liebte und von denen er sich geliebt fühlte in der Verzweiflung so gut wie auf der Höhe des Sieges; und in der zwiefachen Absonderung des Häftlings, der nicht vergißt, daß seine Wächter noch vor kurzem seine Waffenbrüder gewesen waren, und der weiß, daß die Gefährten seiner Gefangenschaft niemals vergessen werden, daß er einst von allen ihren Feinden der erbarmungsloseste gewesen war.

Milovan Djilas wurde 1911 geboren, in den späten Stunden eines launischen Frühlingstages, wie er in seiner Autobiographie *Land ohne Recht* erzählt. Seine Mutter mußte die Niederkunft geheimhalten, denn es galt als schändlich, ein Kind zur Welt zu bringen, ehe das Haus der Familie ganz fertiggestellt war. Die Djilas aber waren gerade in Podbišće bei Kolasin eingezogen, wo der Vater zum Kommandanten der Grenzwache ernannt worden war.

Die Topographie dieser Provinz weist neben Schlachtfeldern auch Stätten der Ausrottung auf. Hier wurden Montenegriner, die sich unter dem Druck der Türken zum Islam bekehrt hatten, vernichtet: auf ihren Feldern getötet, in den Wäldern, auf den Weiden unter der schwarzen Sonne; die Überlebenden entflohen. Die im Brudermord siegreichen Christen erbten ihre Hütten und ihre Dörfer.

Djilas ist der Sohn eines Volkes, das sich niemals eine Rast gegönnt hat, denn es hat sich stets geweigert, seine Niederlagen anzuerkennen. Daher führte es seit dem 28. Juni 1389, mehr als fünfhundert Jahre lang, unaufhörlich seine grausamen Guerillas gegen die Türken.

In diesem Lande brachte man den Kindern vor

allem eine Furcht bei: die Furcht davor, sich furchtsam zu zeigen. Daher übten sie sich immerfort, jenen Mut zu bewähren, der dazu drängt, die Gefahr zu suchen oder sie durch unsinnige Wagnisse hervorzurufen. Zweifellos ist Djilas diesem Mut auch später treu geblieben – als illegaler Aktivist und als Funktionär der Kommunistischen Partei.

In den 340 Seiten seiner Autobiographie erweist sich Djilas als Dichter jedesmal, wenn die Liebe zu seiner Heimat ihn gleichsam von sich selbst befreit, indem sie ihn aus der Vereinsamung löst, in der er seit seinem Bruch mit dem Kommunismus lebt. Was ihn an die düsteren Berge, an den steinigen Boden, an die armseligen Dörfer seines winzigen Heimatlandes bindet, das hat die Erinnerung liebevoll aufbewahrt. Über seinen älteren Bruder Aleksa schreibt er: »Nichts Trennendes gab es zwischen uns, alles band uns aneinander. Ohne die Liebe, die ich für ihn fühlte, hätte ich kaum gewußt, was jene Liebe ist, die nichts zerstören und nichts in Vergessenheit sinken lassen kann. Vielleicht ist ihm der Tod vor einem Peloton leichter geworden, wenn er noch Zeit gehabt hat, an meine Liebe zu denken.«

Djilas war drei Jahre alt, als der Erste Weltkrieg ausbrach, der für die Serben, mehr noch als für andere Nationen, zum furchtbarsten Aderlaß wurde. Und Montenegro, das die Österreicher im Jahre 1916 besetzten, war dem Hunger ausgesetzt und den Epidemien und, heftiger als sonst, der inneren Zwietracht. Der kleine Milovan lernte früh die Gewalttätigkeit kennen, die herausfordert und erniedrigt, ehe sie unterdrückt, und jene Gewalt, die tötet, ohne zu zaudern. Bevor er Berane verließ, das Städtchen, in dem er das Gymnasium besuchte, betrachtete sich Milovan schon als Kommunist. Er fand sich um so leichter mit der Gewalttheorie des Kommunismus ab, als ihn dessen apokalyptische Drohungen anzogen. Der Staatsstreich vom 6. Januar 1929, durch den der König seine Diktatur errichtete, verstärkte in Djilas wie in so vielen seinesgleichen die Überzeugung, daß man alle Verhältnisse ändern und von Grund auf umwälzen müßte.

In Belgrad inskribiert sich Djilas an der Philosophischen Fakultät und nimmt sogleich an verschiedenen studentischen Aktionen teil, die von der illegalen Kommunistischen Partei organisiert oder zumindest angeregt werden. Im Jahre 1932 wird er aktives Parteimitglied; er bringt sich gleich zur Geltung und wird mit Aufträgen betraut, die sehr schnell bedeutend werden.

Ein Jahr darauf wird er verhaftet und zu drei Jahren Zuchthaus verurteilt, die er in Sremska Mitrovica abbüßt, dessen Gefängnis gleichsam zur politischen Universität geworden ist, an der die Partei ihre höheren und mittleren Funktionäre ausbildet.

1936, kaum aus der Haft entlassen, nimmt er seine politische Tätigkeit wieder auf, die jenen seltsamen unterirdischen Charakter bewahrt, den die balkanischen und südamerikanischen Diktaturen zugleich erzwingen und ermöglichen: Phasen brutaler Verfolgung wechseln mit Perioden ab, da die Illegalen eine stillschweigende Toleranz genießen. Auf solch erstaunliche Milderung, die eine Wiederherstellung aller Freiheiten anzukündigen scheint, folgt gewöhnlich eine grausame Verschärfung des Regimes.

Man kannte Milovan Djilas in den intellektuellen Kreisen Belgrads und in Zagreb. Auch der Polizei blieb seine Rolle in der unterirdischen Bewegung nicht unbekannt. Das hinderte Josip Broz-Tito nicht, ihm immer wichtigere Aufgaben innerhalb der neugebildeten Parteileitung anzuvertrauen. Die stalinistische Liquidation, der nach und nach alle Führer der jugoslawischen Partei in Moskau zum Opfer fielen, beschleunigte den Aufstieg Titos und bahnte den Weg den jungen Leuten, die zu seiner engeren Gefolgschaft gehörten.

Nach seiner ersten Begegnung mit Tito – im Jahre 1937 in Zagreb – nahm Djilas' Laufbahn eine neue Wendung. Er stieg immer höher und höher, bis der Bruch mit der Partei ihn in den Abgrund stürzte. Als Mitglied des Zentralkomitees ging er mit besonderer Strenge gegen jegliche sogenannte ideologische Abweichung vor, da er in ihr einen objektiven, wenn nicht gar einen subjektiven Verrat witterte. Ein wie beispielhafter Stalinist er war, geht aus den folgenden Zeilen hervor, die er im Oktober 1942, mitten im Elend des Partisanenkrieges, veröffentlicht hat: »Gibt es eine größere Ehre und eine tiefere Freude, als zu wissen, daß Stalin dein nächster Genosse ist, daß er der geliebteste Genosse ist ... Stalin hat in seiner Verfassung das glorreiche Gedicht der Freiheit und der Brüderlichkeit zwischen Menschen und Völkern verwirklicht. Stalin ist der einzige Staatsmann, der ein ruhiges Gewissen und ein altruistisches Herz hat ... Stalin ist der vollkommenste aller Menschen ... Er weiß alles, er sieht alles; alles, was menschlich ist, geht ihm nahe ... Es gibt für Stalin kein Rätsel, das er nicht auflösen, und kein Geheimnis, das er nicht enthüllen könnte ...« usw. usw.

Djilas war in seinen Worten und in seinen Taten stets der eifernde Funktionär des Stalinismus, dessen Zweifel zum Mißtrauen wurden und sich schnellstens in einen Verdacht verwandelten, dem nur ein Verdammungsurteil folgen durfte.

Vladimir Dedijer erzählt in seiner Autobiographie *The Beloved Land*, wie sein Freund Djilas ihm verbot, dem jungen Dichter Oscar Davičo zu helfen, der damals – im Jahre 1938 – gerade eine fünfjährige

Gefängnisstrafe abgebüßt hatte. Eben weil dieser junge Schriftsteller so viel für die kommunistische Sache gelitten hatte, war seine Kühnheit, wie ein Surrealist zu dichten, um so unerträglicher. Man mußte ihn als Trotzkisten »entlarven« und Sympathisierende – zu denen gehörte damals Dedijer – davon abhalten, dem Poeten in seinem Elend beizustehen. Djilas erklärte: »Davičo ist vor allem ein Surrealist... Weißt du nicht, daß die Partei Menschen macht, aber daß sie durchaus imstande ist, sie zu vernichten, sobald sie sich von der Parteilinie entfernen.«

Djilas war es auch, der den Kampf gegen die kommunistischen und sympathisierenden Intellektuellen führte, die sich um den großen Schriftsteller Miroslav Krleža und um seine Zeitschrift geschart hatten. Diese alle meinten, sie könnten den Obskurantismus ablehnen und trotzdem der Sache treu bleiben. Die Jagd nach den »Abweichlern« hielt jedoch an und wurde unermüdlich weiterbetrieben, auch in der Zeit, da Hitlers Drohungen immer gefährlicher wurden, da der Faschismus überall zum Sturmangriff überging und in Spanien den Bürgerkrieg auslöste.

Doch selbst im Jahre 1935, nach dem VII. Weltkongreß der Komintern, der beschloß, die wahnwitzige Politik »Klasse gegen Klasse« und damit den Kampf gegen die sogenannten Sozialfaschisten aufzugeben, gelang es den jugoslawischen Kommunisten nicht, aus ihrer Isolation herauszukommen und die Initiative zu einer Volksfront zu ergreifen. Die Führung gab ihren sektiererischen Dogmatismus nicht auf und befreite sich nicht von ihrem aufreizenden Byzantinismus.

Djilas, der Wächter der ideologischen Reinheit, rief ohne Aufhör Zwistigkeiten hervor, riß herunter, klagte an und verurteilte all jene, die darauf bestanden, wenigstens in ihrem eigenen Fachgebiet sich selbst eine Meinung zu bilden. So versteifte sich ein Krleža darauf, seine Romane, Dramen und Essays genau so zu schreiben, wie es ihn gutdünkte. Er lehnte es ab, sich Djilas zu unterwerfen, der nichts anderes als einige schlechte Schriften veröffentlicht hatte und ihm im Interesse der Emanzipation des Weltproletariats eine ästhetische Generallinie aufzwingen wollte.

Gewiß, ohne die Zustimmung Titos und Pijades würde der junge Bürokrat es doch nicht wagen, Männer von großem Ansehen fortgesetzt herauszufordern. Doch die beiden älteren Führer denken, daß die Partei auch nicht den winzigsten Schimmer eines Zweifels erlauben darf. Daher stimmen sie zu, daß zum Beispiel ein Intellektueller zum Schweigen gebracht wird, der es gewagt hat, an Lenins *Materialismus und Empiriokritizismus* oder an Engels' *Dialektik der Natur* Kritik zu üben. Denn kein Zweifel ist harmlos in der Zeit der Moskauer Prozesse, die unter anderem Stalins Pakt mit Hitler vorbereiten.

Die Tätigkeit der Partei wickelt sich in einem fast vollkommenen Dunkel ab, das auf die lange Dauer der Illegalität zurückzuführen ist. In den wortreich ausgefochtenen ideologischen Streitigkeiten, die man in den vorübergehend legalen Zeitschriften veröffentlicht, zeigt man einander gegenseitig den hegelschen Weltgeist an, den Manen von Marx, Engels und Lenin und leider auch – ohne es zu wollen – der politischen Polizei der verabscheuten Diktatur.

Außerhalb der Sowjetunion unterwarfen sich die Stalinisten freiwillig den Regeln und Verboten der GPU. Sie lasen nichts, was der Generallinie widersprach oder was nicht die paradiesische Vollkommenheit des stalinistischen Reiches anpries und die Unfehlbarkeit des Vaters der Völker proklamierte. So empfand Djilas nicht das geringste Bedürfnis, etwas anderes zu lesen als die Imprekorr *(Internationale Presse-Korrespondenz)*, die Wochenschrift der Komintern, die man auf gefährlichen Wegen ins Land schmuggelte, damit die Parteiaktivisten immer die Linie kannten und linientreu handelten. Da erfuhren auch die Bürokraten die immerfort wechselnden, doch stets endgültigen Antworten auf alle politischen, sozialen und wirtschaftlichen Fragen, ebenso wie die Lösungen der philosophischen und ästhetischen Probleme.

Der deutsch-russische Pakt stellte eine ideologische Erprobung dar, bei der jeder Kommunist und jeder Sympathisierende sich zu bewähren hatte. Wer das Vertrauen des Parteiapparates genießen wollte, mußte diese Wendung nicht nur gutheißen, sondern als einen Triumph der gerechten Sache begrüßen. Tito, Djilas und ihre Gefährten entledigten sich brutal all jener Genossen, die in Verdacht standen, nicht ganz mit dem Pakt und der Teilung Polens einverstanden zu sein. Es heißt, daß manche Zweifler der Polizei überliefert worden sind — oder gar liquidiert, als man sie später unter den Partisanen aufspürte.

Am 4. Juli 1941 proklamierte die Kommunistische Partei Jugoslawiens die Notwendigkeit einer Volkserhebung gegen die feindliche Besatzung. In diesem Dokument unterstrich Tito insbesondere, daß es die Pflicht Jugoslawiens wäre, der Sowjetunion zu Hilfe zu eilen, damit dieses »heroische Volk nicht allein sein wertvolles Blut vergieße«. Etwa sechs Monate nach dem deutschen Bombenangriff auf Belgrad eröffneten Tito, Djilas, Ranković, Kardelj und ihre Gefolgschaft die Feindseligkeiten gegen die Deutschen und die Italiener, sodann auch gegen die Ustaschi und die serbischen Faschisten und schließlich, nach dem Abbruch der Verhandlungen mit Mihailovic, gegen die Tschetniki, die sich als erste gegen die deutsche Besatzung erhoben hatten.

Seit dem Beginn des 19. Jahrhunderts hatten sich die Völker Jugoslawiens nicht weniger als achtundzwangzigmal gegen die Fremdherrschaft erhoben. Nun, im späten Sommer 1941, zogen sie wieder einmal, ohne Ideologie und ohne Programm, in den Kampf gegen fürchterliche Feinde, die auch den Resignierten jeden Tag immer hassenswerter wurden und selbst den Friedlichsten immer unerträglicher. Es formte sich ein Maquis, in den Wäldern versammelten sich kleine und größere Scharen, sie strömten zusammen auf den kahlen Bergen und auf den Inseln der Adria. Überall widersetzten sie sich diesem Feinde, der unbesieglich schien wie der Tod. Sie erlitten eine Niederlage nach der anderen. Die eigene Erde wurde ihren Füßen immer härter. Sie litten Hunger und Kälte und Mangel an allem: an Waffen, an Arzneien für die Verwundeten, die sie auch dann nicht aufgaben, wenn sie mit sich zu führen eine übermenschlich schwere Aufgabe war.

Ja, die jugoslawischen Partisanen haben das große Beispiel eines Muts ohne Fehl, einer Ausdauer ohne Grenzen, einer Treue und einer Geduld ohne Ende gegeben. Und Milovan Djilas war einer jener Männer, die sie durch all diese Fährnisse hindurchführten. Er zögerte niemals, sich der Gefahr auszusetzen und zeigte stets jene montenegrinische Kühnheit, die – häufig nutzlos – die Puerilität des kriegerischen Heldentums unterstreicht.

Fast alle Bürokraten dieser Partei haben sich angesichts des Feindes bewährt und damit ein Sicherheitsgefühl gewonnen, das ihr Vertrauen in die stalinistische Orthodoxie vorerst noch verstärkte. Dieses Sicherheitsgefühl sollte später – o Dialektik! – psychologisch den Widerstand erleichtern, den sie nach 1948 Stalin entgegensetzen mußten.

Als die Kommunistische Partei ihre totale, totalitäre Herrschaft über ganz Jugoslawien ausdehnte, schien dies die einzig mögliche Lösung des Problems: Die Ustaschi hatten die Serben in Kroatien, Bosnien und in der Herzegowina abgeschlachtet, die Tschetniki hatten die Kroaten überall verfolgt, wo sie sie fanden. Nur die von den Kommunisten geführte Befreiungsarmee hatte tatsächlich das Prinzip der Gleichheit und Brüderlichkeit aller jugoslawischen Stämme bewahrt. Nun, nach dem Kriege fürchtete man neue Ausbrüche des nationalen Hasses. So fanden sich viele damit ab, unter einem kommunistischen Regime zu leben, denn sie hofften, daß diese Diktatur der Zwietracht der jugoslawischen Völker ein Ende setzen und eine föderative Lösung des Nationalitätenproblems verwirklichen würde.

Gewiß, nach solchem Kriege, nach der Herrschaft eines Ante Pavelić drängte der Wunsch nach Vergeltung zu mörderischen Racheakten. Ranković und Djilas verbreiteten den Terror gemäß der polizistischen Geschichtsauffassung, die sie als eifervolle Stalinisten mit größter Entschiedenheit anwandten. Während dieser Jahre verfügte Milovan Djilas über die Macht, alle ideologischen Streitigkeiten von früher selbstherrlich zu regeln, ohne auf Widerstand zu stoßen. Die Bücher, die ihm mißfielen, würden niemandem mehr gefallen, denn sie erschienen nicht oder verschwanden spurlos, ebenso wie Theaterstücke, Bilder usw., denen Djilas seine Gunst versagte.

Belgrad wurde für die Nachkriegskommunisten ein zweites Moskau. Der Ruhm des Marschall Tito stand nur dem des Generalissimus Stalin nach, den er übrigens eifersüchtig stimmte. Man installierte das Kominform in der jugoslawischen Hauptstadt und mit ihm die Zentralen jener sattsam bekannten Organisationen guten Willens, die unter falscher Marke dem Stalinismus dienten.

Djilas begegnete dem Mann, den er »als den vollkommensten Menschen« bezeichnet hatte, mehrmals in Moskau. Erlebte er dabei eine Enttäuschung, so verriet er sie jedenfalls damals nicht. Stalin, der diesen Montenegriner mit Neugier betrachtete, lud ihn in einen kaukasischen Badeort ein, damit er sich nach einer Krankheit erhole und damit die georgischen Geheimdienste Gelegenheit hätten, diesen Mann eingehend zu beobachten, der seltsamerweise noch nicht erkannt hatte, wie vorteilhaft es sein konnte, gerade dann zu schweigen, wenn alle anderen sich um den Hals redeten.

Vladimir Dedijer, der in seinem Tito-Buch alle Phasen der Spaltungskrise beschreibt, bleibt eigentlich sehr diskret, wenn er schildern soll, wie sein Freund Djilas während jener Wochen reagierte, als die jugoslawischen Kommunisten fürchteten, den Boden unter ihren Füßen zu verlieren. Denn was auch immer sie damals taten, um Stalin von ihrer schrankenlosen Ergebenheit und ihrer Liebe zu überzeugen, man wies sie mit gehässiger Verachtung ab. Auf dem 5. Kongreß der jugoslawischen Partei, die seit einem Monat aus dem Kominform ausgeschlossen war, beendigte Tito seine Schlußrede mit dem Ruf: »Lang lebe die Sowjetunion, lang lebe Stalin!« Und die Blicke der 2344 Delegierten wandten sich wieder einmal der zwischen den Porträts Marx' und Engels' aufgestellten Büste des »größten Führers aller Zeiten« zu.

»Ich werde meinen kleinen Finger bewegen und aus – es wird keinen Tito mehr geben. Er wird fallen!« Das erklärte Stalin seinem treuen Chruschtschow, der es seinerseits dem 20. Kongreß der KP der Sowjetunion eröffnete, um dann hinzuzufügen: »Stalin bewegte nicht nur seinen kleinen Finger, sondern alles, was er nur bewegen konnte, aber Tito fiel keineswegs.«

Tito stürzte nicht, weil er über die Mittel eines autoritären Staates verfügte und über eine geheime Polizei, die, ganz nach dem Ebenbilde der GPU geformt, rechtzeitig alle aufspürte, die auf Stalins direkten Befehl die Aktion eingeleitet hatten, an deren Ende Tito vor der ganzen Welt hätte gestehen müssen, daß er schon immer ein Spitzel der Zagreber Polizei und der Gestapo, ein amerikanischer Spion und dergleichen gewesen wäre. Die Aktion mißlang diesmal, weil Stalin zum erstenmal Kommunisten angriff, die entschlossen und fähig waren, seine eigenen Methoden im Abwehrkampf gegen ihn zu benutzen. So kam es, daß Stalin sich gezwungen sah, nicht nur einige Männer als Verräter anzuprangern, sondern eine ganze Partei in Acht und Bann zu tun – eine Partei im Besitze der Staatsmacht. Und mit ihr ein Land, ein sozialistisches Land, das von allen Lobhudlern des Weltkommunismus besungen und gerühmt worden war.

Ein Jahr später wurde der Rajk-Prozeß inszeniert, um die Führer Jugoslawiens zu kompromittieren und um den faschistischen Charakter ihrer Diktatoren zu »entlarven«. Daraufhin erst brachen Tito und seine Freunde ihrerseits mit Stalin. Bis zu diesem Budapester Schauprozeß hatten sie, wie alle Kommunisten, die deliranten Verleumdungen verbreitet, welche in den stalinistischen Prozessen so dramatisiert wurden, daß die Angeklagten ihre Vergangenheit bis zur Unkenntlichkeit verzerren und sich selbst bis zum äußersten erniedrigen mußten, ehe ihnen der Genickschuß ein Ende machte.

Nach dem Prozeß gegen Rajk gaben die Titoisten zu, daß Stalin nicht erst im Jahre 1949, sondern schon seit

1936 alten Kommunisten falsche Geständnisse abgezwungen hatte, um sie für Verbrechen büßen zu lassen, die nur ersonnen und niemals verübt worden waren. Unter seinen Opfern fanden sich fast alle jene Männer, die einmal die Kommunistische Partei Jugoslawiens gegründet und sie bis zum Jahre 1937 geführt hatten.

Von 1949 an sagen sich die Titoisten von jenem Teil ihrer Vergangenheit los, durch den sie sich zu einer bedingungslosen Solidarität mit Stalins Verbrechen verpflichtet hatten. Doch noch wünschen sie, langsam vorzugehen, sich behutsam abzulösen, um nicht in die Nachbarschaft von Sozialdemokraten zu geraten oder von Trotzkisten oder jenen wahren Ketzern unter den früheren Kommunisten, die nicht nur das stalinsche Regime ablehnen, sondern auch den Leninismus, auf den es sich beruft.

Wir wissen heute, daß Djilas sich ganz besonders getroffen fühlte durch die Drohbriefe Stalins und durch all die Verleumdungen, die das Kominform nach dem Bruch gegen die Genossen von gestern verbreiten ließ. Zwei Jahre später, im Herbst 1950, veröffentlichte Djilas eine Artikelserie, die er selbst noch im Jahre 1948 als einen Akt gemeinsten Treuebruchs verurteilt hätte.

In diesen Artikeln enthüllte er für die Leser der *Borba*, des Zentralorgans der Partei, daß die Sowjetunion keineswegs das Land des Sozialismus ist, sondern die Diktatur einer Bürokratie, die unter falscher Berufung auf den Leninismus den Staatskapitalismus eingeführt und ihre eigene, unbegrenzte Macht errichtet hat.

Gewiß geschah es in jenem Herbst 1950, daß der Vierzigjährige, ohne es recht zu wissen, jenen Weg einschlug, der ihn unwiderruflich von seinen konformistischen Gewißheiten entfernen sollte, sowie von seiner Jugend und von der Partei, die zu seiner zweiten Heimat geworden war, seit er, zwanzig Jahre vorher, Montenegro verlassen hatte.

Als Djilas zum erstenmal die soziale Wirklichkeit untersucht, ohne sie vorher einer ideologischen Verfälschung zu unterwerfen, ist er vorerst wie durch einen starken Scheinwerfer geblendet, der plötzlich mitten in der Finsternis aufleuchtet. Er entdeckt die Wahrheit und daß sie in nichts jener Lüge gleicht, die er mit der gewalttätigen Heftigkeit einer selbstherrlichen Unduldsamkeit verbreitet hatte.

Genauso wie die vielzitierte *Logik des Kampfes* bringt auch die Entdeckung einer während langer Jahre verstoßenen Wahrheit ungeahnte Entwicklungen mit sich. Die Wahrheit wird Schicksal. Das wußte Dostojewskij, der im *Traum eines lächerlichen Menschen* davon spricht, wie schwer es ist, die neuentdeckte Wahrheit für sich zu behalten, und daß es unmöglich ist, sie nicht jenen zu übermitteln, mit denen man auf falschen Wegen gewandert ist. Indem Djilas seine Artikelserie *Aktuelle Themen* veröffentlicht, wird er zum Verräter in den Augen aller nicht-jugoslawischen Kommunisten. Dennoch bleibt er der Linie seiner Partei treu, deren Führer er ist, der angesehenste nach Tito und im Rang höher als sein Jugendfreund Ranković und als Kardelj. Somit ist nicht er ketzerisch, aber seine Partei ist es in ihrer Beziehung zur Sowjetunion.

Djilas beginnt, politische und theoretische Schriften zu studieren, die er bis dahin verurteilt hat, ohne sie zu kennen. Er geht einer bewegenden Erfahrung entgegen, die wir alle in unserer Jugend gekannt haben: Bücher offenbarten uns, daß Ideen, die wir als unsere eigensten ansahen, bereits lange vor uns von anderen ausgedrückt worden waren. Fremde Stimmen waren uns auf einmal ganz nahe und berührten uns, als hörten wir zum erstenmal den Widerhall unserer eigenen Stimme; und manchmal schien es uns gar, als kämen sie aus unserem Innern.

Mitglied des Politbüros, Präsident des Parlaments, Chef der Propaganda und damit Beherrscher des gesamten geistigen Lebens seines Landes, entdeckt Djilas, daß er noch sehr viel lernen muß, um zu erfahren, worum es eigentlich geht. Er liest die von den Kommunisten verfemten marxistischen Autoren wie Karl Kautsky, aber auch Rosa Luxemburg und manche andere sowie die Theoretiker des demokratischen Sozialismus. »Alle unsere Auffassungen, insbesondere unsere politischen, ökonomischen und sozialen Ideen, sind erschüttert worden und werden noch viel mehr erschüttert werden«, schreibt er in seinem Artikel *Bund oder Partei?* im Januar 1954, nachdem er am 24. Dezember 1953 erklärt hatte, daß es sein Bestreben sei, »sich von der unwirklichen und abstrakten Welt der Elite loszulösen und endlich in die wirkliche Welt einzutreten: in die der einfachen, arbeitenden Menschen und der normalen menschlichen Beziehungen«.

Es ist wahr, daß es schon recht spät ist, spät nach jener *Mitternacht des Jahrhunderts*, von der Victor Serge vergeblich sprach, als er die Verirrten warnen wollte. Djugaschwili ist bereits tot, und die treuesten Kampfgefährten des Verstorbenen beeilen sich, ihre Vergangenheit zu verändern: sie statten sie rückwirkend mit Gebärden, wenn nicht gar mit Taten des Widerstandes gegen den verschwundenen Tyrannen aus.

Der Titoismus hört auf, ein Faschismus zu sein, ja es scheint sogar, daß man ihm nicht einmal seinen sogenannten Revisionismus vorwerfen will. Man öffnet den Titoisten alle Lager: das des Sozialismus sowie das des

Friedens. Etwas später kommt Chruschtschow selbst nach Belgrad, um das »Mißverständnis« zu bereinigen.

In der Tat ist die jugoslawische Kommunistische Partei nie wirklich ketzerisch gewesen; sie ist es übrigens auch heute nicht. Der Bruch von 1948 wurde ihr aufgezwungen; er war das Ergebnis eines Gegensatzes zwischen zwei Machtapparaten, von denen der kleinere, der jugoslawische, einen einzigen der zahllosen Befehle des großen, des russischen, zurückgewiesen hatte: den Befehl, Selbstmord zu begehen.

Im Jahre 1948 so gut wie im Jahre 1953, im Jahre 1956 so gut wie heute bleibt die Ideologie der Führer Jugoslawiens die gleiche: es ist eine *Ideologie der falschen Identitäten.* Denn ihre Diktatur ist nicht die ihrer Partei und noch weniger die des Proletariats oder des Volkes; es handelt sich in Wirklichkeit um eine im wesentlichen bürokratische Oligarchie, die nicht das winzigste Teilchen ihrer staatlichen Macht abgeben will und die deshalb nicht erlaubt, daß auch nur die kleinste politische Gruppierung entstehe, die irgendeine Unabhängigkeit anstreben könnte. Andererseits ist es wahr, daß das titoistische Regime im wirtschaftlichen Bereiche bedeutende Zugeständnisse gemacht hat. So hat es den Bauern ihre Erde zurückgegeben und den Arbeiterräten bei der Leitung der Betriebe eine beachtliche Rolle eingeräumt. Schließlich hat Titos Regime ohne Zweifel eine recht große Zahl von Freiheiten wieder hergestellt. Die Staatsbürger, insbesondere die Nichtkommunisten, dürfen ohne weiteres abweichende Meinungen über philosophische, ästhetische und wirtschaftliche Fragen aussprechen. Die Machthaber bleiben jedoch wachsam und werden mißtrauisch, wenn es sich um Abweichungen bei jenen handelt, die selbst zur führenden Bürokratie gehören. Die Haltung erinnert an das Mißtrauen der Könige Preußens gegenüber ihrem Offizierskorps.

Es handelt sich in der Tat um eine *neue herrschende Klasse*. Das ist die Folgerung, zu der Milovan Djilas endlich gelangte – nach vielen anderen, die das gleiche vor ihm gesagt und bewiesen hatten. Aber diese anderen gehörten nicht zu dieser Klasse und hatten keinen Anteil an ihrer Macht. Djilas aber griff sich sozusagen selber an, er klagte seine eigene Macht an. Er schloß sich aus dieser neuen Klasse aus und verbannte sich in jenes Niemandsland, das die Heimat der Rebellen ohne Partei und ohne Stütze ist.

Welch seltsames Abenteuer! Er war ausgezogen, propagandistische Argumente zu suchen, um Tito und sein Regime gegen den politischen Vernichtungsfeldzug Stalins zu verteidigen. Unterwegs begegnete er der Wahrheit über die Diktatur des Proletariats in der Sowjetunion. So entdeckte er, was sie in seinem eigenen Lande bedeutete. Er erblickte in seinem Spiegel einen Menschen, den er bekämpfen mußte, so gut wie seinen Freund Tito und alle seine Waffenbrüder.

Die letzte Episode vor dem Bruch beginnt mit dem Artikel über *Die neuen Inhalte*, den er am 11. Oktober 1953 in der *Borba* veröffentlicht. Und sie endet mit dem Artikel *Revolution*, der am 7. Januar 1954 erscheint. Zwischen diesen zwei Daten erscheinen fünfzehn andere Aufsätze, die, obschon noch immer im üblichen Parteijargon abgefaßt, aufs entschiedenste alle Gewißheiten der Mitglieder des Kommunistischen Verbands in Frage stellen. Diese wissen zuerst nicht, woran sie sind, doch beeilen sie sich, genau wie in der Vergangenheit, sich unverzüglich an die neue Parteilinie anzupassen. Denn sie glauben natürlich, das, was Djilas schreibt, sei »parteioffiziell«. Schon schwören sie, daß sie völlig überzeugt sind. Doch sehr bald wird man ihnen zum Bewußtsein bringen, daß sie sich getäuscht haben, und sie werden schleunigst umkehren.

Am 26. Dezember 1953 wählt das Parlament Djilas einstimmig zum Präsidenten. Vier Wochen später wird dieser gleiche Djilas all seiner Ämter entkleidet. Er ist nichts mehr, nicht einmal ein kleiner Abgeordneter, denn Titograd, Montenegros neue Hauptstadt, die ihn mit 98,8 Prozent aller Stimmen in die Skupština entsandt hatte, wird nun fordern, daß sein Mandat sofort annulliert werde – und dies im Namen von 100 Prozent aller Wähler.

Ja, die braven Leute hatten es furchtbar eilig, von Djilas aufs sichtbarste abzurücken, denn auf einmal war er ein erledigter Mann, da das Zentralkomitee ihn in der Sitzung vom 17. Januar 1954 ausgeschlossen hatte. Bei dieser Gelegenheit zeigte sich Djilas übrigens in einem seltsamen Lichte; manchmal konnte man vermuten, sein Gemütszustand wäre zerrüttet. So zum Beispiel, als er fast demütig um das Recht bat, an der Abstimmung teilzunehmen und gegen sich selbst zu stimmen. Nur zwei von all seinen Freunden und Anhängern verteidigten ihn noch: Mitra Mitrovica, seine geschiedene Frau, und Dedijer, der sich mutig und beredt für ihn einsetzte. Djilas hatte Tito gegen sich, der ihm, eher mit Bedauern als mit Heftigkeit, nicht so sehr seine abweichenden Meinungen vorwarf als vielmehr die Tatsache, daß er sie öffentlich verbreitet hatte, statt sie dem engsten Freundeskreis vorzubehalten. Tito sagte: »Unter Freunden kann man scherzend alles sagen ...«

Djilas verlor die Freundschaft, die ihm nach der seines älteren Bruders die wichtigste seines Lebens gewesen war. Er muß das aufs schmerzlichste empfunden haben, und vielleicht hat er sich deswegen so merkwürdig verhalten: als hätte er sich selbst unwiederbringlich verloren.

Man kennt die Folge dieses steilen Sturzes, der in Wirklichkeit eher ein Beginnen für Djilas war – ein

Anfang, der noch andauert. Inzwischen aber fand Djilas seinen Mut wieder. Vier Monate nach dieser Sitzung trat er freiwillig aus der Partei aus. Er begann ein neues Leben, dessen Abschnitte durch Haftzeiten gekennzeichnet werden; seine Bücher sind die Etappen seiner leidenschaftlichen Suche nach der Freiheit, die aufgehört hat, für ihn nur ein »kleinbürgerliches Vorurteil« zu sein. Die Freiheit ist das Hauptthema für den demokratischen Sozialisten, in den Djilas sich nach dem ungarischen Oktober verwandelt hat.

Von den zwei Büchern, die fast überall außer in seiner Heimat und in den kommunistischen Ländern veröffentlicht wurden, ist *Die neue Klasse* ein durchschlagender Erfolg geworden. Es handelt sich da, wie der anspruchsvolle Untertitel es andeutet, um die *Analyse des kommunistischen Systems.* »Fast alles, was man in diesem Buche findet, ist schon anderswo vorher zum Ausdruck gebracht worden«, gesteht der Autor selbst gleich zu Beginn.

Es war richtig, dieses Buch zu rühmen und den Autor entschieden zu ermutigen, der damals in Sremska Mitrovica, im Gefängnis seiner Jugendzeit, dafür büßen mußte, daß er es gewagt hatte, »anders zu denken«, wie Rosa Luxemburg es einmal genannt hatte, und anders zu schreiben. Indes hätten die Kritiker dem Ketzer mehr genutzt, wenn sie ihm zu verstehen gegeben hätten, daß man von ihm nicht theoretische Arbeiten, sondern die Wiedergabe seiner einzigartigen Erfahrung erhoffte: die Bekenntnisse eines früheren orthodoxen Stalinisten, der sich auf der Höhe seiner Macht gegen die freiheitsmörderischen Fiktionen empört hat.

Die Anatomie einer Moral — dies war der Titel eines längeren Aufsatzes, mit dem Djilas einen Skandal hervorrief, der insbesondere die Gattinnen der führenden Bürokraten Belgrads empörte. Djilas selbst und nach ihm die Weltpresse haben die Bedeutung dieser mondänen Affäre, um die es sich in diesem Artikel handelte, überschätzt, ebenso wie den Aufsatz selbst. Es wäre gewiß wichtig, eine »Anatomie der Moral« der verschiedenen gesellschaftlichen Schichten zu schreiben, die durch eine neue Klasse beherrscht werden, welche behauptet, sozialistisch oder kommunistisch zu sein. Es käme auch darauf an, die Geschichte der moralischen Entwicklung eines Menschen wie Djilas selbst zu kennen: des illegalen Kommunisten, des totalitären Inquisitors, des Bürgerkrieg-Generals und schließlich des zweithöchsten Würdenträgers einer Diktatur – denn das alles ist dieser Mann gewesen. Weder Samjatin, noch Victor Serge, Silone, Orwell, Koestler, noch jene, die ihnen gefolgt sind, sind durch die Erfahrungen hindurchgegangen, von denen Djilas allein Rechenschaft ablegen könnte. Indem er dies täte, würde er auch gewisse jugoslawische Intellektuelle für sich stimmen, die ihm bisher seine aggressive Unduldsamkeit nicht vergeben haben. Damit sie ihm endlich verzeihen, müßte er vorerst diese Verzeihung erbitten.

Sollte *Land ohne Recht*, sein zweites Buch, nur der erste Band seiner Autobiographie sein, so mag uns der zweite jene Bekenntnisse bringen, die Djilas vielleicht einen bedeutsamen Platz in der Erlebnisliteratur sichern würden.

Man weiß, daß er eine sehr lange Studie dem Leben und den Werken des Fürsten Negoš, des ersten montenegrinischen Dichters, gewidmet hat. Auch dieses Buch durfte in Jugoslawien nicht veröffentlicht werden. Schließlich erschienen am 25. Mai 1962 in New York die *Gespräche mit Stalin;* sie haben nicht nur dort den größten Widerhall gefunden.

Nach der Ankündigung dieses Buches wurde ein

neues Gesetz erlassen, aufgrund dessen Djilas am 7. April 1962 zum vierten Mal verhaftet wurde. Man warf ihm überdies vor, daß er den Interessen seines Landes Schaden zugefügt und »als Instrument des kalten Krieges« gedient habe. Man weiß, daß der Prozeß, in dem Djilas insgesamt zu acht Jahren Zuchthaus verurteilt wurde, trotz heftigster Proteste des Angeklagten hinter verschlossenen Türen als Geheimprozeß stattfand. Man befürchtete, daß Djilas die Nichtigkeit der Anklage enthüllen und sich selbst zum Ankläger erheben würde.

Lassen wir die tragische Komödie dieser Gerichtsbarkeit. Man weiß, daß jedes Regime Richter findet, die ihm zu Diensten sind, wenn es seine Gegner sozusagen gesetzlich zugrunde richten will. Und der sehr schlecht beratene Tito hat schon vor Jahren beschlossen, seinem früheren Jünger und Freund das Gesetz des Schweigens aufzuzwingen. Warum? Wozu? Um ihn an der Verbreitung von Staatsgeheimnissen zu hindern? Unsinn: Das größte Geheimnis, das allen Regimes gemeinsam ist – nämlich, daß die Völker mit wenig Verstand regiert werden – dieses Staatsgeheimnis ist neben vielen anderen schon seit langem verbreitet worden. Niemand hat ihm die geringste Beachtung geschenkt.

Djilas hatte keine Geheimnisse zu verraten. Aber eine Nummer der italienischen Zeitschrift *Tempo Presente* wurde in Jugoslawien verboten, weil sie eine kleine Erzählung enthielt, an der der Staatssekretär für die inneren Angelegenheiten beanstandete, daß sie »den Kampf für die nationale Befreiung und überdies die Führer und das Offizierskorps der Armee verleumde«.

Dieses Verbot, das das Amtsblatt von Belgrad veröffentlicht hat, verschweigt indes den Namen, mit dem die Erzählung gezeichnet war: Milovan Djilas.

Der Krieg ist ein kurzer Text von ungewöhnlichem Wert, das sicherste Zeichen seiner Begabung, das uns dieser Schriftsteller bisher gegeben hat. Ist es ein Kapitel eines Buches, in dem der frühere General der Befreiungsarmee seine Erfahrungen schildert? Ist es der Auszug aus einem Bekenntnisbuch? Die Frage bleibt offen.

Warum mußte der jugoslawische Zensor diese wenigen Seiten unterdrücken, die nur eine tragische Episode erzählen, ohne jedoch Namen, Datum oder Ort zu nennen? Man sagt, daß diese Erzählung Geschehnisse widerspiegele, die sich tatsächlich gegen Ende des Krieges an der syrmischen Front ereignet haben. Junge Serben wurden ohne militärische Vorbereitung und fast ohne Waffen gegen kampferfahrene deutsche Einheiten geworfen, die aus sicheren Unterständen die Rekruten, Schwarmlinie nach Schwarmlinie, mühelos im Kreuzfeuer hinmähten. Ist das wahr? Wer weiß ...

Aber das Verbot bleibt eine merkwürdige, erklärungsbedürftige Maßnahme.

Es ist über dreißig Jahre her, da erklärte Josip Broz vor dem Strafgericht von Zagreb, daß ihn Ausnahmegesetze in keiner Weise binden würden und daß nichts ihn hindern könnte, gemäß seinem Gewissen zu handeln. Tito kann nicht vollkommen jenen jungen Mann vergessen haben, der er selber gewesen ist, und nicht die wahren Ziele, für welche er sich schlug. In den Dämmerstunden, in denen die Vergangenheit sich des älteren Mannes für lange Augenblicke bemächtigt, muß sich der Präsident Tito eingestehen, daß der Staat, dessen maßlos gerühmter Chef er ist, kaum der sozialistischen Gesellschaft ähnelt, für die Broz bis zu seinem 50. Lebensjahr gerungen hat. Es gibt Änderungen, darunter auch viele Verbesserungen – ja, ohne Zweifel. Doch wieviel Tote, wieviel apokalyptische Leiden, um bis dahin zu gelangen.

Und wieder gibt es Ausnahmegesetze, um einem Mann die Freiheit zu rauben, nur weil er anders denkt; wieder wendet man polizeiliche Sondermaßnahmen gegen einen erbärmlich vereinsamten Ketzer an.

Mag sein, daß sich unter den alten Freunden des Marschalls jemand finden wird, vielleicht ein Schriftsteller, der seinerzeit von dem Superkommissar Djilas viel zu erleiden hatte – vielleicht wird dieser weise gewordene Mann seinem Freunde Tito erklären, daß gegen die Verfolgung des Verfassers der kleinen Erzählung *Der Krieg* viele schwerwiegende Gründe sprechen. Dieser Mann könnte sagen:

»Lassen Sie doch den Montenegriner außer Landes gehen. So wird er am eigenen Leib erfahren, daß die Welt die Ketzer nicht mag und die Besiegten verachtet, daß die Geschichten der Verbannten sie einen Augenblick interessieren und seit einer Ewigkeit langweilen.«

»Man wird sagen, er könnte Ihnen im Ausland schaden? Aber nein! Denn schlimmstenfalls wird er nur das wiederholen, was Ihre alten Gegner schon seit langem verbreiten, ohne irgend jemanden zu beeindrucken. Bedenken Sie aber, daß Djilas im Gefängnis, krank vielleicht, völlig allein, ein starker, ja ein zu starker Gegner werden könnte. Er wird am stärksten sein, wenn weder er noch einer von uns mehr am Leben sein wird.«

Im Falle des Milovan Djilas handelt es sich nicht nur um ihn, sondern um unsere Zeit, um jeden von uns. Es handelt sich um unser Recht, zu denken und zu schreiben, wie es uns selbst richtig erscheint: gegen die wirklichen oder vorgeblichen Mehrheiten, gegen

Machthaber, gegen die Hitler, Stalin und die anderen, ob sie nun tot sind oder noch am Leben. Gegen die diktatorischen Lügen und gegen die ideologischen Verfälschungen – ohne irgendeine auszunehmen. Und auch gegen unsere eigene Vergangenheit und ihre Verirrungen – mit einem Worte: gegen uns selbst. Und schließlich geht es um das Recht, für die Opfer einzutreten, weil sie Opfer sind.

1. Mai 1962

Die falschen Situationen

T. E. Lawrence und seine zwei Legenden

1

Wenn ein reifer Mann, der sich endlich seiner Vorwände entledigt hat, in jenen »Minerva-Stunden«, von denen Hegel sprach, seine Vergangenheit betrachtet, dann überkommt ihn die Gewißheit, daß er im entscheidenden Augenblick immer nur von sich selbst getäuscht worden ist. Und er wundert sich über die Kunstgriffe, deren er sich bediente, um bei jedem, selbst dem geringfügigsten Ereignis die unüberhörbaren Warnungen zu ignorieren. Gewiß gibt es berufsmäßige Schwindler; doch kein Betrug kann jemals den Irrtum in entscheidenden Entschlüssen erklären, in der Wahl einer Frau, einer Freundschaft, einer Sache, der man sich hingibt. Hat man die Entschlüsse dann rückgängig gemacht und mit dem Vergangenen gebrochen, so findet man sogleich die Einwände wieder, die man schon vorher kannte. Man ist nicht blind gewesen, sondern man hat die Augen geschlossen und der Einsicht in die Wirklichkeit eine Illusion, der Wahrheit einen Mythos vorgezogen.

Neben den verschiedenen Erklärungen, welche die Psychologie im einzelnen Fall für diese Vorliebe liefert, gibt es eine allgemeinere Ursache zu beachten – die Illusion ist vollständiger als die Einsicht, der Mythos ist niemals so fragmentarisch wie die Wahrheit. Diese enthält Widersprüche, indes der Mythos sie vertuscht, nachdem er sie miteinander in Einklang gebracht hat.

Die Freidenker des letzten Jahrhunderts waren davon überzeugt, daß nach der Abschaffung Gottes auch die Mythen und Legenden sowie der Aberglaube verschwinden würden. Doch hat unsere Zeit Hunderte von neuen olympischen Gefilden geschaffen und sie unermüdlich mit Halbgöttern besiedelt, deren Mannigfaltigkeit jeden Geschmack befriedigt und alle Träume erfüllt – mit Kriegshelden, Boxern, Filmstars, gelehrten *supermen*, Volkserlösern, Helden der Geschwindigkeit, Abenteurern mit metaphysischen Ansprüchen. Dank ihnen findet die heutige Menschheit, die jeden Tag die erstaunlichsten Dinge zustande bringt, die nötige Nahrung für eine ewig hungernde Einbildungskraft.

Trotz der Entwicklung aller Techniken kann der Mensch nur einen kleinen Teil von dem, was er erlebt, verarbeiten. Der Rest geht verloren, bleibt das Unbekannte, das Unverstandene, der Nebel, der das Bewußtsein einhüllt. Um die praktischen Probleme des täglichen Lebens zu lösen, genügt diese verstümmelte Erfahrung mehr oder weniger, und um sich mit den übrigen auseinanderzusetzen, bedient man sich der wieder aktualisierten Mythen und Legenden; mit ihrer Hilfe orientiert man sich und paßt sich an die jeweilige gesellschaftliche Konjunktur an.

Der Begriff der »Hirnvernebelung« hat zwar seine volle Bedeutung erst während des Ersten Weltkrieges erlangt, doch ist im Grunde diese Aktion so alt wie die Menschheit selber. Verhältnismäßig neu scheint hingegen die Art und Weise zu sein, in der sich so viele geradezu aggressiv aufklärerische Intellektuelle daran beteiligen, der fieberhafte Enthusiasmus, mit dem sie Christian Morgensterns Lampen benutzen, die überall Finsternis verbreiten, sobald man sie angezündet hat. Es hieß früher, daß die Auguren sich zulächelten, wenn sie einander begegneten – sie täuschten zwar die anderen, jedoch nicht sich selbst. Die heutigen Wahrsager aber neigen dazu, an ihre eigenen Märchen zu glauben.

Richard Aldington, Romanschriftsteller, Dichter und

Essayist, hat einen Kriegszug gegen eine Legende unternommen, deren Heros er in seinem Buch *Lawrence of Arabia – A Biographical Enquiry* endgültig zerstören will; die französische Ausgabe trägt übrigens den aggressiven Titel *Lawrence l'imposteur,* der Betrüger. In England wie in Frankreich haben die meisten Kritiker diese destruktive Biographie verurteilt und dem Verfasser seine griesgrämige Entrüstung wie auch seine puritanische Kleinlichkeit vorgeworfen; doch haben sie in keiner Weise die Ergebnisse widerlegt, zu denen diese peinliche »Untersuchung« gelangt ist. Aldington prangert die Lügen an, deckt die tendenziösen Übertreibungen auf, die mißbräuchlichen Schönfärbereien, die Entstellung durchsichtiger Tatsachen. Und trotzdem mißlingt sein Vorhaben. Er vermag die Legende nicht zu zerstören, weil er sie als ein Gemenge von wahrheitswidrigen Behauptungen betrachtet, die einer Reihe von Halbwahrheiten aufgepfropft wurden; die Legende aber bildet vielmehr eine Mischung aus Fiktionen, das heißt aus subjektiven Wahrheiten und aus Irrtümern, eine Mischung, die beinahe immer weit verführerischer, also überzeugender ist als die Wahrheit.

Ist die Legende Lawrences ein Schwindel, so ist ihr Held das einzige Opfer; er hat alles mit unsäglichem Leid bezahlt. Richard Aldington hat dies wohl empfunden, doch hat er selbst die geringste Regung von Sympathie, von Mitleid für Lawrence erstickt, für diesen Manne, der vom Besten und vom Schlimmsten seines eigenen Wesens auf das grausamste gequält wurde.

Zwanzig Jahre sind seit seinem Tode vergangen. Sein Fall ist heute noch ebenso lehrreich wie damals, denn es handelt sich nicht nur um eine einzelne Person, die Person von Lawrence, sondern um eine ganze Epoche, die seinige wie die unsere, um erstaunliche Verirrungen, die seinigen wie die unseren.

2

Thomas Edward, der zweite der fünf Söhne von Robert Thomas und Sarah Lawrence, wurde am 16. August 1888 geboren. Er behauptete allerdings oft, einen Tag früher auf die Welt gekommen zu sein, am selben Tag wie Napoleon. (Es geschah wahrscheinlich auf seine Veranlassung hin, daß einer seiner Biographen eine Analogie zwischen den schicksalshaften Daten im Leben des Kaisers und in dem des »ungekrönten Königs von Arabien« zu ziehen versuchte.)

Aldington hat als erster Lawrences Herkunft aufgedeckt. In gewissen Kreisen wußte man aber schon seit langem, daß die Situation seiner Familie kompliziert war. Es scheint erwiesen, daß Robert Thomas Lawrence in Wirklichkeit der anglo-irische Baron Chapman, daß er verheiratet und Vater von vier Töchtern war, bevor er mit der Krankenschwester Sarah Junner zusammenzuleben begann.

Chapman bewahrte Haltung, Geschmack und Gebaren eines Gentleman seines Standes, obschon er sich gesellschaftlich und materiell deklassiert hatte, und dies ohne Zweifel aus Liebe zu der jungen Schottin, einer strengen Calvinistin, deren starke Persönlichkeit jedermann beeindruckt zu haben scheint, der mit ihr in Berührung kam. (Verwitwet ging sie noch mit sechzig Jahren als Missionarin nach China.) Die Familie Chapman ihrerseits weigerte sich standhaft, diese Vereinigung und die Kinder, die aus ihr hervorgingen, anzuerkennen, selbst als eines dieser Kinder berühmt wurde.

Nach einem Brief zu urteilen, der an seine große Freundin, Mrs. Bernard Shaw, gerichtet ist, hat Lawrence im Alter von zehn Jahren die Wahrheit über die fragwürdige Stellung seiner Familie erfahren. Aldington, der dieses Bekenntnis gelesen hat, glaubt allerdings, daß Lawrence erst ungefähr sieben Jahre später über die »Sünde« und den gesellschaftlichen Abstieg seiner Eltern Gewißheit erhalten hat. Er soll ihrerhalb eine tiefe Beschämung empfunden haben, die er nie überwunden hat. Es trifft zu, daß Lawrence gegenüber seinen Biographen die widersprüchlichsten Aussagen über seine Herkunft gemacht hat, die alle ungefähr gleich weit von der Wahrheit entfernt sind. Wollte er das Geheimnis aus Rücksicht auf seine Mutter nicht preisgeben? Dann ist er allerdings in ganz besonders ungeschickter Weise vorgegangen.

Der Psychologe würde es kaum wagen, die Bedeutung abzuschätzen, welche diese Entdeckung für die Entwicklung von Lawrences Charakter gehabt haben mag. Verblüffend bleibt jedenfalls, daß er sich sein gan zes Leben lang in falschen Situationen bewegte; er ließ sich auf sie ein, versuchte ihnen zu entfliehen, und rief sie dennoch immer wieder hervor. *Die falschen Situationen* – keine andere Bezeichnung würde besser auf seine Schriften passen, wollte man sie alle unter einem einzigen Titel zusammenfassen.

Nach einer Reihe von Übersiedlungen ließ sich die Familie schließlich in Oxford nieder. Hier verbrachte Lawrence seine Jugend, und hierher kam er später auch oft zurück. Weder entledigte er sich je der manierierten Sprechweise noch gewisser Ticks und sinnloser Waghalsigkeiten, welche in den Augen der Engländer die ehemaligen Schüler von Oxford zu kennzeichnen scheinen.

Lawrence war ohne Zweifel begabt, jedoch nicht in außergewöhnlichem Maße; das Kind besaß eine lebhafte Intelligenz, empfand eine große Neugier für technische wie auch für alle anderen Probleme, die seine starke Einbildungskraft anzuregen vermochten; er las leidenschaftlich gern und verspürte recht früh ein brennendes Interesse für Spuren und Reste aus der Vergangenheit, besonders aber für das Mittelalter. Er behauptete später, daß ihn das Gegenständliche immer stärker angezogen habe als die Ideen.

Er trieb Sport, doch nahm er nie an Wettspielen teil – weder am Fußball noch am Kricket –, was ihn unweigerlich von seinen Mitschülern absondern mußte. Dagegen entwickelte er eine Technik, die seine Einzigartigkeit schützen sollte und die in einer Haltung ironischer Überlegenheit gipfelte. So wartete er zum Beispiel tagtäglich am Portal der Schule auf die herauskommenden Jungen, die sich auf den Fußballplatz begaben, folgte ihnen mit feierlichen Schritten, um ihnen dann »ihre Vorzüge und ihre Fehler, betrachtet im Licht der griechischen Kriterien der Vollkommenheit des menschlichen Körpers« zu erklären. In dieser Anekdote spiegelt sich die Einstellung eines Einzelgängers wider, der versucht, ein Minderwertigkeitsgefühl dadurch zu überkompensieren, daß er sich zum Richter über andere aufwirft, deren Gemeinschaft er nur deshalb flieht, weil er befürchtet, ihnen nicht ebenbürtig zu sein.

Lawrence war klein, kleiner als das englische Mittelmaß, was ihn ständig bekümmerte; und sein Humor, den seine Opfer als »impish«, als koboldhaft, beschrieben, bestimmte seine Neigung, andere zu entwerten.

Sein Körper blieb bis zu seinem Tode eine seiner größten Sorgen. Er wurde gleichsam zu seiner ersten Beute, die der Jüngling launenhaft immer strengeren Forderungen erbarmungslos unterwarf. Er versagte ihm die Wollust der befriedigten Sinne; er liebte seinen Körper mit Mißachtung und Mißtrauen. Doch glich er darin nicht einem Heiligen, der durch harte Übungen seine Sinne zum Schweigen verurteilt.

Seit seiner Jugend versklavte Lawrence seinen Körper, den er als stets verfügbares Werkzeug benützte, um seine Fiktion zu verwirklichen. Während vier Sommer (1906, 1907, 1908 und 1910) bereiste er Frankreich, um die Festungen und die Töpferei des Mittelalters zu studieren. Oft legte er mit dem Fahrrad hundert und mehr Kilometer am Tag zurück. In Syrien und Mesopotamien unternahm er Fußwanderungen, setzte sich ebenso wirklichen wie unnötigen Gefahren aus, erzog seinen äußerst empfindsamen Körper zur Ausdauer und zwang sich, all das zu ertragen, was ihm unfehlbar den unerträglichsten Ekel einflößte. (Auch später noch ließ ihn der bloße Anblick von Reptilien erschauern, doch zwang er sich trotzdem, mit nackten Füßen umherzugehen.) Indem er so erbarmungslos seinen Leib quälte, der übrigens immer der eines Jünglings blieb, errang er über ihn einen täglichen Sieg in jenem Kampf, den die Fiktion ihm aufzwang, in der allein er sich anerkennen wollte.

Es ist nicht möglich, genau den Zeitpunkt zu bestimmen, in dem er diesen gewaltsamen Dialog mit dem greifbaren, dem anschaulichen Teil seines Wesens begann. Vielleicht geschah es nach einer Rauferei, bei der er sich ein Fußgelenk brach, so daß er mehrere Monate zu Bett liegen mußte. Warum aber sollte der Unfall diese Wirkung gehabt haben? Jede Antwort bliebe bloße Vermutung.

Es mag sein, daß er unter dem Einfluß einer puritanischen Erziehung dahin gelangte, den Körper als die Inkarnation der Sünde zu verachten; er hat aber bereits im Alter von siebzehn Jahren mit dem Glauben gebrochen. Im gleichen Jahr traf er übrigens einen Mann, der in seinen eigenen Worten »recht eigentlich ein naher Verwandter war, bei dem ich sicher sein durfte, daß er verstehen würde, was mich quälte, der einzige, dem ich die Gründe meines Tuns niemals zu erklären brauchte«. David G. Hogarth (1862–1927), Archäologe und Fachmann auf dem Gebiet der Kulturen des Vorderen Orients, hatte Ausgrabungen in Ägypten, Zypern, Ephesus, Kreta und Karchemich unternommen. Selbst jenseits des engen Kreises von Gelehrten hatte er mit seinem Buch *A Wandering Scholar in the Levant* eine gewisse Berühmtheit erlangt. Lawrence lernte ihn im Ashmolean-Museum kennen, dessen Direktor D. G. Hogarth damals war.

Der Vierzigjährige dürfte die ungewöhnliche Empfindsamkeit entdeckt haben, die der junge Lawrence hinter seinen Spöttereien und seinem eitlen aggressiven Gebaren nur schlecht verbarg. Obgleich Lawrence sich in Szene setzte, um die Einzigartigkeit seiner so gar nicht selbstsicheren Persönlichkeit herauszustreichen, erriet der Gelehrte in ihm die Fähigkeit, seine gesamte Aufmerksamkeit und all seine Kräfte auf ein einziges, genau bestimmtes Ziel zu richten – jene Fähigkeit, die gerade den begabten Menschen kennzeichnet. Von diesem Augenblick an gewann er Hogarths Vertrauen; dieser öffnete ihm sodann den Weg, der ihn nach Karchemich, während des Krieges nach Kairo, nach Arabien führen sollte ... (Hogarth wurde der Chef des *Arab Bureau*, der Urheber jener Politik, derethalb die Engländer die arabische Revolte im Hedschas auslösten und tatsächlich lenkten.)

Vor seiner ersten Reise nach Syrien lernte Lawrence durch Hogarth einen großen alten Mann kennen: Charles M. Doughty, den Dichter, der nach seinen Reisen in Arabien – zwischen 1876 und 1878 – die *Travels in Arabia Deserta* veröffentlicht hatte, ein erstaunliches Werk, dessen Einfluß auf Lawrence den meisten Bewunderern der *Sieben Säulen der Weisheit* völlig entgangen ist.

Im Jahre 1910 beendete Lawrence seine Dissertation über die Festungen der Kreuzfahrer; er vertrat darin die These, daß diese Militärarchitektur westlichen Ursprungs und erst von den Europäern in Asien eingeführt worden sei, während die Mehrheit der

Fachleute einen orientalischen Ursprung annahm und heute noch annimmt.

Im Verlauf jener Jahre, in denen Lawrence an den Ausgrabungen für das British Museum teilnahm, bewies er große Tüchtigkeit, vor allem wenn es galt, technische Probleme zu lösen oder Schwierigkeiten mit den eingeborenen Arbeitern zu überwinden. Seine Beziehungen zu den Arabern waren weit persönlicher als die seiner Kollegen. Er befreundete sich eng mit einem Jungen und einem Vorarbeiter, die er beide für einen Sommer nach Oxford mitnahm. Dank den Sprachstudien, die er schon vor seinen einsamen Wanderungen im Orient betrieben hatte, verfügte er über genügende, wenn auch rein empirische Kenntnisse der arabischen Sprache.

Er bewunderte gelegentlich die körperliche Erscheinung der Araber, machte sich über ihren Aberglauben lustig, interessierte sich nicht übermäßig für das Pittoreske ihrer Gebräuche und überhaupt nicht für Religion und Folklore. Er betrachtete es keineswegs als seine Aufgabe, die Araber zu befreien, und stellte sich auch keine politischen Fragen.

Eine auffällige Neigung muß die Aufmerksamkeit der Eingeborenen auf ihn gelenkt haben – er trug nämlich mit Vorliebe arabische Kleidung. Diese Neigung erklärte er damals in ebensowenig überzeugender Weise wie später, als ihn sein schneeweißer arabischer Burnus samt dem dazugehörigen schmückenden Zubehör als *Lurens*, den Freund von Faisal, erkennen ließ.

Diese Besonderheit und in noch höherem Maße die Erklärungen, mit denen Lawrence sie zu begründen suchte, kennzeichnen eine Haltung, die auch in anderen, ebenso gesuchten Eigenheiten durchschimmert: Lawrences Eitelkeit war so groß, daß sie ihm – vergeblich – verbot, eitel zu sein. Um sich mit Glanz bemerkbar zu machen, nahm er daher beständig seine Zuflucht zu jener falschen Bescheidenheit, die Sokrates dem jungen Alkibiades vorwarf. Er verachtete zwar aufrichtig diese Eitelkeit und gab sich Mühe, sie zu überwinden, doch je mehr er sie zu verbergen suchte, desto anspruchsvoller trat sie hervor. So wurde er zu einem Menschen der *doppelten Pose* in einem Spiel der Kontrapunkte.

Gleich einem Scherzbold liebte er es, Streiche zu spielen, *practical jokes* auszuhecken, wie die Engländer sagen. Er war bereit, alles zu opfern, wenn ihm nur jene sublime Farce gelang, bei der die zur Realität gewordene Fiktion die mißtrauischen Zuschauer doppelt täuscht, die noch immer glauben, daß der Spaßmacher rote Tinte fließen läßt, indes er in Wirklichkeit sein Blut vergießt.

Aufgrund seiner Herkunft und trotz deren Besonderheit und aufgrund seiner Erziehung gehörte auch Lawrence, wie übrigens ein großer Teil der englischen Intelligenz, einer privilegierten Gruppe an, gleichsam dem materiell benachteiligten Adel der Zweitgeborenen. Diese Gruppe hat einen Lebensstil bewahrt, dessen Ansprüche trotz ihrer häufig prekären Lage bis heute die gleichen geblieben sind. Es handelt sich in der Tat um eine Aristokratie, der meistens die Titel fehlen, um einen Klub ohne Beiträge und ohne schriftliche Statuten. Lawrence besaß den Willen, jedoch nicht die Gewißheit, dazuzugehören. Seine häufigen Späße verraten eine schmerzliche Zweideutigkeit; er wollte sich davon überzeugen, daß er immer derjenige war, den er spielte, und er hätte sicher sein wollen, daß er denjenigen spielte, der er wirklich sein sollte. Es fiel ihm leicht, sich fast jeder Lebensweise anzupassen, weil ihm keine als die allein richtige erschien; er konnte jegliche Rolle übernehmen, sich an jeden anschließen – er wußte, daß er sich an niemanden und durch nichts binden würde. Mit den Arabern, mit den Engländern war er weder Araber noch Engländer (und auch nicht Ire); er blieb zum Verzweifeln er selbst, fühlte sich bald unendlich überlegen, bald unendlich degradiert.

Es war wohl seine Neigung zum Schabernack, die ihn zu Beginn des Jahres 1914 veranlaßte, auf Vorschlag des Hauptmanns S. F. Newcombe mit einem Kollegen zusammen Forschungen auf der Halbinsel Sinai durchzuführen. Im Auftrag der britischen Armee sollte die Topographie einer Gegend erkundet werden, deren strategische Wichtigkeit im Fall eines Krieges vorauszusehen war. Über ein solches Zusammentreffen zwischen der Archäologie und dem *Intelligence Service* hat sich Lawrence ohne Zweifel königlich amüsiert. Doch was seine Hagiographen auch immer behaupten, es waren nicht diese Forschungen, die jene großen Projekte ins Lebens riefen, welche Lawrence im Ersten Weltkrieg zu verwirklichen suchte.

Er hatte eben seinen Bericht über *The Wilderness of Zin* beendet, als der Krieg ausbrach. Es heißt, daß er sich zum Kriegsdienst meldete, aber auf Grund seiner kleinen Statur für untauglich erklärt worden ist. So wurde er Zivilangestellter einer militärischen Dienststelle und gelangte im Dezember 1914 als Leutnant nach Kairo. Dort arbeitete er in der kartographischen Abteilung des Geheimdienstes der Armee und half daneben, Informationen über die Stärke der in Vorderasien stehenden türkischen Truppen zu sammeln.

Lawrence glaubte, daß England und Frankreich früher oder später aneinandergeraten würden, und in dieser Richtung bewegte sich sein politisches Denken. In einem Brief an Hogarth entwickelte er seinen Plan: die Engländer sollten sich der Stadt Alexandrette bemächtigen, denn wenn dieser Hafen den Franzosen in die Hände fiele, wären sie zwölf Tage nach der Kriegserklärung in der Lage, 100 000 Mann gegen den Suezkanal einzusetzen. Er riet Hogarth dringend, Churchill von der Richtigkeit dieser Auffassung zu überzeugen und ihn zu drängen, seinen, Lawrences Plan, zu verwirklichen. Verschiedentlich kam er in anderen Briefen darauf zurück, in denen er betonte, wie wichtig es sei, Frankreich daran zu hindern, sich in Syrien festzusetzen. Er hoffte, daß Idrisi Damaskus erobern und so den französischen Projekten ein Ende setzen würde.

Lawrence fühlte sich in Kairo unglücklich und vereinsamt inmitten von Berufsoffizieren, die ihn für einen komischen Kauz hielten. Er wünschte, Kairo zu verlassen und mit Newcombe zusammen als Berater zu Idrisi abkommandiert zu werden. Doch wurde dieser arabische Führer außer Gefecht gesetzt, und Lawrences Hoffnung entschwand. Im Jahre 1915 kam Hogarth nach Kairo, um das *Arab Bureau* aufzubauen. Lawrence gehörte zwar nicht dazu, doch übernahm er neben seinem Dienst als *map officer* die Redaktion des arabischen Bulletins.

So vergingen zwei Jahre. Die großen Ereignisse erschütterten die Welt, doch der Lärm der gigantischen Schlachten weckte nur ein schwaches Echo im ägyptischen Büro, wo Lawrence die Pflichten eines kleinen Funktionärs versah, er, der im Jahre 1914 beschlossen hatte, vier Jahre später, im Alter von dreißig Jahren, zum General aufzusteigen und in den Adelsstand erhoben zu werden. Doch vorläufig blieb er ein sub alterner Offizier. Die Briten seines Alters kämpften in Frankreich und starben in Flandern, wo auch zwei seiner Brüder fielen. Jeden Tag nahm das blutige, maßlose Geschehen seinen blinden Lauf; in seinem Büro aber verbesserte Lawrence Stunde um Stunde die mangelhafte Orthographie der toponymischen Transkriptionen. Da er trotz allem zum »Klub« gehörte und von Hogarth ohne Zweifel auf dem laufenden gehalten wurde, sah er sich in der Lage, die Unfähigkeit der Militärs zu beurteilen, die offensichtlich nichts mehr von einem Krieg verstanden, der sämtliche Gewißheiten widerlegte, auf denen die Prinzipien ihrer Kunst beruhten. Die Schaufel in der Hand des Infanteristen war zur unbesiegbaren Waffe geworden. An der französischen Front, an der sich der Ausgang des ersten weltweiten Konfliktes entscheiden sollte, unterschied sich die Begabung der Generale nicht mehr von der junger Bauernsöhne, die sich am Sonntagmorgen mit Seilziehen vergnügen. Zu Beginn des 20. Jahrhunderts verwandelte ihre mörderische Unfähigkeit die europäische Jugend in Kanonenfutter.

Der junge Historiker betrachtete mit dem ironischen Blick des Dilettanten, der keiner Tradition, keinem geheiligten Vorurteil verhaftet ist, die arrogante Welt dieser ganz besonders unwissenden Fachleute, die ausgerechnet von jenem Gebiet nicht das geringste verstanden, auf dem sie die absoluten Herren spielen wollten. Im Gefühl seiner intellektuellen Überlegenheit über die meisten dieser »Männer des Schicksals« wurde es Lawrence immer deutlicher bewußt, daß er kein Komplize war, daß er keine Verantwortung für diese Unternehmen trug, welche die Menschen für nichts in den Tod trieben. Es ist möglich, doch wenig wahrscheinlich, daß er damals zu der Überzeugung gelangte, daß es fortab an den Dilettanten lag, dem von den militärischen Fachleuten organisierten Chaos ein Ende zu setzen und eine Strategie zu konzipieren, die dem Krieg die Beweglichkeit und damit das Element der Überraschung zurückgäbe. (Unter seinen Zeitgenossen stellten zwei andere Dilettanten ähnliche Überlegungen an: Winston Churchill und Leo Trotzki.)

Was Lawrence über diesen Krieg denken mochte,

besaß jedoch nicht die geringste Bedeutung; seine Stellung war die eines als Militär verkleideten Zivilangestellten, der in Kairo stationiert war, von wo aus die Operationen an einer völlig nebensächlichen Front geleitet wurden. Die Expedition von Gallipoli mißlang zwar, doch konnte die türkische Bedrohung des Suezkanals abgewendet werden; die Engländer erlitten vor Gaza eine Niederlage und wurden in Mesopotamien zu einer schmählichen Übergabe gezwungen. Das ottomanische Reich, dieser »kranke Mann«, hielt stand und erwies sich als ein Feind, der zwar nicht im Angriff, jedoch in der Verteidigung zu fürchten war.

So fanden sich die Engländer bereit, für das Eingreifen einer Hilfsarmee teuer zu bezahlen und einer arabischen Bewegung riesige Versprechungen zu machen, die fähig wäre, eine Revolte auszulösen und dadurch die Türken zu zwingen, ihre Kräfte zu zersplittern. Die Türken verfügten zwar nur über wenige Truppen, um Syrien und Arabien zu verteidigen, doch England, dessen Söhne in Europa massenhaft starben, gelang es nicht, im Nahen Osten eine Armee auf die Beine zu bringen, die dem Gegner an Zahl überlegen wäre. Deshalb zögerte es wie gewöhnlich, eine Schlacht anzunehmen. Inzwischen aber ging das britische Reich daran, aus seiner jahrhundertealten Erfahrung Nutzen zu ziehen. Überall dort nämlich, wo die Engländer nicht selbst die Herren waren, hatten sie seit jeher die Politik verfolgt, den Nationalismus der unterdrückten Völker zu schüren und diese in ihren kühnsten Träumen zu ermutigen. Die Übereinstimmung zwischen den englischen Interessen und jenen der nationalen Bewegungen, welche die Reiche der anderen ins Wanken brachten, verschaffte dem Vereinigten Königreich immer die nötigen Alliierten, die sich, da sie allein nichts unternehmen konnten, seinem Willen unterwerfen mußten, bevor sie ihre Unabhängigkeit erlangen durften.

Als sie an den arabischen Nationalismus appellierten, wußten die Briten zwar genau, worin ihnen dieser dienen konnte; doch wußten sie nicht, was er wirklich war. Es gab nämlich keine einzige arabische Nation, die als vereinigende Kraft hätte wirken können. Außer Syrien, einem vagen geographischen Gebilde, gab es Mesopotamien, die Stämme des Hedschas, des Nedschd und andere Stämme. Wo sollte der Mittelpunkt der Bewegung liegen? Wen würde man als Repräsentanten wählen? Der Nationalismus war in Städten wie Beirut und Damaskus am weitesten entwickelt, wozu die Franzosen nicht wenig beigetragen hatten, doch gelang es der türkischen Verwaltung, bald nach Kriegsausbruch der nationalen Bewegung die Spitze zu brechen. Anderseits galt es, sich vor einem Aufruhr in Mesopotamien zu hüten, denn Volksaufstände in der Nähe von Öltürmen sind niemals erwünscht. Im Nedschd blieb Ibn Saud ein allzu unabhängiger Verbündeter, der nach eigenem Gutdünken kämpfte, wann und wo er wollte. Blieb also der Hedschas am Roten Meer mit seinem Fürsten, dem Scherif Hussein, dessen ehrgeizige Söhne am Hof von Istanbul erzogen worden waren. Das *Arab Bureau*, ein Ableger des *Foreign Office*, begann sich mit ihm zu beschäftigen. Man gelangte schließlich zu einem Übereinkommen und legte das Datum fest, an dem Hussein den Aufstand gegen die paar türkischen Garnisonen auslösen und sich zum Herrn der wichtigsten Städte seines Fürstentums aufschwingen sollte. Die Revolte, die vor dem festgelegten Zeitpunkt ausbrach, errang zunächst einige Erfolge, doch mißlang sie in Medina, dem Endpunkt der Eisenbahnlinie. (Die Türken verließen diese Stadt erst vier Monate nach Kriegsende.)

Türkische Offensiven waren nicht zu befürchten,

denn die Überlegenheit der britischen Flotte verurteilte von vornherein jede Aktion zum Scheitern, die etwa von arabischen Häfen aus gegen Ägypten unternommen werden sollte, und die Türken hüteten sich, ihre Kräfte in der Wüste zu zersplittern. Hingegen war es für die alliierte Strategie von Bedeutung, sich der Neutralität der Stämme im Hedschas und auf der Halbinsel Sinai zu versichern, die sich an der rechten Flanke jeder Armee befinden würden, welche in östlicher Richtung vorstoßen wollte. Im übrigen war jede Aktion willkommen, welche die Verbindung der zweitausend in Medina verbliebenen Türken mit dem Norden unterbrechen würde.

Überfälle stellten die normale Beschäftigung der meisten dieser Stämme dar, die entweder unter sich in Streitigkeiten verwickelt waren, deren beliebtester Vorwand noch immer die Blutrache bildete, oder die Mekkapilger und Eisenbahnzüge angriffen und ausraubten. Die Engländer mußten daher versuchen, die verschiedenen Stämme von den Vorteilen eines Waffenstillstandes zu überzeugen, wobei sie sich natürlich gezwungen sahen, die Verluste zu ersetzen, die diesen Söhnen der Wüste aus dem vorläufigen Verzicht auf die gegenseitigen Überfälle erwachsen würden. Das Gold brachte selbst die Widerspenstigsten zur Vernunft. Überdies verbreitete sich bald in allen Zelten das Gerücht, daß die Überfälle auf die türkischen Züge eine weit größere, eine geradezu wunderbare Beute einbrachten. Der Donner der von den Europäern ausgelösten Explosionen verkündete den Söhnen der Wüste, daß es Gold regnete. Englische und französische Offiziere leiteten diese zerstörerischen Unternehmungen, lebten mit den Beduinen, schmeichelten ihren Führern, berieten sie und kauften sie.

Lawrence war einer von ihnen. Er war verhältnismäßig spät zu ihnen gestoßen und bewies keine sonderliche Begabung für die ihm zugedachten Aufgaben der Destruktion. Oberst Storrs lud ihn ein, ihn auf einer seiner Reisen zu Hussein zu begleiten. Im September 1916 gelangte der *map officer* ans Ende seiner Laufbahn in Ägypten, da seine Stellung unhaltbar geworden war. Als er für einige Wochen verreiste, blieb ihm einzig die Hoffnung, bei seiner Rückkehr mit Hilfe von Hogarth eine Stellung im *Arab Bureau* zu finden.

Hussein, der Mekka nicht verlassen wollte, ließ den britischen Offizieren am Telefon Melodien türkischer Militärmusiker vorspielen, die sein Sohn Abdullah in einem geglückten Handstreich gefangen hatte. Doch waren es weder seine Gespräche mit Abdullah noch seine Begegnung mit Ali, dem ältesten Sohn des Scherif, die Lawrence eine Vorstellung davon eingaben, was die arabische Revolte sein könnte. Bevor er nach Kairo zurückkehrte, besuchte er das Lager Faisals, des dritten Sohnes von Hussein. »Dann bemerkte ich im schwarzen Rahmen einer Türe eine weißgekleidete Gestalt, die mich aufmerksam betrachtete. Ich begriff auf den ersten Blick, daß es dieser Mann war, den ich in Arabien suchte, jenen Führer, der den arabischen Aufstand glorreich aufziehen würde. In seinen langen Gewändern aus weißer Seide ...«

Lawrence schrieb diese Worte fünf Jahre später, als der Mythos seines Ruhmes den Höhepunkt erreicht hatte. In den *Sieben Säulen der Weisheit* aber schildert er die Umstände, unter denen er jene Reise unternahm und mit welchen Absichten er nach Ägypten zurückkehrte; aus dieser Schilderung geht klar hervor, daß er den Hedschas nicht deswegen aufsuchte, um einen Führer für die arabische Revolte zu finden. So stellt sich seine Fiktion zwar als rückwirkend dar, er hat sie erst später erfunden, doch ist sie nicht erlogen, wie Aldington behauptet. Er gehorchte vielmehr der Notwendigkeit eines Stils, der in seiner puren Erhabenheit ziemlich viktorianisch anmutet, was ihm übrigens auch zu verschweigen erlaubte, wieso er eigentlich auf den ersten Blick begriffen hatte, daß Faisal der Führer des Aufstandes sein würde. Demselben Stil entspricht es, wenn er auf die banale Frage des jungen Fürsten, wie sein Lager Lawrence gefalle, antwortet: »Großartig, jedoch fern von Damaskus.« Und in seinem Buch fügt er hinzu: »Das Wort fiel in die Gruppe hinein wie ein Schwert ... jedermann erstarrte und hielt während einer Minute den Atem an.«

Der Bericht über diese Unterredungen, den Lawrence seinen Vorgesetzten sogleich nach seiner Rückkehr nach Kairo unterbreitete, beeindruckte die Generale nicht nur, weil er sachliche Aufschlüsse bot, sondern auch deshalb, weil die Militärs darin ihre eigene Meinung bestätigt fanden – Lawrence empfahl ihnen nämlich, keine englischen Truppen nach Arabien zu schicken. Die Araber, unter dem Befehl ihrer Scherifs und von den Engländern beraten, würden selbst in der Lage sein, Aktionen auszuführen, sobald sie Waffen und Geld erhalten hätten. Man sollte ihnen die »Werkzeuge« zur Verfügung stellen, sie würden sie mit Siegen bezahlen. So wurde beschlossen, den Verfasser dieses beruhigenden Berichts als Berater zu Faisal zu schicken.

Dem *Arab Bureau* endlich zugeteilt und zum Hauptmann befördert, trat Lawrence seine Mission an. Seine Macht war gering und ebenso schlecht definiert wie die unzähliger anderer politischer Agenten in Uniform, die sich fast überall in der Nähe der eingeborenen Führer aufhielten, deren Ambitionen sich regelmäßig als maßlos erwiesen, deren Mut zu handeln jedoch oft begrenzt zu sein schien. Die anderen führten Befehle aus, Lawrence hingegen war entschlossen, Befehle zu erteilen. Zum erstenmal in seinem Leben sah er die Wirklichkeit geneigt, sich seiner Fiktion, dem geheimsten Grund seines Wesens zu beugen. Er nahm am Aufstande der anderen teil, als wären diese nur Komparsen in seinem eigenen Traum.

Über seine Erlebnisse, Unternehmungen, Hoffnungen und Leiden, welche den Grundstein seiner Legende bilden sollten, schrieb er einen Bericht: *Die Sieben Säulen der Weisheit – Ein Triumph*. Es ist ein Buch von rührender Aufrichtigkeit, jedenfalls dort, wo er, in der Absicht, die eigene Vergangenheit zu fliehen, diese sich selbst erzählt. Es ist ein Buch der doppelten Posen, erstaunlich in seinen beständigen Widersprüchen, wenn der Verfasser beim Schreiben an jene denkt, die in seinem Spiegel die Bestätigung dafür suchen werden, daß der Held ihrer Verehrung würdig ist.

In diesem Bericht, vielleicht einem der großartigsten unseres Jahrhunderts, findet der aufmerksame Leser weit mehr Argumente, die den Mythos zerstören könnten, als ihm Aldington in seinem ganzen *Lawrence of Arabia* verspricht. Gleichzeitig aber findet er sämtliche Gründe dafür, einen Schriftsteller zu bewundern, den seine Schwächen nicht erniedrigen, sondern erhöhen und der nur dort fragwürdig, ja manchmal lächerlich wird, wo er sich – Opfer der Mythomanie seiner Anbeter – die Pose eines Herrn über das historische Schicksal anmaßt.

Man weiß also, was Lawrence in Arabien unternommen hat. Und vom Standpunkt eines Soldaten an der Westfront aus gesehen – was Aldington war – besaßen seine Taten gewiß nichts Außergewöhnliches. Man weiß, daß er gelitten hat, doch verglichen mit den Leiden der Soldaten vor Verdun waren die seinen unerheblich. Man kennt auch die Listen und Tücken, die er anwandte, um bestimmte Ziele zu erreichen, die in einem Guerillakrieg verhältnismäßig wichtig waren, wo die Entfernungen nicht nur das einzige Hindernis, sondern zugleich die Gewähr der Siege darstellten, die im allgemeinen dort errungen wurden, wo sich der Feind eben nicht befand.

Die Beduinen der arabischen Wüste, wie hundert Jahre vor ihnen die *guerilleros* in Spanien und die russischen Partisanen von Kutusow, suchten nicht den Kampf, sondern Überraschungseffekte. Lawrence brauchte nichts zu erfinden, er brauchte nur die Lehren aus längst vertrauten Erfahrungen zu ziehen und anzuwenden. Die Hoffnungen, die er auf eine arabische Befreiungsarmee gesetzt hatte, verflüchtigten sich bald. Er erkannte, daß es unmöglich war, Krieg gegen die Türken zu führen und sie aus Medina zu vertreiben, daß es Wahnsinn wäre, sie offen anzugreifen. Um sich eines Punktes wie Uedsch oder Aqaba zu bemächtigen, mußten die Stämme der angrenzenden Gebiete mobilisiert, das heißt gekauft werden. Denn Lawrence hatte es immer nur mit Stämmen und ihren Führern zu tun, niemals jedoch mit einer arabischen Nation, die es gar nicht gab, und noch weniger mit einer nationalen Armee.

Der einzige Kampf, den er annahm und anführte, war ein Gefecht bei Tafileh, das er in allen Einzelheiten beschrieb – eine ebenso blutige wie dumme Choreographie, gleich allen anderen großen und kleinen Schlachten, die von Dilettanten in Szene gesetzt werden, deren Denken sich bei dieser Gelegenheit auf dem geistigen Niveau von Pfadfindern bewegt, die sich in den Wäldern gegenseitig beschleichen. Ohne Zweifel ahmte Lawrence ganz bewußt den Bericht über die Schlacht von Borodino nach, den er bei Tolstoi bewunderte. Er fühlte sich gleichzeitig als Napoleon und als Kutusow von Tafileh, doch gelang es ihm einzig, sich im Leiden ernst zu nehmen, das er sich unnötigerweise selbst zufügte. Bis ans Ende seines Lebens glaubte er an die Großartigkeit des freiwilligen Sich-Aufopferns, wobei das Opfer sein eigener Gott sowie sein eigener Henker ist. Doch haben die Schlachten nichts Erhabenes an sich; sie sind ein ungeheuerlicher *practical joke*, bei dem die Kämpfenden erniedrigt, wenn nicht umgebracht werden. Und der Sieg? Was in den Augen der Archäologen die Sieger von den Besiegten trennt, ist eine Schicht Erde im vertikalen Schnitt; die Spuren von den Städten der Sieger werden meist einige Tage, manchmal nur einige Stunden vor denen der Unterlegenen entdeckt. Siegerin bleibt allein die Erde, die ohne Unterschied sowohl die Eroberer als auch ihre unglücklichen Gegner begräbt. Lawrence wußte dies, und doch glaubte er an den Sieg, den er leidenschaftlich herbeisehnte. Als er endlich in Damaskus einzog, mußte er erkennen, daß der Triumph nicht der seine war, daß die Fiktion sich auflöste, sobald er die Wüste verließ. Er erhielt von Allenby die Erlaubnis, abzureisen. »Und im Augenblick ermaß ich, wie traurig ich war.« Das sind die letzten Worte des letzten Kapitels seines großen Buches. Ihnen folgt ein kurzer Epilog, dessen erste zwei Abschnitte folgendermaßen lauten:

»Damaskus war mir nicht als die Scheide meines Schwertes erschienen, als ich zuerst in Arabien landete; aber seine Einnahme enthüllte die Erschöpfung der wichtigsten Triebfeder meines Handelns. Mein stärkster Beweggrund war während der ganzen Zeit ein persönlicher gewesen, der hier nicht erwähnt wurde; aber er ist, wie ich glaube, mir zu jeder Stunde dieser zwei Jahre gegenwärtig gewesen. Leiden und Freuden des Tuns mochten im Verlauf meines Werkes wie gesprengte Türme in die Luft fliegen; aber wieder aus der Luft zurückströmend, baute sich dieser verborgene Drang immer wieder von neuem auf, um das beharrende Lebenselement zu bleiben, bis fast ans Ende. Er war tot, noch bevor wir Damaskus erreichten.

Die nächste Triebfeder war ein stachelnder Wunsch gewesen, den Krieg zu gewinnen – gepaart mit der Überzeugung, daß ohne die arabische Hilfe England nicht imstande war, auf dem türkischen Kriegsschauplatz die Oberhand zu bekommen. Wenn Damaskus fiel, mußte der Krieg im Osten – und wahrscheinlich auch der ganze Krieg – seinem Ende zusteuern.«

Der erste Abschnitt klingt rätselhaft, ebenso beunruhigend wie das Gedicht, das dem Buch als Apolog vorangeht, verwirrend für jeden, der bereit ist, die Wirklichkeit aus der Fiktion abzuleiten, anstatt diese aus der Wirklichkeit auszusondern.

Betrachten wir zunächst einen banalen Umstand. Um sein Handeln zu begründen, verfügte Lawrence vorerst über dieselbe Rechtfertigung wie die paar Dutzend englischer Offiziere, die politischen und militärischen Agenten, die sich im Nahen Osten aufhielten, und wie die Millionen von Soldaten, die an anderen Fronten damit beschäftigt waren, Dinge zu vollbringen, die höchst merkwürdig anmuten würden, wenn man nicht wüßte, daß ein Krieg tobte, in dem sich aus mobilisierten Männern bestehende Armeen während einundfünfzig Monaten gegenüberstanden. Die Frage nach den persönlichen Gründen, die sich die Freiwilligen am Anfang ohne Zweifel stellten, verstummte sehr schnell. Die kollektive Aktion ist nur durch das Ziel bestimmt, das ihr zugewiesen wird.

Wer einen Bericht über ein ebenso glanzvolles wie gefährliches Unternehmen liest, zum Beispiel über eine Erstbesteigung eines Berges, erwartet nicht, daß der Verfasser des Berichts seine persönlichen Motive verrät. Der Leser wäre erstaunt und leicht verärgert, wenn einer der Alpinisten seinen Bericht zum Beispiel mit dem folgenden Epilog abschlösse: »Ein einziges

Geheimnis will ich bewahren! Ich werde niemals einem Menschen verraten, aus welch außergewöhnlichen Gründen ich eine Fahne auf dem Annapurna aufgepflanzt habe.«

Wie soll man also erklären, daß Lawrence drei Jahre nach dem Krieg das Bedürfnis empfand, seine Leser über das Vorhandensein eines unvermuteten Geheimnisses zu unterrichten? Aus Freude, den Leser zu verwirren, ihn mit dem Gedanken zu ärgern, daß er nach einer Lektüre von siebenhundert Seiten noch immer nichts über das Ich des Erzählers wisse, der ihm doch nichts zu verbergen schien? Um einen zweiten Band anzukündigen? Keineswegs. Lawrence spürte vielmehr, daß er eine Frage beantworten mußte, die er selbst provozierte, als er jenen Krieg als den seinen darstellte, als höchst persönliches Abenteuer, dem alles übrige nur als Rohmaterial diente.

Da er eine Wirklichkeit in eine ich-bezogene Fiktion verwandelt hatte, mußte er von diesem Vorgang eine psychologische Deutung geben. (Läßt sich vielleicht die Expedition auf den Berg Y durch ein persönliches Motiv des Alpinisten X erklären, der, von Gewissensbissen getrieben, dort das junge Mädchen sucht, das er fünfzehn Jahre vorher entehrt hat?)

Die Einnahme von Damaskus, die Raids der arabischen Stämme gegen die Türken und so viele andere von Lawrence berichteten Ereignisse hätten zweifellos auch stattgefunden, ohne daß der junge Archäologe seine Heimatstadt Oxford zwischen 1914 und 1918 auch nur für einen einzigen Augenblick verlassen hätte. »Wenn Damaskus fiel, mußte der Krieg im Osten – und wahrscheinlich auch der ganze Krieg – seinem Ende zusteuern.« Keineswegs. Der Krieg endete erst mit der Niederlage Deutschlands, sowohl auf dem Balkan als auch im Vorderen Orient, wo sich die türkischen Kräfte auf allen Wegen zerstreuten, die nach

Damaskus führten. Man weiß nicht einmal, ob die australischen Truppen ohne die Araber auch nur einen einzigen Tag länger gebraucht hätten, um in die Stadt einzumarschieren. Hingegen steht fest, daß die Türken Damaskus und damit alle übrigen Positionen an jenem Tag verloren, als die von Franchet d'Esperey angeführte Offensive Bulgarien erledigte.

Der Epilog fügt hinzu: »Dann blieb auch die Neugier. In der Jugend hatte ich *Super flumina Babylonis* gelesen, und das hatte in mir den Wunsch erweckt, mich selbst einmal als Triebkraft einer nationalen Bewegung zu fühlen. Wir nahmen Damaskus ein – und ich schreckte zurück. Noch drei weitere Tage despotischer Gewalt hätten in mir den Keim zum Tyrannen zur Entwicklung gebracht.

Blieb noch ein historischer Beweggrund, der aber an sich ohne feste Substanz war. Während meiner Schulzeit in Oxford hatte ich davon geträumt, während meines Daseins dem neuen Asien den Anstoß zu neuer Formung zu geben – jenem Asien, das im Lauf der Zeit unabwendbar über uns kommen wird. Mekka mußte nach Damaskus führen, Damaskus nach Anatolien und weiterhin nach Bagdad; und dann war da noch der Jemen. Als Phantasien möge das jenen erscheinen, die in meinem Beginnen nichts weiter zu sehen vermögen als ein Bemühen wie jedes andere.«

Keine einzige Stelle in den unzähligen intimen Dokumenten, die Lawrence und seine Freunde verfaßten, weist darauf hin, daß Lawrence zu irgendeiner Zeit den Wunsch verspürte, im Mittelpunkt einer irischen, arabischen oder anderen nationalen Bewegung zu stehen. In den Jahren, die er in ständiger Berührung mit den Arabern in Syrien verlebte, brachte er nirgendwo ein Interesse für die nationalen Bestrebungen dieses Landes zum Ausdruck. Im Jahre 1915 fühlte er sich vielmehr – wie wir bereits gesehen haben – von einer französischen Bedrohung des Suezkanals beunruhigt und dachte nicht im entferntesten daran, »Asien den Anstoß zu neuer Formung zu geben«.

Er brauchte sich auch nicht vor einem »Keim zum Tyrannen« zu fürchten, der als Folge der Machtausübung in ihm erwacht wäre. Welcher Macht übrigens? Er besaß zwar als Repräsentant Großbritanniens eine gewisse Autorität gegenüber Faisal und Aouda. Doch wen vertrat er in Damaskus gegenüber der britischen Armee? Faisal? Man ließ ihn kommen; um zu sehen, was man mit ihm machen würde. Die arabische Armee? Wo war diese? Die nationale Bewegung in Syrien? Die besaß bereits ihre Führer, und Lawrence gehörte offensichtlich nicht zu ihnen.

Er wurde damals dreißig Jahre alt, es war das Alter, in dem er General und geadelt sein wollte. Doch hatte er weder das eine noch das andere erreicht; hingegen besaß er eine Erfahrung, die, indem sie seine Vergangenheit desintegrierte, ihn selbst zu entfremden drohte. Zwischen Oktober 1916 und Oktober 1918 hatte er in einer Weise gelebt, als wäre er wirklich der, dessen Rolle er spielte. Doch was war er außerhalb dieses Spiels? Ein junger Archäologe, der vier Jahre seines Lebens verloren hatte, genau wie die Millionen von demobilisierten Soldaten, die nun ins zivile Leben zurückkehrten und versuchten, so schnell wie möglich die Rolle zu vergessen, die sie zu spielen gezwungen gewesen waren. Die anderen handelten auf Befehl, als unfreiwillige Amateure in der arabischen Sache, während Lawrence seine Rolle freiwillig gewählt hatte. Er allein hatte sich dieser Sache vorbehaltlos hingegeben, er allein hatte sich in ihr verwirklicht.

Nach London zurückgekehrt, trat er in seinem arabischen Kostüm auf. Im Frühjahr 1919, als er sich als

Dolmetscher Faisals in Paris aufhielt, war er noch immer der Araber. Gleichzeitig begann er, das pathetische Spiel des schlechten Gewissens zu spielen. Da die Engländer ihr Versprechen nicht hielten, das er in ihrem Namen den Arabern, das heißt den Haschemiten, den Fürsten des Hedschas, gemacht hatte, fühlte er sich entehrt. Wie so oft in diesen falschen Tragödien, deren einzige Heldin das Gewissen (das schlechte, natürlich) ist, handelte es sich auch hier um eine Verschiebung, um eine Verschleierung der wirklichen, jedoch nicht gestehbaren Motive. Man denke an jenen italienischen Fürsten, der sich selber mit bitteren Worten anklagte, daß er die in seinem Garten begrabenen Gegner ermordet habe; wenn er zwischen den Gräbern spazierenging, wollte er sich davon überzeugen – ohne dabei die Moral zu verletzen –, daß die Feinde endgültig ausgeschaltet waren. Seine Gewissensbisse glichen einem Triumphgeschrei.

In den Gewissensbissen drückte T. E. Lawrence seine Ansprüche auf eine maßlose und unwiderruflich verlorene Größe aus. Überdies erkannte er spätestens im April 1919, daß er sich in seiner Einschätzung der arabischen Situation grundlegend getäuscht hatte – die Macht über die Wüste war nicht den Haschemiten zugefallen, auf die er gesetzt hatte. Diese wurden ohne Mühe von den Wahabiten verdrängt, welche heute die unbestrittenen Herren des Hedschas und des Nedschd sind.

Großbritannien war nicht imstande, Faisal auf dem syrischen Thron zu halten, weil es ihm nicht gelang, in Syrien Fuß zu fassen. So zwang es Faisal dem Irak auf und erfand das Königreich von Transjordanien, um auch Abdullah einen Thron zu verschaffen. Und die arabische Revolte? Sie brach endlich aus, und zwar gegen die Nachkommen Husseins, die aus ihren eigenen Hoheitsgebieten vertrieben wurden.

Wenn es zehn Monate nach der Einnahme von

Damaskus einen englischen Fachmann für arabische Fragen gab, der wußte, daß die gesamte Befreiungsmystik der Wüste eine lächerliche Erfindung und die Macht der Haschemiten einen absurden Mythos darstellte, so war dies Lawrence (und Philby, der England bei Ibn Saud vertrat).

Und gerade damals begann der amerikanische Journalist Lowell Thomas dem »Prinzen von Mekka« Gestalt zu verleihen und seinen Ruhm ins Licht zu rücken; dies geschah jeden Abend um 20 Uhr 30 in Covent Garden, Mittwoch, Donnerstag und Samstag auch um 14 Uhr 30. Der Erfolg war ungeheuer. Die intime und niemals ausgesprochene Fiktion Lawrences begegnete der vulgären Fiktion, der Legende vom Ruhm, die Lawrence aus tiefster Seele verachtete und zugleich liebte. Die Farce war von schlechtestem Geschmack und ganz besonders unpassend in jenem Augenblick, in dem Lawrence hätte zugeben müssen, daß er nichts vorausgesehen hatte.

Den Entschluß, eines Tages seine *Arabia deserta* zu schreiben, traf Lawrence ohne Zweifel lange vor dem Ende des Abenteuers. »Ich hatte in meinem Leben nur einen einzigen großen Wunsch verspürt: einmal die Fähigkeit zu besitzen, mich in imaginativer Form auszudrücken. Doch war es meinem allzu unsteten Geist niemals gelungen, eine Technik zu beherrschen. Schließlich hatte mich der Zufall aus perverser Laune zum Handeln gezwungen und mir einen Platz in der arabischen Revolte angewiesen, ein Geschehen, ein Thema, nach dem Blick und Hand eines offenherzigen Menschen nur zu greifen brauchten; auf diese Weise bot mir die Literatur, die Kunst eine Chance – ohne Technik.«

Er behauptet, den ersten Entwurf der *Sieben Säulen*

der Weisheit schon vor dem Monat August 1919 redigiert und das Manuskript auf einem Bahnhof gegen Ende dieses Jahres verloren zu haben. Hatte er es sich stehlen lassen? Dies ist zwar möglich, aber wenig wahrscheinlich. Er behauptet ferner, eine zweite Version geschrieben zu haben, die er im Jahre 1920 vollendet und dann verbrannt haben will, nachdem er die dritte und letzte Version im Februar 1922 beendet hatte.

Man darf wohl annehmen, daß das Buch, das er in Arabien konzipiert und von dem er vielleicht einige Kapitel vor seiner Rückkehr nach London (im August 1919) entworfen hatte, völlig verschieden von jenem war, das er schließlich schrieb.

Nach dem Monat August 1919 war er nicht mehr allein, seine Legende folgte ihm auf Schritt und Tritt. Als Schriftsteller konnte er sich nicht darüber täuschen, daß sein Buch unweigerlich mit der Legende des Verfassers in Beziehung gebracht werden würde. So traf er eine schwerwiegende Entscheidung – *Die Sieben Säulen der Weisheit* sollten nicht nur die Legende, sondern auch den legendären Helden, den Obersten Lawrence, zerstören.

Doch da er diesen Entschluß nur mit halbem Herzen faßte, konnte sein Buch die glorreiche Lüge gar nicht aufdecken, denn es sollte ja nicht veröffentlicht werden; nur ein kleiner, von Lawrence selbst gewählter Kreis von Personen sollte es zu Gesicht bekommen. Und der Oberst Lawrence würde nicht wirklich sterben, sondern einfach verschwinden, indem er eine andere Identität annahm und sich ein für allemal von seiner Vergangenheit löste. Der Gedanke, an die Stelle des Selbstmordes einen radikalen Bruch zu setzen, ist nicht neu, und der Wille, die eigenen Taten endgültig zu verleugnen, sich auf immer von ihnen loszusagen, findet sich oft in den Träumen von Männern, die nur noch durch die Logik des Körpers mit dem Leben verbunden sind, die aber sonst nichts mehr an andere Menschen bindet: weder das, was sie einst von diesen empfangen, noch was sie ihnen gegeben haben. Ein solcher Traum wird aus einer Einsamkeit geboren, welche selbst die Zuneigung zerstören kann, die der Vereinsamte für sich selbst empfindet.

Lawrence hatte sich also entschlossen, spurlos zu verschwinden, sobald er sein Buch beendet haben würde, um sich in ein Dasein hineingleiten zu lassen, in dem er nicht mehr über sich selbst verfügen könnte; er hatte sich entschlossen, seinem Sturz Dauer zu verleihen, indem er sich selbst einen Lebenskreis anwies, der menschlich und gesellschaftlich der tiefste war. Er wollte sich der Fiktion entledigen, die er gelebt und nicht, wie Aldington glaubt, nur verbreitet hatte. Doch hinter diesen Fluchtgedanken erhob sich bereits eine neue Fiktion, eine *imago* von melancholischer Größe – er würde ein Harun al Raschid sein, der für immer auf seinen Glanz verzichtete ... Ein Elender mit der elenden Plebs vermischt, würde er nicht nur das Geheimnis seiner verkannten Majestät bewahren, sondern auch die Macht, sich in dem von ihm gewählten Augenblick von neuem zu verwandeln. Doch würde er diesen Augenblick nicht wählen. Auch Dolgoruki, der Jüngling Dostojewskis, den seine illegitime Geburt, sein die Ironie herausfordernder aristokratischer Name, seine Armut und seine ausweglose, falsche Situation erniedrigt haben, träumt davon, ein großes Vermögen zu erwerben, um dann im Angesicht der ganzen Welt hochherzig auf seinen Reichtum zu verzichten.

Lawrence ging, warf die Tür hinter sich zu, doch schloß er sie nicht. Er traf vielmehr mit einer wichtigen Persönlichkeit der *Royal Air Force* ein Abkommen, wonach es ihm freistehen sollte, seine Verpflichtungen als Soldat zweiter Klasse jederzeit und mit unmittelbarer Wirkung zu lösen. Er machte sich zwar auf den Weg ins Nichts, doch hinterließ er eine Adresse:

»Für den Fall, daß ich vom *Colonial Office* gesucht werden sollte, werde ich Sie wissen lassen, sobald man mich an einen anderen Ort versetzt«, schrieb er an den Vize-Marschall der Luftwaffe, Sir Oliver Swann, zwei Tage nach seiner Ankunft im Depot von Uxbridge. Er kann seine Verzweiflung kaum verbergen: »Ich springe jedesmal auf, wenn man mich unvermutet anspricht, und ich bleibe stumm; es schaudert mich. Es fällt mir schwer, mich in einem solchen Augenblick nicht zu verraten.«

Er schickte Exemplare der *Sieben Säulen der Weisheit* an verschiedene Schriftsteller, darunter auch Bernard Shaw. In dem langen Brief an Shaw, der die Sendung begleitete, schrieb er: »Wenn Sie das Buch für annehmbar halten, werde ich Ihre Bücher aus meinen Gestellen verschwinden lassen.« Und an Edward Garnett: »Falls Ihre Meinung günstig sein sollte, wäre sie verschwendet.«

Er befand sich bereits in einem Trainingslager, wo ihm jeder Tag neue Erniedrigungen brachte; einer der Sergeanten peinigte ihn bis aufs Blut und behandelte ihn als Schwächling und Dummkopf, ohne daß sich das Opfer zu wehren vermochte. Jeden Augenblick drohte sein Körper der Müdigkeit zu erliegen, die ihn wie eine Krankheit quälte. Ein Abglanz seiner unsäglichen Not findet sich in den Bemerkungen, die er am Abend niederschrieb. (Sie wurden später unter dem Titel *The Mint* veröffentlicht.) Der *practical joke* drohte diesmal ein böses Ende zu nehmen. Mehr als je bedurfte Lawrence der Ermutigung und der Bewunderung. Zitternd vor Erregung wartete er auf Nachrichten von außen, die ihm bestätigen sollten, daß er tatsächlich der Verfasser eines großen Buches war, doch fuhr er fort, seine Komödie zu spielen – vor sich selbst, nur vor sich allein und in den Briefen: Wehe jenen, die sein Buch lesbar finden würden!

Als er das erste enthusiastische Urteil erfuhr, begann er von neuem zu leben. »Es ist sehr schön von Ihnen, mein Buch zu loben, und dies macht mich stolz. Ich lecke mir die Lippen mit umso größerer Gier, als es sich um das erste Urteil handelt, das ich erhalten habe«, schrieb er an Garnett. Und er verlangte mehr. Um dies zu erreichen, unterstrich er immer wieder seine eigene Unzufriedenheit, denn sein Wunsch wäre es im Grunde, den drei »titanischen« Büchern *(Krieg und Frieden, Zarathustra* und *Moby Dick)* ein viertes, englisches hinzuzufügen.

Da Shaw mit der Lektüre zögerte, mußte er verschiedentlich gemahnt werden. Als er endlich seine Meinung bekanntgab, antwortete Lawrence mit jener Art von Zweifeln, die den Verfassern von Büchern dazu dienen, einem wohlwollenden Kritiker noch mehr Komplimente zu entlocken. Lawrence bediente sich sämtlicher Listen, offenbar ohne sich darüber klar zu sein, wie verbraucht diese waren, da unzählige Schriftsteller sie schon vor ihm verwendet hatten – und dies nicht nur zu Beginn ihrer Laufbahn. Für einmal ließ sich Lawrence auf die uralte Komödie der anderen ein, der er allerdings eine gewisse Originalität verlieh – niemals, unter gar keinen Umständen würde er das Buch veröffentlichen; höchstens einen Auszug davon – dies wird der *Aufstand in der Wüste* sein – oder vielleicht doch den ganzen Text, aber in einer Luxusausgabe von kleiner Auflage. Auch in der Literatur wandte also Lawrence jene Technik der Heimlichkeit an, die mit Sicherheit die Aufmerksamkeit selbst der Ahnungslosesten weckt; eines ähnlichen Vorgehens bediente er sich im Rekrutierungsbüro, wo er sich so auffällig benahm, daß es eines weiteren Eingreifens der vorgesetzten Instanz bedurfte, um die Zweifel zu zerstreuen, die Lawrences Verhalten hervorgerufen hatte. Als er sich ins »Nichts« begab, nahm er das königliche Schreiben mit, eine Rolle Pergament, das seine Ernennung zum britischen Vertreter in Transjordanien bestätigte. Als ein Skandal einige Monate später seinem Dienst in der *Royal Air Force* ein vorläufiges Ende setzte, konnte Sir Oliver Swann behaupten, daß die wahrhaftige Identität des John Hume Ross durch die Unvorsichtigkeit des *Colonial Office* und »durch die unglückliche Neigung Lawrences« bekannt geworden war, »seine Person mit einem Schleier von Geheimnissen zu umgeben«.

Unter einem anderen Namen, T. E. Shaw, meldete er sich nun bei der Panzertruppe, bevor er von neuem zur *Royal Air Force* zurückkehrte und zunächst einer Garnison in der Nähe von Karatschi, dann einem Posten an der afghanischen Grenze zugeteilt wurde. Inzwischen erschienen nicht nur der *Aufstand in der Wüste*, sondern auch *Die Sieben Säulen der Weisheit* in einer begrenzten Auflage. Der ungeheure Erfolg der Bücher beeindruckte ihn tief. Aufmerksam las er die Besprechungen und reagierte darauf in der Art eines klugen Autors – die Lobsprüche ließen ihn nämlich bescheidener, manchmal sogar demütig werden. Endlich wagte er es, sein Glücksgefühl offen zur Schau zu tragen, wenn irgend jemand sein Werk lobte.

Er sandte Garnett und einigen anderen Schriftstellern, darunter auch E. M. Forster, das Manuskript von *The Mint (Unter dem Prügestock)*, wobei er von neuem die kompliziertesten Umwege einschlug. Schließlich beschloß er, daß dieses Buch nicht vor 1950 veröffentlicht werden sollte. Die angegebenen Gründe scheinen ebensowenig überzeugend wie die Begeisterung, mit der das Werk von den Freunden aufgenommen wurde.

Zu Beginn des Jahres 1929 wurde Lawrence nach England zurückgerufen, weil sämtliche Zeitungen der Welt »Informationen« veröffentlicht hatten, wonach dieser »geniale Spion« eine Revolte angezettelt hätte, die Aman Ullah von Afghanistan den Thron gekostet habe. In London gelang es ihm mit Leichtigkeit, eine Reihe von Parlamentariern der Labour Party, welche dieser alarmierenden Gerüchte wegen eine Interpellation einbringen wollten, davon zu überzeugen, daß er kein Meister geheimdienstlicher Intrigen, sondern das Opfer einer Legende sei. Er konnte in der *Royal Air Force* bleiben, diesmal umgeben von Technikern und Offizieren, die alle wußten, daß T. E. Shaw in Wirklichkeit Lawrence von Arabien war. Man wies ihm eine vernünftige Beschäftigung zu, und das unter Bedingungen, die ihn befriedigten.

Langsam lernte er, nicht unglücklich zu sein, sich mit seinem eigenen Wesen zu versöhnen und ohne seine Fiktion zu leben. Dies geht deutlich aus einem Brief hervor, den er am 4. Februar 1935 an Robert Graves, einen seiner »offiziösen« Biographen, schrieb, der während einer gewissen Zeit der privilegierte Vertraute jener Mythen war, mit denen Lawrence sein Dasein zu verschönern beliebte: »Messen Sie dem, was ich während des Krieges in Arabien getan habe, nicht allzuviel Bedeutung bei.« Überdies erklärte er, daß die Eroberung der Luft die Hauptaufgabe seiner Generation darstelle, und fügte hinzu: »Ich bin davon überzeugt, daß der Fortschritt heute nicht mehr von einem einzelnen Genie, sondern durch gemeinsames Bemühen vollbracht werden muß.«

Als seine Dienstzeit im Februar 1935 abgelaufen war, verließ er die *Royal Air Force*. Es war jedoch nicht die Rückkehr eines Harun al Raschid. Sein Leben hatte sich normalisiert, und seit langem wartete sein kleines Haus *Clouds Hill* (»Wolkenhügel«) auf ihn, mit seinen Möbeln, Büchern und Schallplatten. Zunächst zwar auch mit Journalisten, die aus London gekommen waren. Diesmal aber wünschte Lawrence keine Publizität. Er verschwand, um erst nach einiger Zeit wieder zurückzukehren. Die Angst vor dem Leben, die er durch die Flucht nach vorn so oft überkompensiert hatte, verließ ihn nicht völlig, auch nicht die Ahnung einer leeren Zukunft, doch ließ er endlich davon ab, seine private Logik in systematischer Weise der Logik der menschlichen Existenz entgegenzustellen.

Als er am 13. Mai 1935 auf dem Motorrad nach Hause zurückkehrte, erlitt er einen schweren Unfall. Er blieb acht Tage lang bewußtlos, ehe er verschied.

Von allen seinen Leidenschaften war die Passion für die Geschwindigkeit die dauerhafteste gewesen, die einzige, die auch seinem mißhandelten und endgültig unterworfenen Körper geschmeichelt haben muß. Sie hat ihn schließlich getötet.

3

Im Frühjahr 1936 wurde Lawrences Büste in der Krypta von St. Paul's aufgestellt. Die Zeremonie offizialisierte eine Legende, die noch immer wachsen sollte. Es war nicht nur das britische Reich, das diese Legende zu benötigen schien; die Intellektuellen aus aller Welt auf der Suche nach einem Helden-Denker und einer Metaphysik der Aktion neigten dazu, im Verfasser der *Sieben Säulen der Weisheit* den exemplarischen Menschen ihres Jahrhunderts zu sehen, den profanen Heiligen, den Abenteurer-Philosophen, den Mönch ohne Glauben und natürlich den Befreier von zwanzig, vierzig oder gar sechzig Millionen Arabern. Er war in der Tat ein Abenteurer und besaß keinen Glauben, doch war er gewiß kein Befreier. Er bleibt hingegen der Verfasser der *Sieben Säulen der Weisheit* und als solchem gebührt ihm ein Ruhm, der durch sein Werk, nicht durch seine Legende gerechtfertigt ist.

Vom psychologischen Standpunkt aus verdient die Person Lawrences kein größeres Interesse als alle anderen puritanischen Neurotiker, die gerne und nicht ganz aufrichtig bereuen und sich von der Moral nicht ganz befreit haben. Man trifft sie häufig in den protestantischen, vor allem in den angelsächsischen Ländern. An seinen extremen Verhaltensweisen ist nichts, das den Psychologen in Erstaunen versetzen könnte; sie haben einerseits Lawrences Leben kompliziert und erklären anderseits umso besser eine Reihe seiner Entschlüsse.

André Malraux, der sich weder von der Fiktion noch von der Legende täuschen ließ, hält Lawrences Abenteuer in Arabien wie auch seine Flucht in die Erniedrigung für zwei verschiedene Aspekte einer unablässigen Suche nach dem Absoluten. Die übrigen Kritiker, die in Frankreich dieses Thema von neuem aufgriffen und dabei sowohl den Sachverhalt als auch die Tragweite übertrieben, haben sich vor den Mythen nicht zu hüten gewußt; sie haben den »metaphysischen« Helden auf ein Piedestal gestellt, das ihn lächerlich macht.

Es ist nicht schwierig, das Bedürfnis nach dem Absoluten zu erklären, und dies nicht nur bei einem Menschen, der, wie es Malraux von Lawrence glaubt, »einer der religiösesten Geister seiner Zeit war, wenn man darunter einen Menschen versteht, der bis auf den Grund seines Wesens die Angst verspürt, Mensch zu sein«. Denn zu allen Zeiten seines Lebens stößt jeder auf diese Angst; und die mehr oder weniger bewußte Sehnsucht nach dem Absoluten ist ebenso verbreitet wie die Angst, nicht mehr zu sein. Die Mittel aber, um sich der einen wie der anderen zu entledigen, sind dieselben. Was jedoch dem Fall von Lawrence seine Tragik verleiht, ist die Unfähigkeit, das Absolute (worauf zu verzichten er nicht imstande war) in einem Glauben oder einer Sache zu finden. Er verlangte es von sich selbst, von seinen Taten, denen seine Erinnerung maßlose Größe verlieh.

Seelisch unfähig, sich an Menschen zu binden oder sich einer Sache zu verschreiben, wollte sich Lawrence, auf der Suche nach der Gewißheit seines Wertes, durch die Beziehung zu seinem Handeln definieren; durch seine Taten allein versuchte er, eine Existenz zu rechtfertigen, die er absolut unabhängig wollte, und in seinen Handlungen seine Größe zu finden. Doch die vollendeten Taten verlassen uns auf immer, und ihre Folgen rücken sie in unendliche Ferne. Man bedauert sie, wie man die verlorene Jugend bedauert, doch erweckt man sie niemals zu neuer Gegenwart. Lawrence verharrte als der untröstliche Witwer seiner Rebellion in der Wüste.

Eine historische Konjunktur, der Krieg, verschaffte dem jungen Lawrence die unverhoffte Möglichkeit, in einem Bereich zu handeln, der sich dem Assistenten Hogarths ohne den Krieg niemals geöffnet hätte. Diese selbe Konjunktur bot Buchhaltern, Advokaten, Dichtern und so vielen anderen die Gelegenheit, sich in einem *Stahlgewitter* als Menschenführer zu bewähren. Manche von ihnen sollten eine sehnsüchtige Erinnerung an diese Zeit bewahren und während langer Jahre versuchen, sie allen anderen Menschen mitzuteilen, damit die außergewöhnlichen Augenblicke weiterlebten. Doch die meisten wußten, daß die Größe ihres Tuns nicht ihnen selbst gehörte. Je weiter die heldische Zeit entrückte, desto klarer erstand vor ihren Augen das unverminderbare Mißverhältnis zwischen dem eigenen Maß und dem Übermaß der Folgen jener Geschehnisse, die sie gezwungen mitbewirkt hatten. Jener Mensch, der mit einem Druck seines Fingers eine Wasserstoffbombe über einer Stadt zur Explosion bringen würde, fiele sogleich einem zerstörerischen Wahnsinn zum Opfer, wenn er dieses Mißverhältnis aus den Augen verlöre, wenn er nicht jene schützende Wand zu errichten vermöchte, die es dem Handelnden erlaubt, die eigene Person nicht der Vergangenheit und seinen eigenen Taten einzuverleiben. Als er den Angriff auf den Winterpalast leitete, wußte der Intellektuelle Antonoff-Owsejenko, daß er nur ein *Abgesandter* war. Nur ein Megalomane hätte glauben können, daß er einer persönlichen Initiative folgte, daß er selbst die Revolution verkörperte. Sowohl Lenin als auch Trotzki wußten, daß sie nur die Vertreter bestimmter sozialer Kräfte waren, die Delegierten einer historischen Bewegung.

Je entschiedener sich Lawrence der Wahrheit öffnete, daß der Rebellion in der Wüste nicht jene Erhabenheit eignete, die er in ihr gesucht hatte, desto mehr wurde sie zu seiner eigenen Revolte, zu einer streng persönlichen Angelegenheit. Diese Identifizierung hatte nichts mit einer Metaphysik zu tun, nichts mit der Befriedigung einer Sehnsucht nach dem Absoluten, sondern mit dem Erstaunen eines jungen Intellektuellen, der seine Macht und seinen Einfluß auf die Angelegenheiten der anderen entdeckt — bornierter Fachleute, in die Routine verstrickter Politiker, durch Mißerfolge entmutigter Führer. Es war das Erstaunen eines Saint-Just, der zur Armee delegiert wurde. Allerdings vertrat der junge Revolutionär eine Sache, während Lawrence die Beweggründe seines Handelns einzig und allein in seiner intimen Fiktion suchte. Dort fand er sie nur, indem er sich selbst und die anderen mystifizierte. Vielleicht hätte er im Jahre 1919 einen anderen Weg eingeschlagen, wenn ihn der tosende Ruhm nicht überwältigt und so gezwungen hätte, einen Triumph zu verkörpern und sich auf der Höhe seines kriegerischen Ruhms zu halten. Ein staatliches Amt, selbst ein hohes, hätte ihn einer Hierarchie, einer Laufbahn eingefügt. In der Wüste aber hatte er sich über jede Hierarchie erhaben gefühlt, und es gelang ihm auch später, außerhalb zu bleiben. Man hat *The Mint* schlecht gelesen, wenn man darin nicht das Bild eines Gottes gefunden hat, der aus eigenem Willen erniedrigt und gekreuzigt ward. Dieses Motiv aber findet sich bei Geisteskranken, vor allem in der schrecklichen Phase der Depression, die auf die manische Erregung folgt.

Nein, ich kann bei Lawrence keine metaphysische Lehre finden, außer jener, die ein jeder von uns für die Deutung eines Schicksals braucht, das er als einzigartig hervorhebt.

Somit bleibt das beunruhigende, historische Phänomen seiner Legende.

Zwischen dem Ruhm Napoleons und jenem Victor Hugos besteht gleichsam eine unterirdische Beziehung. Der Ruhm des Dichters bildet die Entgegnung auf den Ruhm des Kaisers – er ist die stolze Reue. Es war natürlich unerläßlich, daß auch der Dichter zum tatkräftigen Menschen, zu einer Quelle der nationalen Energie wurde. Ebenso unerläßlich war es überdies, da er gegenüber der Macht den Geist verkörperte, der leidet, bevor er triumphiert. (Chateaubriand hatte diese Stellung für sich selbst ausersehen, und die *Mémoires d'outre-tombe* sollten sie ihm einbringen. Doch wenn diese auch gewisse Legenden zerstört haben, so haben sie doch keine neuen geschaffen ...)

Wer könnte sagen, ob sich die Menschheit nach dem

großen Krieg ihrer selbst, ihrer militärischen Begeisterung und ihres mörderischen Hasses geschämt hat? Tatsache ist, daß die Überlebenden sowohl die Begeisterung als auch den Haß schnell vergaßen, schneller, als die Holzkreuze auf den Friedhöfen verfaulten. Die Begeisterung der Zeitungsleser wandte sich bald darauf namentlich drei Gestalten zu, den am wenigsten heroischen, die zu finden waren, nämlich Chaplin, Einstein und Freud. Die Legende Chaplins bedarf keiner Erklärung, da sie für jedermann verständlich ist. Aber Einstein? Man wollte zwar gerne glauben, daß seine Theorie von großer Bedeutung sei, doch verstand man sie nicht. Dieser friedliche Mensch, dem es an Einflußmöglichkeiten zu fehlen schien, verdrängte die Marschälle sehr bald aus dem Gedächtnis der Menschen. Die Theorie Sigmund Freuds verstand man zwar nicht viel besser, doch fühlte man, daß seine Entdekkungen es rechtfertigten, nicht länger an die Unfehlbarkeit der Autoritäten zu glauben.

Die ungeheure Bewunderung, die diesen beiden Gelehrten zuteil wurde, unterschied sich grundlegend von jener, die man zum Beispiel für Edison empfand – dadurch nämlich, daß man die Nützlichkeit ihrer Arbeit nicht wahrzunehmen vermochte. Der Triumph, den sie ohne Schlacht und ohne Macht errangen, bestärkte die Zeitungsleser in ihrer seligen Anbetung, die nichts anderes war als eine unbewußte Reue.

In Wirklichkeit gibt es zwei Legenden von Lawrence; die erste macht aus ihm einen Napoleon, die zweite einen byronisch schillernden Victor Hugo. Wenn Aldington nur die erste angegriffen hätte, nämlich jene des kriegerischen Triumphes, die von dem Amerikaner Lowell Thomas aufgezogen wurde und die ausschließlich britisch ist, wäre es ihm wahrscheinlich gelungen, sie wesentlich zu schwächen. Die andere, die Legende der Reue, würde nicht mehr bestehen, wenn *Die Sieben Säulen der Weisheit* ein so schlechtes Buch wäre, wie Aldington glaubt. Und sie wäre erst recht erloschen, wenn Lawrence, statt Soldat zu werden, eine Laufbahn im *Colonial Office* eingeschlagen hätte, wenn er General einer Division oder High Comissioner in Ägypten geworden wäre. Die Begeisterung hätte bald nachgelassen und seine Erfolge im privaten Leben hätten ihn nur unzähligen anderen gleichgestellt. Das Heldentum mußte zuerst ironisch, dann reuevoll werden, mußte sich zunächst verleugnen und erniedrigen, bevor es (mit Hilfe einer großen Publizität) esoterisch werden konnte, um dann ungezählte Intellektuelle so weit zu verführen, daß sie eine teilweise gelebte Fiktion mit einer inkarnierten Metaphysik verwechselten.

Gewiß kennzeichnet diese Verwirrung eine Situation – die falsche Situation vieler Intellektueller unserer Zeit. Das aktive Handeln zieht sie an, doch nehmen sie nicht daran teil; oder wenn sie daran teilnehmen, machen sie aus ihrer Sache einen Mythos. Sie haben zwar gelernt, daß die Tat nicht identisch ist mit dem Menschen, doch glauben sie noch immer an die Dauerhaftigkeit von Helden. Sie wünschen, die sozialen Gegebenheiten zu »transzendieren«, doch vermeiden sie es, diese vorerst zu erfassen.

Es ist diese falsche Situation, welche die zweite Lawrence-Legende am Leben erhält, die ihrerseits das Ergebnis einer falschen Situation ist. Die Intellektuellen werden auf sie verzichten, wenn sie der Mystifikationen, die ihnen schmeicheln, nicht länger bedürfen.

Juli 1955

II.

Der Mensch und seine Taten

»Schau ihm nicht aufs Maul, schau ihm auf die Faust« – dieses oft zitierte Wort entspricht einer Forderung des gesunden Menschenverstandes. Wir alle glauben, daß das Wesen des Menschen sich nur in seinen Taten *eindeutig* ausdrückt und viel seltener in anderen Äußerungs- und Erscheinungsformen. Jeder weiß, daß man Worte ebensooft dazu verwendet, Gedanken und Gefühle zu verhüllen, wie um sie zu offenbaren. Jeder glaubt und verhält sich so, als ob es gleichsam eine prädestinierte Harmonie gäbe, in der Sein und Handeln miteinander unlösbar verbunden bleiben.

Der geheime Bruch dieser Harmonie ist der dramatische Ausgangspunkt der altgewohnten Kriminalromane. Insbesondere die berühmten englischen Autoren dieser literarischen Abart, Conan Doyle zum Beispiel, der Vater des unfehlbaren Sherlock Holmes, bezogen ihre Themen aus dem Sachverhalt, daß manche Menschen wesensmäßig sozusagen zweigleisig und deshalb imstande sind, ein Doppelleben zu führen und in jeder der zwei moralisch entgegengesetzten Existenzen gleichermaßen echt zu erscheinen. Deshalb gelingt es ihnen, keinen Verdacht zu erwecken, ehe endlich ein Sherlock Holmes sie durchschaut. Der Leser von Prozeßberichten hat immer wieder den Eindruck, daß das Verbrechen etwas Rätselhaftes, die Explosion einer unahnbaren, brisanten Materie ist. Richter, Advokaten, Sachverständige aller Art suchen im Vorleben des Täters nach Ereignissen, Vorgängen, Situationen, die wenn nicht rechtfertigen, so doch erklären könnten, warum er fähig war, die Tat zu begehen, die ihm niemand zugetraut hätte. Das nicht immer unverdächtige Schnüffeln im Vorleben des Angeklagten, das hemmungslose Geschwätz von Zeugen, die retroaktiv gewußt haben wollen, was sie tatsächlich nie geahnt hatten, psychiatrische Gutachten, die gar zu oft voller Widersprüche sind – all das bringt am Ende eine wenig befriedigende Erklärung zustande. Im Grunde bleibt oft ungeklärt, warum gerade dieser Mensch ein Verbrechen dieser Art begehen konnte. Unschwer lassen sich nämlich im Leben eines jeden fast all jene Elemente finden, aus denen man, gleichsam rückwärts prophezeiend, erklären will, daß die Tat durch den Charakter, die Lebensweise und die persönlichen Beziehungen des Delinquenten im voraus bestimmt, wenn nicht gar unvermeidlich gewesen wäre. Wir alle frönen solch billigem Determinismus, weil wir es nicht ertragen, die Einheit der Person gefährdet zu sehen. Denn jeder braucht die Gewißheit, mit sich selbst identisch, kongruent und stets derselbe zu sein: unwandelbar und unverwechselbar.

Ist daher das seiner selbst bewußte Sein das beruhigende Bewußtsein der unversehrbaren Identität der Person, so ruft die aufregende Frage nach ihrer Beziehung zu der eigenen Tat Zweifel daran hervor, ob sie *stets*, ob sie *nur* im Einklang mit sich selbst handeln kann.

Nicht nur die Sachverständigen müssen auf irgendeine Weise damit fertig werden, daß es zum Beispiel einen flagranten Widerspruch gibt zwischen dem vierzigjährigen Leben eines harmlosen Menschen und der Untat, die er zur Überraschung aller in einem einzigen Augenblick ausführt. Dieser Augenblick und alles, was er zur Folge hat, macht die vorhergegangenen vierzig Jahre fragwürdig, zuweilen sogar rätselhaft, da man aus ihnen augenscheinlich die Tat keineswegs ableiten kann. So muß sie als ein unerklärliches Geschehen aufgefaßt werden, soll das Vorleben des Täters seinen Sinn, seine Struktur, sozusagen die bis dahin von niemandem angezweifelte Normalität behalten.

Über die Stellung zur eigenen Tat hat man schon immer nachgedacht – häufig in einer tiefen Beunruhigung darüber, daß in uns ein unerkanntes Wesen, ein Dämon hausen könnte, der in einem unbewachten Augenblick die Führung über unsere Sinne und unseren Geist erlangt und sodann für uns, gegen uns handelt.

Mehr als in irgendeiner anderen Epoche bestehen in unserem Jahrhundert triftige, ja tragische Gründe, dieses Problem näher zu erforschen. Denn in dieser unserer Zeit ist es tausendfach, ist es täglich geschehen, daß Menschen ungeheuerliche Missetaten fortgesetzt begingen – etwa so wie man seinem Beruf nachgeht, ohne an sich selbst irre zu werden oder an Geltung zu verlieren. Sie blieben Väter, Gatten, Brüder, Freunde – so gut, so schlecht, wie sie es vorher gewesen waren, besorgt um das Wohlergehen der Ihren, bedrückt durch das Leiden ihrer Nächsten, empfindsam vielleicht für Dichtung und Musik –, all das blieben sie und waren doch unausgesetzt damit beschäftigt, grauenhafte Schandtaten zu ersinnen, zu organisieren, anzuordnen, auszuführen. Daher bleiben wir, ihre Zeitgenossen, ob wir es wollen oder nicht, mit einem beängstigenden Zerrbild der Menschheit konfrontiert. Wir, wir müssen eine Antwort finden auf die Frage: Gibt es überhaupt eine Grenze des Bösen, die kein Mensch überschreiten kann? Wo gibt es einen Halt im Absturz? Welches sind die Taten, die ein Mensch um keinen Preis begehen würde? Und anderseits: Wie muß ein Charakter beschaffen sein, der der unterdrückenden Macht nicht erliegen und ihrer Verführung zur Untat unbeugsam widerstehen könnte?

Das erste Mal stellte ich mir die Frage über das Verhältnis des Menschen zu seiner Tat in einer Situation, die keineswegs banal war. Ich befand mich in einer Gemeinschaftszelle des Gefängnisses im Berliner Polizeipräsidium; das war im März 1933. Wir waren sogenannte »Schutzhäftlinge«, zumeist von der SA festgenommen und mißhandelt und schließlich der Polizei übergeben. Nun lagen oder standen wir zusammengepfercht in der grotesk überfüllten Zelle, die fortgesetzt Zuwachs aufnehmen mußte. So wurde eines Tages in früher Abendstunde ein blutig geschlagener junger Mann zu uns gebracht, in die Zelle geworfen wie ein willenloses Paket. Man bemühte sich sofort um ihn, wusch ihm das verletzte Gesicht und gab ihm zu trinken. Als er wieder zu sich gekommen war, zeigte er sich zutiefst beunruhigt. Gewiß, seine Lage war unerfreulich wie die der Mitgefangenen. Er und seine Frau hatten in der Nähe ihrer Wohnung Flugzettel verteilt, waren in flagranti ertappt und festgenommen worden.

Da er neben mir lag, wurde ich Zeuge seiner Schlaflosigkeit, seiner quälenden Unruhe. Endlich fand er den Mut, sich auszusprechen. So erfuhr ich, daß das, was ihn so bedrückte, nicht die Angst vor den Folgen seiner politischen Aktion war. Damit hatte er wohl von vornherein gerechnet. Aber er hatte Möbel auf Abzahlung gekauft, und er schuldete nur noch zwei Raten, dann gehörten die Möbel ihm. Er zermarterte sich nun das Hirn darüber, was wohl geschehen würde, wenn er und seine Frau verurteilt und damit außerstande gesetzt würden, die Zahlungen zu leisten. »Du verstehst«, wiederholte er ununterbrochen, »wenn ich nicht zahle, wird die Firma die Möbel wieder zurückholen, und wir verlieren alles, wo wir uns doch das Schlafzimmer und die Nußholzkredenz und die Couch vom Munde abgespart haben.« Dieser Mann war nicht sehr klug, aber auch keineswegs dumm. Er hatte die Gefahr nicht unterschätzt, der er und seine Frau sich aussetzten, als sie mitten in einer belebten Straße Flugzettel verteilten, die schon auf den ersten Blick als illegal erkannt werden konnten. Ohne Zögern hatte er sich darauf eingelassen, getreu der politischen Wahl, die er vorher getroffen hatte. Aber bei alledem hatte er nicht an die Möbel gedacht. Er hatte sie mit den möglichen Folgen seiner Tat gar nicht in Zusammenhang gebracht. Es waren zwei verschiedene Ebenen. Seine revolutionäre Kampfbereitschaft und sein kleinbürgerlicher Traum vom Wohlstand schlossen einander nicht aus, weil sie sich ihm in anderen Bezugssystemen darstellten. Sie berühten einander erst in dem Augenblick, in dem er, endlich den SA-Schlägern entronnen, in der Zelle zu sich kam.

Was aus diesem meinem Pritschennachbarn geworden ist, weiß ich nicht, denn zwei Tage später wurde ich in eine Einzelzelle verlegt. Ich habe keinen meiner Haftgenossen je wiedergesehen. Doch besteht für mich kein Zweifel, daß dieser junge Mann, den keine Drohung und keine Mißhandlung zu einem Treubruch bewegen konnte, nachgegeben und die Genossen verraten haben könnte, die ihm die Flugzettel zur Verteilung übergeben hatten. Hat er das getan, so gewiß nur, um die Möbel nicht zu verlieren. Natürlich ging es da nicht um die Geldsumme. Er hätte sein gefährliches Geheimnis selbst für Millionen nicht preisgegeben, aber der Gedanke, daß ihm die teuer gewordenen Möbel davongetragen werden könnten, dieser Gedanke war ihm so unerträglich, daß er seinethalben den Abscheu vor dem Abfall vergessen haben könnte.

Aus dem Falle dieses Zellenkameraden, an den ich manchmal erinnert werde, kann man eine Lehre ziehen, die bedenkenswert ist. Auch der einfachste Mensch hantiert, mehr oder minder unbewußt, mit verschiedenen Maßstäben, nach denen er jeweils seine

Tat oder Unterlassung richtet – und zumeist so, daß er am Ende gerechtfertigt sei. Diese Maßstäbe, die oft inkommensurabel sind, entsprechen Enklaven unseres Wesens, die – müßte man glauben – voneinander hermetisch abgeschlossen sind. Die individualpsychologisch erweisbare Einheit der Persönlichkeit wird dadurch keineswegs zerstört, aber die Vielheit ihrer Ausdrucks- und Erscheinungsformen tritt um so überraschender, zumeist höchst dramatisch und oft verwirrend zutage.

Es handelt sich wohl um eine Disproportion, die, von außen gesehen, fast immer unfaßbar bleibt. Man weiß, daß im Streit um ein Feld, um einen Sitz, um einen Parkplatz manchmal alle Mittel des tätlichen Angriffs angewendet werden, bis schließlich Mord und Totschlag dem Zwist ein empörend sinnloses Ende setzen. Ein solcher Akt läßt sich nicht durch die Gier nach Besitz erklären, so stark sie auch sein mag. Die Habgierigen sind wohl manchmal geneigt zu fälschen, zu betrügen, zu veruntreuen, aber Akte der Vernichtung begehen sie aus übrigens verständlichen Gründen recht selten. So würde der Mann, der vor Gericht steht, weil er seinen Kollegen auf dem Arbeitsplatz im Streit um ein Paket Zigaretten umgebracht hat, schwören können, daß er niemandem um irgendeines Besitzes willen auch nur ein Haar krümmen würde. Also war das Streitobjekt bedeutungslos, nur ein Vorwand in einem Persönlichkeitskampf, dessen wahre Motive gewöhnlich dem einen wie dem anderen unbewußt geblieben sind. Wenn die gewöhnlich funktionierenden, die Impulse kontrollierenden Bedenken wegfallen, ist der Gewalt unbeschränkter Spielraum gewährt.

Und eben darum sollte man sich vor allem bemühen, den Weg zu erforschen, der zur Gewalttat führt. Handwerker, Arbeiter, Gärtner, Bauern, Buchhalter, Ingenieure, Ärzte, Advokaten – mit einem Wort, Menschen von Berufen, deren Ausübung mit keinerlei Gewalt verbunden ist – haben sich zu Tausenden, zu Zehntausenden bereit gefunden, gleichsam routinemäßig, wehrlose Gefangene zu erniedrigen, zu foltern und schließlich ohne die geringsten Skrupel zu töten. Gab es Elemente in ihrem Vorleben, welche lange vorher darauf hingedeutet hatten, daß im Falle einer der Unmenschlichkeit günstigen Konjunktur diese Nachtseite ihres Wesens sich fürchterlich offenbaren werde? Es besteht umso mehr Grund, all dem nachzuforschen, als diese gebieterischen Schergen, die selbstherrlichen Wüteriche der Gettos und der Konzentrationslager, sobald alles vorbei war, heimgekehrt sind zu Frau und Kind, in ihre Bäckereien und Gastbetriebe, in ihre Läden und Büros – als ob nichts geschehen wäre. Und daß das Leben, das sie seither führen, nicht ahnen läßt, was sie während mehrerer Jahre täglich an Missetaten verübt haben. Es gibt also Vergnügungsreisen in die Hölle mit Rückfahrkarte; man kann also trockenen Fußes im Blute jener waten, die man vernichtet hat. Und es gibt, wenn nicht ein totales Vergessen, so doch – wie soll ich sagen – die überaus befriedigende Desaktualisierung eines verbrecherischen Tuns, das Jahre gedauert hat. Ist das denkbar? Und wenn dem so ist, was ist die Menschheit wert? Und was ist Menschlichkeit?

Wieder möchte ich ein Erlebnis, eine Begegnung erwähnen. Sie fand Mitte Januar 1946 im Land Baden statt. An diesem Wintermorgen wohnte ich der letzten Verhandlung des Prozesses bei, in dem das französische Militärtribunal von Rastatt die Verbrechen von etwa 25 Konzentrationslager-Wächtern richtete. Diese, alle in Zivil, hatten mehrere Monate Gefängnis hinter sich. Das sah man ihren Gesichtern nicht ohne weiteres an, denn sie waren geschminkt, sozusagen für die Kamera zurechtgemacht worden, Operateure waren gekommen, um die Urteilsfällung für die Wochenschau aufzunehmen.

Einige Stunden lang saß ich ganz nahe neben diesen Männern, die nachgewiesenermaßen während mehrerer Jahre tagtäglich grauenhafte Taten verübt hatten. Sie hatten wohl selten in einer unbeherrschten Aufwallung gehandelt; die Grausamkeit hatte zu ihrem Tagewerk gehört. Vergebens bemühte ich mich wegzusehen, aber ich konnte den Blick von ihren Gesichtern, die so armselig und nichtssagend waren, nicht abwenden. Die rote Kreide machte ihre Züge im Lichte der Jupiterlampen weder schöner noch grausamer: Die grelle Beleuchtung verlieh der Erbärmlichkeit nur eine absonderliche Plastizität. Jeder, der selbst Häftling gewesen ist, weiß, daß lange Haft den Gesichtsausdruck vorübergehend entstellt, so daß es dann fast unmöglich wird, nicht auszusehen, als verdiente man sein Los, als wäre man eben dafür geboren worden.

Nein, ich entdeckte keine verbrecherischen Züge in diesen ausnahmslos gewöhnlichen, nicht selten vulgären, doch ansonsten durchaus unauffälligen Gesichtern. Wäre ich diesen Leuten draußen, in der Bahn, in einem Wirtshaus, auf einem Sportplatz begegnet, ich wäre an ihnen achtlos vorübergegangen, wie dies täglich ununterbrochen geschieht.

Doch waren diese Männer keine gleichgültigen Passanten, sondern typische Unholde unserer Zeit, Unholde im Scheinwerferlicht der Filmleute, die der Welt zeigen wollten, wie das aussieht: ein Ausrotter, ein Herr und Gebieter über ihres Menschenrechts beraubte, zu Tode gequälte Lagerhäftlinge.

Es stand fest, daß viele, wenn nicht gar die meisten dieser Angeklagten zum Tode verurteilt und nach wenigen Tagen hingerichtet werden würden. Ich will hier nicht von meinen Gefühlen sprechen. Es war nicht das erste Mal, daß sich mir die Erkenntnis aufdrängte, daß der besiegte Feind dem drohenden, gestern noch triumphierenden Feinde so wenig ähnlich sieht, daß man zögert, den einen für den anderen, das heißt, ihn für sich selbst verantwortlich zu machen. Und das Unheil, das diese Männer, ihre Führer und ihre zahllosen stillen Komplizen über die Welt gebracht hatten, schien mir selbst damals, nur wenige Monate nach dem Ende der fünfeinhalbjährigen Katastrophe, unsühnbar. Und ich wußte, daß es nach einer solchen Sintflut von Blut, nach einem solchen Aufruhr von Unmenschlichkeit keine Rache und keine Vergeltung geben kann. Daher blickte ich in diese Gesichter ohne jede Rachsucht und nur mit einem unendlichen Staunen und Schaudern darüber, daß in dem Leben solch unansehnlicher Geschöpfe Taten von überdimensionaler Bösartigkeit jahrelang den Tageslauf und den bezahlten Dienst bestimmen konnten.

Als Psychologe hatte ich es mir angewöhnt, jeden Menschen so zu betrachten, als ob ich er sein könnte und er ich, als ob ich seine Taten hätte verüben können, so abscheulich diese auch wären. Ob ich solche Betrachtung auch diesmal noch zustande brächte – das fragte ich mich während jener Minuten, in denen die uniformierten Richter sich anschickten, im Tonfall der Gleichgültigkeit ein Todesurteil nach dem andern zu verkünden. Seit jenem Januarmorgen, von dem mich so viele Jahre trennen, habe ich nicht aufgehört, diese experimentelle Identifizierung immer aufs neue zu versuchen – in dem rastlosen Bemühen, endlich zum vollen Verständnis dessen zu gelangen, was uns, *uns allen* in diesem Jahrhundert zugestoßen ist. Man muß den Täter von der Tat aus betrachten, und man muß die Tat in einen Gesamtzusammenhang hineinstellen, in dem die zeitgenössische gesellschaftliche

Entwicklung – die unsere – das Werden des Täters und schließlich seine Umweltsituation miteinander untrennbar verschränkt sind.

Vergleichsweise sind die Vergehen des Berufsverbrechers viel leichter faßbar, schon deshalb, weil sie in ihrer Bedingtheit beschränkter sind. Die Kriminologie und die Psychiatrie erklären in mehr oder minder überzeugender Weise, warum und wieso jemand zum Berufsverbrecher wird, der gleichsam gewissenstaub und gefühlsarm ist. Diese psychischen Defekte bezeichnete man seinerzeit gern als »moral insanity«. Darunter verstand man die vermutlich unheilbare Unfähigkeit des Kriminellen, der Verlockung des Verbrechens zu widerstehen und die eigenen Taten im Sinne irgendeines Sittengesetzes oder einer Forderung der Gemeinschaft kritisch zu betrachten. Somit wäre der Berufsverbrecher außerstande, sein Dasein zu fristen, ohne immer wieder Gesetze zu übertreten. Aber die Gewalttat, von der wir bisher gesprochen haben, hat nichts mit »moral insanity« und dem Berufsverbrechen zu tun, sondern mit einer überindividuellen Gegebenheit, nämlich mit einer sozialen und politischen Konjunktur. So macht ein Krieg zum Beispiel aus jedem Soldaten potentiell einen Mörder oder, um dieses zu starke Wort zu vermeiden, einen Menschenjäger.

Millionen Männer haben in beiden Weltkriegen während vieler Stunden, Tage, Monate nur Akte der Vernichtung geplant und vollzogen. Jeder weiß, daß, von seltensten Ausnahmen abgesehen, Soldaten keine Gewissensbisse haben, wenn sie befehlsgemäß auf Menschen schießen, Felder und Wälder vernichten, Häuser, ja ganze Städte dem Erdboden gleichmachen und alles verwüsten, was anderen das Leben ermöglicht. Müßte man nicht einen Zusammenhang herstellen zwischen den Schergen der Konzentrations- und Ausrottungslager einerseits und den Menschenjägern und Zerstörern anderseits, in die anständige Menschen auf Grund der Gesetze ihrer respektiven Vaterländer verwandelt werden von einem Tag zum anderen? Denn auch dies ist in unserem Jahrhundert geschehen, häufiger, massenhafter als irgendwann vorher. Gewiß, Kriege hat es immer gegeben, und sie sind von den Menschen so akzeptiert worden wie der Hagel vom Bauern; und es mag darüber hinaus eine rein psychologische Erklärung dafür geben, daß die mit dem Krieg einhergehende Zerstörung, beispielsweise die Bombardierung einer Stadt, das Gewissen des Fliegers viel weniger belastet als der mit einem Dolch verübte Totschlag einen Raufbold. Durch die Nähe des Täters zum Opfer, durch ihre körperliche Berührung, wird der Akt ein persönlicher und entspricht in einem gewissen Sinne dem archetypischen Brudermord Kains. Aber der Bombenabwurf oder der Artilleriebeschuß oder das gegen die anstürmenden Feinde gerichtete Kreuzfeuer bewahrt einen anonymen und damit unpersönlichen Charakter.

Diese Unterscheidung ist zwar begründet, aber vergessen wir nicht, es gibt das Nahgefecht, den Sturmangriff und schließlich das Handgemenge, in dem Mann gegen Mann ums Leben kämpft. Dieser Sachverhalt ergibt eine Beruhigung für das Gewissen, denn in dieser Situation darf jeder Soldat denken, daß er in Notwehr handelt, daß er töten muß, ehe sein Gegner ihn umbringt. Die Rechtfertigung durch die Notwehr hat bei der Auslösung von Kriegen und in der Kriegspropaganda eben deshalb stets eine große Rolle gespielt. Man bemühte sich, dem eigenen Volk ein Gefühl der moralischen Überlegenheit zu verschaffen, indem man ihm als Gewißheit vorspiegelte, daß es, von einem bösartigen Feind gezwungen, nur in Notwehr zur Waffe griff.

Es ist wahrscheinlich, daß fast *jede* spontane

Gewalttat auch durch das Gefühl ausgelöst wird, in Notwehr zu handeln, handeln zu müssen, das heißt durch eine mehr oder minder bewußte, zumeist nicht gestehbare Angst. So ist zum Beispiel der Sadismus innerhalb und außerhalb des eigentlichen sexuellen Bereiches ganz fraglos das Ergebnis einer unzähmbaren Angst davor, des eigenen Willens beraubt, vergewaltigt und schließlich vernichtet zu werden. Diese Angst geht mit einer totalen oder partiellen Impotenz einher, mit der Unfähigkeit, zu lieben oder die Liebe anders als durch Unterdrückung und Erniedrigung des Partners auszudrücken.

Es mag aber sein, daß weder die Psychologie noch die Psychopathologie ausreicht, die Taten zu erklären, von denen wir hier sprechen, weil sie vor einem Problem versagen müssen, das im wesentlichen nicht psychologisch, sondern philosophisch ist. Denn man darf doch wohl behaupten, daß der Kern des Problems, der das Verhältnis des Menschen zu seiner eigenen Tat betrifft, dadurch bestimmt ist, daß die Tat *niemals nur so weit wirkt*, als der Täter beabsichtigt oder vorherzusehen vermag. Es gibt eine zuweilen unheilvolle Diskrepanz zwischen dem Zweck, dem die Tat dienen soll, und den durchaus zweckfremden, zumeist unberechenbaren und jedenfalls unberechneten Wirkungen, die sie herbeiführt. Diese mag man unter dem Gesichtspunkt der Zielstrebigkeit des Handelnden als Nebenwirkungen ansehen. Sie werden aber häufig zu den Hauptwirkungen, da sie in ihren Folgen maßlos sein können. Mit diesem Kernproblem verbindet sich tatsächlich das Schicksalhafte jeder Tragödie. Es gäbe nämlich das Tragische nicht, wenn es diese Zielentfremdung der in ihren Folgen *verselbständigten* Tat nicht gäbe.

Doch betrachten wir zuvor die durchaus triviale,

aber wegen ihrer Folgen fatale Handlung einer Hausfrau, die durch eine unachtsame Bewegung einen schweren Gegenstand vom Fenstersims gerade in dem Augenblick stößt, da ein Kind vorbeikommt, das tödlich getroffen zusammenbricht. Was ist eine solche Tat? Ohne die durch eine unvorhergesehene Koinzidenz herbeigeführte tödliche Wirkung, nichts als eine unachtsame Handbewegung, die gewöhnlich nur Sachschaden zur Folge hat. Ihr tödlicher Effekt, den der sogenannte Zufall erzwingt, hat mit dem Wesen der Täterin, ihren Absichten und schließlich mit ihrer Lebensweise nichts zu tun. In diesem Falle ist sie selbst nicht weniger Objekt als ihr Opfer.

Nun, in der Tragödie, die die Schicksalhaftigkeit unseres Tuns kondensiert und dramatisiert, ist der Vorgang ganz anders und daher ungleich aufschlußreicher, denn in ihr wird die Warnung früh genug, lange bevor die Tat vollbracht ist, ausgesprochen und häufig wiederholt. Jeden erreicht die Botschaft, daß Furchtbares geschehen wird, daß aber das Geschick noch abgewendet werden könnte. Doch die Warnungen bleiben entweder ohne Wirkung oder drängen, wenn sie ernst genommen werden, die Bedrohten dazu, gerade jene Taten zu begehen, die sie um jeden Preis hätten vermeiden müssen. König Laios wird davor gewarnt, daß ihn sein eigener Sohn umbringen wird. Daher will er das männliche Kind, das ihm geboren wird, töten lassen, überzeugt davon, daß er nur so dem prophezeiten Schicksal entgehen könne. Doch eben dadurch ermöglicht er die Geschehnisse, die später seinen Tod herbeiführen. Ödipus tötet Laios, in dem er keineswegs den eigenen Vater erkennen kann. Die Warnung vor dem Geschick nützt dem Bedrohten nicht, denn sie öffnet ihm nicht die Augen für die Reichweite der Handlungen, mit denen er dem drohenden Schicksal entrinnen will. Das Bewußtsein verblendet ihn, so daß er genau das Gegenteil dessen tut, was er tun müßte. Nie hätte Ödipus seinen Vater getötet, hätte er ihn gekannt, nie seine Mutter geheiratet, hätte sie nicht willkürlich das Band mit dem eigenen Kind zerrissen und sich der Mütterlichkeit verweigert. So offenbart jede wahre Tragödie unsere Selbstentfremdung durch die Zweckentfremdung unserer Taten und damit die schicksalhafte Inkongruenz zwischen Absicht und Ergebnis.

Mein Lehrer Alfred Adler, der Begründer der Individualpsychologie, machte sich gern über jene Kritiker lustig, die Hamlet seine »zögernde Attitüde« vorwarfen. Adler sagte: »Ich möchte gerne einen Theaterkritiker sehen, der mir nichts, dir nichts seinen Onkel umbringt und die eigene Mutter ins Unglück stürzt.« Mit dieser scherzhaften Bemerkung lehnte er auch jene scheinbar tiefe, in Wirklichkeit aber überaus flache Ausdeutung der Shakespeare-Tragödie ab, dergemäß das Verhalten des jungen Prinzen auf seine inzestuöse Bindung an seine Mutter und auf den Ödipuskomplex gegenüber dem Onkel zurückzuführen wäre. Das Beispiel macht es wieder deutlich, wie sehr die Psychologie irreführen kann, wenn sie einen fundamentalen philosophischen Sachverhalt auf die psychischen Unfälle der Kindheit zurückzuführen sucht. Hamlets Zögern ist dem philosophischen Geiste gemäß, dem offenbar ist, daß die Tat sich nicht isolieren läßt, daß sie Ungewolltes, Unvorhersehbares mit sich bringen kann – kurz, daß der Täter über sie keine Gewalt mehr hat, sobald er sie vollbracht hat. Sie verleugnet ihn und seine Ziele, entfernt sich von ihm und zieht immer weitere Kreise. So gleicht der Täter einem Menschen, der, um in der Finsternis seinen Weg zu finden, ein Licht anzündet, das Explosionen hervorruft, deren Ende er nicht mehr erleben wird. Solche Einsicht bewirkte Hamlets Scheu und nicht die von Nietzsche so genannte »zögernde Attitüde«. Und Hamlet hatte recht. Nicht nur der schuldige König mußte sterben, sondern die unschuldige Ophelia und er selbst und Laertes und so viele andere, deren Tod er keineswegs gewollt hätte. Die erschreckende Disproportion zwischen der erwähnten unachtsamen Bewegung einer Hausfrau und dem Tod, den sie herbeiführt – diese Disproportion bedroht uns alle in unserem Tun. Doch wenn wir dessen stets bewußt wären und uns danach richten wollten, so würden wir damit zwar einer Gefahr entrinnen, jedoch nur um einer andern, nicht weniger bedrohlichen, zum Opfer zu fallen: Wir würden vor *jedem* Handeln zurückschrecken. Wir kämen zu einem Stillstand, der unsere Existenz gefährden und ihres Sinnes berauben würde.

Das ist der eine Aspekt, der tragische und zuweilen auch komische, den das Auseinanderklaffen von Absicht und Ergebnis, von Tat und Wirkung hervorruft. Es gibt aber auch einen anderen Aspekt, ohne den die Geschichte der Menschheit sich ganz anders gestalten würde, ohne den die Auffassungen von der Rolle der Hauptakteure, der Hegelschen »weltgeschichtlichen Individuen« kaum bestehen könnten. Es handelt sich also in fast allen Lebensbeschreibungen erfolgreicher Männer um die unermüdlich praktizierte Umdeutung der Sachverhalte im Sinne einer postulierten Kongruenz von Absicht und Ergebnis, die in Wirklichkeit selten – um nicht zu sagen: nie – erreicht wird.

In allen solchen Fällen wird eine, wenn man so sagen darf, *systematische Magnifizierung* betrieben, eine Vergrößerung durch Multiplikation. Es wird je danach ein größerer oder geringerer Koeffizient verwandt, um die welthistorische Persönlichkeit oder eine mindere Berühmtheit zu magnifizieren. In jedem Fall verfälscht man damit die Perspektiven und verdeckt die Disproportion. Der Franzose sagt, daß man nur dem Reichen borgt. Und nur dem, der bereits Ansehen genießt, wird jene verdummende Publizität zuteil, dank der zum Beispiel auch klug redigierte Zeitungen völlig belanglose Bemerkungen und Gesten von Politikern, Filmstars und sonstigen vorübergehend berühmten Figuren dienstfertig ihren Lesern servieren.

Wir haben es in der Tat mit einer doppelten Disproportion zu tun. Einerseits bleiben wir außerstande, die möglichen Wirkungen selbst banaler Handlungen bis in ihre letzten Ergebnisse vorauszusehen, geschweige denn sie zu verhindern; anderseits neigen wir dazu, die Tat maßlos vergrößert zu sehen, wenn sie von einem Menschen ausgeführt wird, der aus irgendeinem Grunde bedeutend erscheint. Häufig wendet man diesen Verfälschungsprozeß sogar rückwirkend an. Das tun jene besonders beliebten, schlechten Biographen, die alle Züge der späteren Größe bereits in der Kindheit ihrer Helden entdecken.

Sind wir also unfähig, die anscheinend eindeutigste unserer Wesensäußerungen: die *Tat* richtig zu beurteilen? Sind wir verurteilt, unserem eigenen Tun gegenüber naiv-vertrauensselig zu bleiben, wenn wir nicht durch Hamlets Zweifel daran gehindert werden wollen, überhaupt zu handeln? Wenn diese Fragen selbst dort am Platze sind, wo es sich nur um alltägliche Akte handelt, die wir innerhalb der Familie, bei der Berufsausübung und im Freundeskreis, also in dem gleichsam gemäßigten Klima des geordneten Alltags ausführen – wie problematisch wird uns unser eigenes Handeln erst, sobald wir einsehen müssen, daß nicht nur seine späteren Auswirkungen uns fremd bleiben können, sondern daß wir uns zuweilen durch unsere Taten selbst entfremden können. Wir entdecken handelnd, daß wir nicht oder nicht nur das sind, was wir zu sein glaubten, weil wir plötzlich in uns Züge eines Wesens entdecken, die uns bis zu diesem Augenblick unbekannt geblieben sind. Das gilt nicht nur für die stupende Selbstentfremdung von Jähzornigen, die sich in ihren Handlungen überhaupt nicht wiedererkennen, sondern auch für Verhaltensweisen, die zuerst völlig harmlos und unwesentlich erscheinen und unter bestimmten Umständen immer mehr an Bedeutung gewinnen und schließlich während einer kürzeren oder längeren Zeit unsere Lebensweise bestimmen. Sie drängen uns in eine Richtung, die wir niemals einschlagen würden, wären wir fähig, den Endpunkt vorauszusehen. Es handelt sich da um eine *individuelle Wandlung* als ein *Massenphänomen*, welches in diesem Jahrhundert besonders häufig geworden ist, aber auch in früheren Zeiten, zum Beispiel anläßlich von Religionskriegen, aufgetaucht ist.

Zahllose Menschen schlossen sich Bewegungen an, die von ihnen zuerst nichts anderes als die Zustimmung zu einer allgemein politischen oder nur verschwommenen Weltauffassung verlangten. Die meisten glaubten, daß ihre Stellungnahme mehr oder minder folgenlos bleiben würde. Zwar war man fortab bereit, für die Partei zu stimmen und ihren Rednern lauten Beifall zu spenden, aber das geschah am Rande des Privatlebens, und man glaubte, dabei würde es bleiben. Der politische Rummel brachte eine willkommene Zerstreuung in den Alltag und gab einem das Gefühl, mit vielen anderen, mit einer ganzen Bewegung im Einklang zu sein. Man füllte dann vielleicht einen Fragebogen aus, wurde eingeschriebenes Mitglied und zahlte, jedenfalls am Anfang, recht gern den mäßigen Mitgliedsbeitrag. Dadurch wurden die Beziehungen innerhalb der Familie und des Freundeskreises, im Betrieb oder in den Sommerferien nicht berührt. Aber je schärfer sich die Gegensätze zwischen den konkurrierenden Bewegungen zuspitzten und je wilder der Kampf um die Macht entbrannte, um so tiefer, fordernder drang die Politik in das Privatleben ein. Man konnte sich nicht mehr zurückhalten, sich mit Andersdenkenden auseinanderzusetzen; das endete häufig in Streit und schließlich mit dem Bruch von bis dahin gesicherten, weil seelisch komfortablen Beziehungen. Was da geschah, glich einem Sieg der Logik, der *Logik des Kampfes*, wie die Kommunisten und nach ihnen so viele andere extremistische Bewegungen die unselige Verkettung von Stellungnahmen, Bekenntnissen und schließlich entzweienden Konflikten nannten. Es endete mit dem Sieg des Extremismus in der Politik und im Alltag jedes einzelnen.

Bedenken wir, daß es einen *intimen Extremismus* gibt. Wir erzeugen ihn selber. Er entspricht den Jahreszeiten unseres Lebens und ändert sich mit ihnen. Es gibt den höchst merkwürdigen, noch wenig erforschten Extremismus der Kindheit, der häufig in einer kraftlosen Grausamkeit hervortreten kann. Man kennt den Extremismus der Jugend; er ist der natürlichste und ganz gewiß der sinnvollste. Man wird nicht erwachsen, ohne brutal mit recht vielem zu brechen, woran und wodurch man gewachsen ist. Denn man muß sich in diesen schwierigen Jahren des Werdens sehr weit von den ersten Lehrern entfernen, um die Gewißheit zu erlangen, daß man ohne sie auskommen kann. Man muß die Gußform zerschlagen, die das endlich geformte Werk gefangen hält. Die oft verwirrend leidenschaftlichen Freundschaften junger Menschen sind zuweilen Bündnisse gegen eine Welt, von der man sich nicht ausreichend erkannt, somit verkannt und unterdrückt fühlt.

Die übliche Lebensart der Erwachsenen ist der Bewahrung dieser Freundschaften nicht günstig; die Gründung einer Familie scheint sie überflüssig zu machen, das schon erwähnte gemäßigte Klima des Alltags läßt die Extremismen jeder Art verkümmern; sie werden manchmal durch harmlose Hobbies ersetzt. Der Erwachsene bemüht sich, *stabile* Bedingungen herzustellen, an die er sich durch *psychische Automatismen* anpassen kann.

Im Hinblick auf diesen Sachverhalt darf man behaupten, daß der Krieg in den ersten Wochen, vor allem aber fanatische Bewegungen den Begeisterten etwas bieten, was in einem gewissen Sinne – wie soll ich sagen – wie eine Rejuvenation, wie eine illusionäre Rückkehr zur verlorenen Jugend wirkt. Die festgefügte Schablone der täglich gleichbleibenden Handlungen, Worte und Phrasen, der kaum noch abänderlichen Beziehungen und Gewohnheiten – all das wird gleichsam fraglich, wenn nicht gar plötzlich außer Kurs gesetzt. So herausfordernd es klingen mag: trotz all seiner Grauen bedeutet der Krieg für die Soldaten erst einmal: große Ferien – Ferien vom Alltag, von der Ehe, von der gleichbleibenden, oft eintönigen Berufstätigkeit und die willkommene Flucht aus der ewig gleichen Gasse und dem Haus mit den Nachbarn. Kurz, es ist die Außerkraftsetzung der gesicherten Maßstäbe und der ihnen gemäßen Handlungen und Verhaltensweisen. Der Krieg stabilisiert sozusagen extreme Situationen, die *definitionsgemäß* nicht stabil sein können, und er erzwingt den Extremismus der Tat und – wenn auch nur vorübergehend – den der Gefühle und der Meinungen.

Die fanatischen Massenbewegungen unserer Zeit aber brechen in Situationen ein, die keineswegs extrem sind und verwandeln Alltagsmenschen, vorsichtige Familienväter so gut wie leichtfertige Junge in Extremisten, denen es immer mehr zum Bedürfnis wird, alle abzustoßen, ja zu vernichten, die nicht im vollsten Einklang mit ihnen sind, und umgekehrt sich eins zu fühlen mit all jenen, mit denen sie die grenzenlose Bewunderung für die Führer und die extremen politischen Anschauungen teilen und mit denen sie vor allem die Feinde gemein haben.

Das wäre also der andauernde Einbruch in die Privatsphäre und, in seiner Folge, die Abschaffung der Regel der Loyalität, die gewöhnlich das persönliche Leben beherrscht. Eine vorher kaum gekannte Unordnung macht sich breit, denn was das Individuum fortab zu tun bereit ist, hat nicht mehr viel mit seinen psychischen Automatismen oder allgemeiner mit seinem Vorleben zu tun. Er mag bis dahin anständig gewesen sein, fortan wird er nicht zögern, unanständige, unloyale, ja verräterische Handlungen zu begehen, wenn ihm bescheinigt wird, daß die Sache es erfordert, und – das ist entscheidend – dabei wird sein Gewissen so taub bleiben wie das eines »moral insanity«-Kriminellen. Er wird sich nicht nur nicht entwertet fühlen, sondern umgekehrt, Befriedigung finden in seiner vermeintlichen »Selbsterweiterung«, der Magnifizierung seiner Person und der Gewißheit, eine höhere Bedeutung zu erlangen. Er wird sehr schnell davon überzeugt werden, daß er um so treuer ist, je verräterischer er handelt – etwa gleich jenem Hagen der Nibelungensage, der Kriemhilds und Siegfrieds Vertrauen erschleicht und ihr Geheimnis verrät, um Siegfrieds Ermordung herbeizuführen. Es mag übrigens aufschlußreich sein, daß dieser fragwürdige Held in deutschen Schulbüchern seit eh und je als ein Ausbund der Mannentreue angepriesen wird, weil er für seinen Herrn, Gunther, zu jeder Schandtat bereit war. Durch Verrat bewiesene Treue, also sozusagen *Verrat aus Treue*, das wäre in hohem Maße kennzeichnend für die Haltung, die fanatische Bewegungen von ihren Anhängern fordern. Damit solche Verkehrung der Werte gelinge, müssen die fundamentalen Regeln des Anstands im Verkehr der Menschen miteinander abgeschafft werden.

So kehren wir zu der Frage der Maßstäbe zurück, denen gemäß man bewußt oder unbewußt, wissend oder unwissend, sein Verhalten bestimmt. Dank diesen sozusagen praktizierbaren Kriterien glauben die Menschen, recht genau zu wissen, was gut und was schlecht ist. Sie handeln daher in der Gewißheit, daß es sinnvoller, ja für sie nützlicher ist, eher das Gute als das Schlechte zu tun, eher zu nützen als zu schaden, eher aufzubauen als zu zerstören. Aber in solch gewöhnlichen Situationen ist der Weg deutlich vorgezeichnet; man verläßt ihn nicht ohne besonderen Grund. Man ist nicht auf die Probe gestellt und wünscht nicht, erprobt zu werden. Der einzelne braucht weder seinen Willen zu mobilisieren noch seine Fähigkeit, an etwas zu zweifeln, noch irgendeine Begeisterung. Erst wenn wir in extreme Situationen geraten – durch persönliche Konflikte oder unter dem Druck des Zeitgeschehens –, werden wir wirklich auf die Probe gestellt. Es ist eigentlich eine Glückssache: jene haben Glück gehabt, zu deren Lebenszeit die Umstände sich nur sehr langsam veränderten, so daß nichts geschah, das die Zeitgenossen zwingen konnte, sich über ihre gewöhnlichen Fähigkeiten hinaus zu bewähren oder besonderen Mut im Widerstand sowohl gegen das verführerische wie gegen das erpresserische Übel aufzubringen. Wir aber sprechen hier gleichsam auf den Trümmern ausgebrannter Luftschlösser, als Erben amokläuferischer Utopien – wir behandeln das Problem des Verhältnisses zwischen Mensch und Tat in einer Zeit, in der die extremen Situationen immer wieder und jahrelang für Hunderte Millionen Menschen den Alltag abschafften oder furchtbar veränderten. Und wir haben uns zu fragen, wie sie sich wohl bewährt haben.

Nach welchen Maßstäben soll man urteilen? Wenn man zum Beispiel der Nation ein absolutes Vorrecht zuerkennt, also etwa billigt, daß Recht sein soll, was einem bestimmten, dem eigenen Volke nützt – welche allgemeinen Grundsätze bewahren da noch ihre Geltung? Gar keine! Denn wenn es kein für alle gleichermaßen verbindliches Recht mehr gibt, dann gibt es auch kein Recht mehr für das Individuum, selbst zu beurteilen, was gut oder was schlecht ist, was Treue und was Verrat, was Pflicht und was Freiheit ist.

Alles wird hochgepriesener Dienst. Die Diener aber haben es leicht, denn sie haben keine Zweifel zu überwinden, und nicht an ihnen ist es, ein Ziel zu wählen; sie brauchen ihr Gewissen nicht zu befragen und müssen ihm nicht antworten. Die Dienstfertigen und Knechtseligen brauchen nur zu gehorchen. Sie vollbringen auch die ruchloseste Tat, wenn sie ihnen anbefohlen ist, und zieht man sie später zur Verantwortung, haben sie alle die eine, gleiche Antwort und die gleiche Verantwortungslosigkeit. »Dies wurde uns befohlen«, sagen sie, »und wir haben gehorcht.« – »Das war unser Notstand«, sagen sie, »denn hätten wir den Befehlen zuwidergehandelt, so wären wir selbst zu Opfern geworden.«

Im Zustand der selbstverschuldeten, beglückenden Unmündigkeit haben Zehntausende, haben Ungezählte jahrelang so gehandelt, als ob sie selbstherrlich über Leben und Tod völlig Wehrloser hätten verfügen dürfen. Sie wollten kein Erbarmen kennen, sie verweigerten die Gnade; Erniedrigung, Folterung und Mord, das war ihr Dienst. Wir leben unter ihnen oder sie leben unter uns, und wir tun, als ob all das wie Wasser im Flusse verflossen wäre. Die Untaten sind verwaist: Sie haben keine Täter mehr; es ist, als hätten sie nie welche gehabt.

Unser aller Existenz beruht auf gegenseitigem Vertrauen, das weiß man. Wenn ich auf die Straße gehe, übe ich tausendfältig dies Vertrauen aus. Jeder könnte mich hinterrücks anfallen oder mich mit seinem

Wagen überfahren, verletzen, töten. Aber wir leben vernünftigerweise gemäß der praktisch zur Gewißheit gewordenen Wahrscheinlichkeit, daß niemand ohne ganz besonderen, erkennbaren Grund den Spielregeln unseres Zusammenlebens zuwiderhandeln würde. Es gibt also eine durch das Gemeinschaftsgefühl und das wohlverstandene Interesse bestimmte Selbstbeschränkung, die vielleicht nicht immer unser Tun lenkt, aber ihm bestimmte Grenzen setzt. Zivilisierte Menschen werden daher der Forderung gerecht, sich anderen gegenüber so zu verhalten, wie sie wünschen, daß man sich ihnen gegenüber verhalte.

Doch erst in extremen Situationen wird die Probe aufs Exempel gemacht. Die Tat hört auf, das Wesen des Handelnden und nur dieses widerzuspiegeln; sie macht sich bis zu einem gewissen Grade unabhängig von dem Täter. Sehr häufig beginnt sie sogar, auf ihn selbst zurückzuwirken, ihn zu beherrschen. Wer maßlos gehandelt, etwa einen Mord begangen hat, wird in all seinem Tun von diesem Akt beherrscht sein. Er wird Unmögliches versuchen, um die eigene Spur zu verwischen, zu entfliehen, und er wird dennoch unter der Herrschaft dieser Tat leben müssen. Mit ihr wird seine völlig andere, neue Existenz beginnen.

Zusammenfassend kann man feststellen: *erstens*, daß eine Tat durch ihre Folgen uneinholbar weit über all das hinausreichen kann, was der Täter beabsichtigt oder auch nur vorausgeahnt hat. Das gilt insbesondere für die tragische Tat, die erfolgt, um einer Warnung gehorchend ein Verhängnis abzuwenden. *Zweitens* gibt es die magnifizierte Tat, das heißt jene, die nicht, wie es notwendig ist, im Zusammenhang von Ursachen, Anlässen und Motiven betrachtet wird, sondern im Scheinwerferlicht, in dem der Täter nach einem großen

Erfolg gezeigt wird. *Drittens* gibt es jene Taten, die den extremen Situationen am besten zu entsprechen scheinen, weil sie in ihrer Maßlosigkeit mit keinem Maßstab der Menschlichkeit mehr ermessen werden können.

Diese Taten nun haben die äußerste Vereinsamung des Menschen zur Folge, oder aber sie fördern die Vermassung, die Stärkung einer Art von Spießgesellengemeinschaft, in der ein jeder in des andern Untat Rechtfertigung und Ruhm findet. Doch wäre es verfehlt zu glauben, daß extreme Situationen nur dem Verbrechen und dem Verrat förderlich sind. Wer alle Geschehnisse dieser Zeit mit einigem Abstand und in Berücksichtigung all ihrer Aspekte zu verstehen sucht, muß folgern, daß nicht wenige Menschen sich selbst auch im Guten übertroffen haben: in selbstloser Solidarität, in der unermüdlichen Bereitschaft, einen Verfolgten zu retten, in einer echten Treue zu Ideen, denen zu dienen keine Vorteile, weder Geltung noch Macht einbringen konnte.

Auch das gehört zur extremen Situation, auch dieses Wunder an Menschlichkeit haben wir häufig mitten in den überdimensionalen moralischen Katastrophen unseres Jahrhunderts erlebt.

Man versteht wenig von den Menschen, wenn man verkennt, wessen sie fähig sind, wenn sie die Furcht um sich selbst überwinden. Es ist wahr, sie verkennen es zumeist selber. Das hat damit zu tun, daß die Vorstellung, die sie von sich haben, auch nicht ganz ihnen gehört – manchmal so wenig, wie die maßlose Tat ihnen gehört. Das Ideal, dem man von Kindheit an gleichen möchte, formt man aus einem merkwürdigen, zumeist obskuren Gemenge von frühkindlichen Ängsten und übertriebenen Erwartungen, von uneingestehbaren Ansprüchen an das Leben und von Hoffnungen, die man nur in Sternstunden verwegen auf sich selber setzt; all das in einem Durcheinander von vertrackten, überblendeten Bildern, in denen der Seiende und der Seinsollende zu einem monströsen Wesen zusammenschmelzen, das nicht werden kann und dennoch nicht aufhört, psychisch so zu wirken, als ob es eines Tages Wirklichkeit werden könnte.

Handelt man als der, der man ist, oder als ob man bereits der wäre, der man werden möchte? Oder aber, um zu vermeiden, daß man als der erscheine, der man nicht sein möchte und dennoch befürchtet zu sein? Ist die Tat gesetzt, um den Handelnden gleichsam zu erweitern, seinen Platz in der Wirklichkeit zu vergrößern oder umgekehrt, um den Anschein zu erwecken, daß der Täter durch sie am wahrhaftigsten ausgedrückt wird, indes sie ihn tatsächlich nicht bezeugt, sondern im Gegenteil verheimlicht? Wäre die Tat also nicht auch eine Verstellung, eine zweite projizierte Form des Seins: ein unechtes, unwahres Sein?

Das mag so sein oder auch nicht. Denn die Frage der Echtheit ist unendlich schwieriger, als man gemeinhin glaubt, besonders wo es sich um das wahre Wesen des Menschen handelt. Zum Beispiel, was ist eine Pose? Etwas Unechtes, natürlich, eine Gebärde oder eine Handlung, die etwas vorspiegeln will. Aber das stimmt nicht ganz, denn ist die Pose zwar nicht der *unmittelbare* Ausdruck des Charakters des Poseurs, so ist sie ein *mittelbarer* und durchaus authentischer Ausdruck seiner dominierenden Tendenz, das heißt seines Persönlichkeitsideals und seines Lebensstils. Die Vorstellung, die einer von sich selbst erzeugen will, gehört somit genauso zu seinem Charakter wie der Schein zum Sein. Noch mehr: Die durchschaute Lüge verrät mehr über den, der sie ausspricht, als irgendeine der kleinen trivialen Wahrheiten, mit denen wir gewöhnlich die Gespräche über uns selbst vollstopfen. Die Lüge ist ein Produkt der sogenannten *privaten Logik:* Die Lüge ist intim. Die Pose, in der einer glaubt, am besten zu gefallen, ist jene, in der er sich selber am besten gefällt. Täuscht er die anderen, so nur, weil er der eigenen Täuschung erliegt.

Posen sind in erster Linie Nachahmungen bewunderter Haltungen. Ein junger Mensch, den eine Theateraufführung hingerissen hat, widersteht schwer der Versuchung, den Helden, mit dem er sich einen Abend lang identifiziert hat, im Tonfall, in der charakteristischen Geste fast unbewußt zu imitieren. All das gehört ganz natürlich zu den wechselnden Episoden unserer Lehrjahre. Man vergesse nicht: Wir haben jedes Wort von anderen übernommen, ihnen alles abgeguckt, denn wir beginnen, wie Nietzsche sagt, als Kamele, die sich ohne viel Unterscheidungsvermögen alles aufladen, was sie nur antreffen.

Aber es hat Zeiten gegeben, wo die Pose unentbehrlich war, wollte man den ästhetischen Ansprüchen genügen, die die bessere Gesellschaft an die Jugend stellte. Man posierte – und es war nicht immer einfach –, man mußte interessant sein, zum Beispiel leidend und hinfällig aussehen und dergleichen mehr. Außerdem mußte man originelle Einfälle aushecken, sehr gründlich vorbereiten und sodann »improvisieren«. Dazu gehörten die Scherze, die »practical jokes«, wie man das in England nannte, über die sich ernste Leute, zum Beispiel ein Goethe, unglaublich amüsierten, obschon sie häufig schädlich, ja für Unbeteiligte gefährlich sein konnten. Von den sogenannten »Musensöhnen« erwartete man, daß sichtbare Zeichen ihre Berufung verrieten. Europa hat während einiger Jahrzehnte die zur Schau getragene Melancholie als einen Beweis für tiefe Innerlichkeit bewundert, wie man damals gerne sagte. Hat sich das sehr geändert?

Wir erleben es heute täglich, wie die jungen Menschen durch Film und Fernsehen in der Wahl ihrer äußeren Erscheinung beeinflußt werden; um originell zu sein, äffen sie hemmungslos nach. Der Triumph einer Filmschauspielerin hat zur Folge, daß ihre mühsam komponierte Einzigartigkeit in zahllosen Kopien Straßen und Tanzdielen füllt.

Ist die Pose eine Tat? Oder ist sie nur ihr Ersatz? Gerade in unserer Zeit verstärkt sich die Tendenz zu einer kostspieligen Selbsterhöhung, die man als ein *Lügen mit der Wahrheit* bezeichnen könnte. Die sogenannte Massenkultur ruft in bisher benachteiligten Schichten, im Kleinbürgertum und in der Arbeiterschaft, das Bedürfnis hervor, sich mit in die Augen springenden Merkmalen des Wohlstandes, das heißt der anscheinend unbegrenzten *Konsumfreiheit,* auszustatten. Es gibt eine gewisse Entsprechung zwischen der zweckentfremdeten verselbständigten Tat einerseits und der gegenwärtig im Volke vorherrschenden *versklavenden Luxuspose.* Auch diese ist echt, sie entspricht mehr als irgendeine moderne Erscheinung dem meistverbreiteten Glauben an das Glück – dem Glauben an den unaufhaltsamen Aufstieg durch steten Fortschritt. Im Verlaufe einer einzigen Generation hat sich dank diesem Aufstieg der Lebensstil einer wachsenden Zahl von arbeitenden Menschen völlig verändert. Der Besitz des Überflüssigen hat dort, über das traditionelle Prestige des Luxus hinaus, eine Geltung erlangt, die den Gegenständen einen neuen, einen Symbolwert verleiht.

Es hat Gesellschaften des *Seins* gegeben, in denen die Geltung der Person durch die Geburt bestimmt war. Dann folgte die bürgerliche Gesellschaft, die das *Haben* an die Stelle des Seins zu stellen suchte. In der aristokratischen Welt des Seins und der bürgerlichen des Habens wurde die Arbeit als ein Beweis der Armut, des nicht Dazugehörens mehr oder minder offen verachtet. Erst die industrielle Gesellschaft hat das soziale Pathos der Arbeit zu allgemeiner Geltung gebracht und im Namen des Sozialismus, der Werktreue oder des allgemeinen Fortschritts anstelle von Sein und Haben das Tun als Quelle von Wert und Ansehen gewählt. Es ist um so bemerkenswerter, daß dennoch nur die überflüssige Tat, etwa die sportliche des Champions, allgemein bewundert wird, sonst aber nur ein Sein, dessen Glanz durch das auffällige Haben, durch den Luxus des Überflüssigen hervorgehoben wird.

Man hat verstanden: Das Wort *Tat* ist nur scheinbar eindeutig; diese Silbe kann Verschiedenes bedeuten. So ist hier unter anderem von vielen Taten und Missetaten die Rede gewesen, aber nicht von jenem Tun, welches das allgemeinste und zugleich seltsamste, das fruchtbarste und deshalb bedeutsamste ist: von der Liebe, die weit mehr als der Hunger »die Welt zusammenhält«. In ihr äußert sich das Wesen des Menschen zwar auch mannigfaltig und oft posenhaft, aber dennoch am wahrhaftigsten – selbst wenn die Liebenden am Anfang einander so begegnen, als ob sie nur eine »Sonntagsseele« hätten.

Öfter als in extremen Unternehmungen und Situationen versucht der Mensch, in der Liebe den Alltag zu besiegen. Und fast nur die Liebe drängt ihn zu Taten, in denen er sich nicht verlieren muß; erst in ihnen kann er sich entdecken.

1964

Der Attentäter

Vorbemerkung

Zahllose Artikel und viele Bücher sind der Frage gewidmet worden, ob Lee Oswald allein, ja: ob er überhaupt der Mörder John F. Kennedys gewesen sei. Die meisten Autoren haben eine entschieden skeptische, wenn nicht gar feindliche Stellung gegen die Warren-Kommission eingenommen und deren Report, zuweilen mit Hohn und Verachtung, zurückgewiesen. Die Mehrheit von ihnen versuchte, die Leser davon zu überzeugen, daß der in Dallas ermordete Präsident der USA einer Verschwörung zum Opfer gefallen ist.

Obschon ich viele dieser Schriften aufmerksam gelesen habe, sehe ich dennoch keinen Grund, auch nur eine Zeile meines Essays zu verändern. Gewiß, einen absoluten Beweis für Oswalds Schuld gibt es nicht und wird es nie geben. Zweifel sind immer begründet und dem intellektuellen Anstand stets förderlicher als dogmatische Gewißheiten.

Der Attentäter ist nicht geschrieben worden, um irgendeine politische oder juristische These zu erhärten. Es handelte sich für mich im Grunde um eine Frage, die im Mittelpunkt all meiner Erwägungen steht und sich in all meinen Werken wiederfindet; sie betrifft die Beziehung des Menschen zu seiner Tat. Ein etwaiger Beweis, daß Oswald nicht der Attentäter gewesen ist, würde die psychologische Essenz meiner Ausführungen keineswegs entwerten. Allerdings ist von keinem der erwähnten Autoren ein Beweis gegen Oswalds Täterschaft erbracht worden oder auch nur irgendein zwingender Beweis dafür, daß eine Verschwörung tatsächlich vorgelegen hat.

Konspirationen, die Traum, Geschwätz oder Plan geblieben sind und sich durch keine Tat bemerkbar gemacht haben, können im undurchdringlichen Dunkel bleiben und schließlich der Vergessenheit unwiederbringlich anheimfallen. Sonst aber verrät sich jegliche Verschwörung, besonders natürlich in einem Lande, wic cs die USA sind, wo politische Diskretion unbekannt, wahrscheinlich unmöglich ist.

So viele Jahre nach dem Attentat ist das völlige Fehlen von irgendwelchen Spuren einer politischen Konspiration – trotz des Geredes der berufsmäßigen Enthüller – unbestreitbar. Dieser negative Sachverhalt verleiht dem Bericht der Warren-Kommission, der jahrelang mit ungeheurer Heftigkeit angegriffen wurde, ein größeres Gewicht, als er am Tage seiner Veröffentlichung haben konnte.

Auch aus diesem Grunde bleibt dieser Essay, den ich anderthalb Jahre nach Kennedys Tod geschrieben habe, völlig unverändert.

Frühling 1972

1

Bedrohlicher als das sogenannte natürliche Ableben gefährdet der plötzliche Tod die naive futuristische Fiktion, der wir alle Techniken unserer Lebensführung anpassen. Einige Minuten erschüttert, für die Dauer einer schlaflosen Nacht oder sogar während einiger Tage aus der Bahn geworfen, finden wir mühsam zu unserer Gewohnheit zurück, im Schutze jenes Als-ob zu leben, dank dem wir planen und handeln, als ob uns eine ungebrochene Dauer gewiß wäre.

Der gewaltsame Tod eines Wesens, das uns nahegestanden ist, löst bedrängende Fragen aus, die nur die Vergangenheit beantworten könnte, wenn sie nicht vergangen wäre. Und er ruft uns mit quälender Eindringlichkeit in Erinnerung, daß ein einziger, von der Gewalt beherrschter Augenblick alle Dauer zerstören kann: daß ein Tropfen einen Ozean zu verschlingen und zusammen mit ihm sich in jenes Nichts aufzulösen vermag, das unsere beängstigendsten Alpträume umsäumt. Nie werden wir der Versuchung widerstehen, in unserem Geiste den mörderischen Augenblick durch Deutungen und Erklärungen gleichsam zu verlängern, um ihn unserer eigenen Existenz einzuverleiben.

Der häufig traumatische Schock, den der plötzliche Tod hervorruft, scheint auf den ersten Blick im wesentlichen nur eine affektive Reaktion zu sein. In ihr vermengen sich das Mitleid und der Schmerz des Verlierenden, seine Furcht um sich selbst, dazu manchmal auch ein Schuldkomplex, der nach Freuds Auffassung darauf zurückzuführen wäre, daß der Überlebende seit langem unbewußt den Wunsch gehegt hätte, den zu beseitigen, dessen Tod er nun umso lauter beklagen muß. Hinzu kommt natürlich eine Trauer übler Art: Ihre Intensität verrät genau den Grad der uneingestehbaren Genugtuung darüber, daß man mit dem Verblichenen nicht identisch ist. Schließlich kann man auch jene das Lebensgefühl sprunghaft steigernde Erregung entdecken, die mit Katastrophen, mit Siegen und mit unerwarteten Ereignissen, mit glücklichen und mit unheilvollen Überraschungen einhergeht. Selbst der vollendetsten Heuchelei gelänge es nicht, den kindischen Genuß zu verhehlen, den jede Unterbrechung des Alltäglichen jenen verschafft, die um so begieriger das Ungewohnte und Ungewöhnliche herbeisehnen, je mehr sie ihr Leben in automatisierte Gewohnheiten einzwängen müssen.

Neben dem archetypischen Schock, den der Tod eines Achilles oder eines Siegfried auslöst, entdeckt man eine Mischung jener Elemente auch in der Reaktion auf den Mord in Dallas, der fast die gesamte Einwohnerschaft dieses Planeten aufs tiefste bestürzt hat. Aber darüber hinaus gab es auch einen völlig neuen Umstand: Zum ersten Mal seit der Erschaffung der Welt konnten Hunderte von Millionen Menschen dank dem Fernsehen das schicksalhafte Ereignis vor ihren Augen abrollen sehen — »als wäre es ein Stück von ihnen«.

Nie hatte eine solche Unzahl von Menschen einem Attentat beigewohnt, nie mitansehen dürfen, wie der junge Führer der mächtigsten Nation der Erde, gleichsam aus heiterem Himmel tödlich getroffen, zusammenbrach. Doch so wenig der besiegte Feind jemals dem teuflischen Wesen gleicht, das man zu bekämpfen glaubte, so sehr erscheinen die vernichtenden Taten — ein Gewehr abdrücken oder mit einer Handbewegung den Sturz einer Bombe auslösen — als harmlose Gebärden, besonders wenn man sie mit einem Faustschlag, mit dem kräftigen Wurf eines Steins oder gar mit einem Dolchstoß vergleicht.

Auch deshalb fühlten sich die zahllosen Zuschauer durch das armselige Schauspiel enttäuscht, als das sich ihnen das ungeheuere Ereignis darbot. Und sie faßten den Verdacht, in betrügerischer *Absicht* getäuscht worden zu sein. Gar mancher sagte sich: »Zwar hab' ich's mit eigenen Augen gesehen, aber ich glaub's nicht. Denn nicht so ermordet man einen Kennedy. – Und überdies, wer hätte ein Interesse daran, ihn zu beseitigen? Und gerade jetzt? Nein, zwar hab ich's gesehen, aber es ist nicht möglich.«

Eine halbe Stunde nach dem Anschlag war die Nachricht um die Erde gelaufen; jeder rechnete damit, daß viele Stunden, ja Tage verstreichen müßten, ehe es gelingen würde, das Geheimnis zu lüften, das die Hintergründe des Attentats völlig verhüllte. Da der sichtbare, vom Fernsehen immer wieder übertragene Teil des Geschehens enttäuschte und so verwirrte wie etwa die von leidenschaftlichen Gebärden begleitete Rede eines völlig stimmlosen Redners, so war es umso notwendiger, daß das Verbrechen als eine ungeheure Machination, als das Werk einer mächtigen Verschwörerorganisation aufgedeckt und die Namen der geheimen Komplizen und der hochgestellten Förderer an den Tag gebracht würden.

Jedoch ehe der Abend dieses 22. Novembers 1963 angebrochen war, erfuhr man, daß der Attentäter sich durch einen zweiten Mord auffällig gemacht hatte und so entdeckt und verhaftet worden war. Schon verhörte ihn die Polizei von Dallas. Bald danach zeigte sich auf den Bildschirmen ein schmächtiger junger Mann: Lee Harvey Oswald starrte durch die Kamera die Welt mit Staunen an und mit einer Spur von Ironie und – so schien es – mit einem mühsam gebändigten Trotz. Allen fiel es auf, daß ein Auge schwarz umrandet und geschwollen war. Man erklärte dies mit dem Faustschlag eines Polizisten, der den Widerstand Oswalds brechen mußte, als dieser gegen ihn den Revolver hob, mit dem er wenige Minuten vorher einen anderen Polizisten, D. J. Tippit, erschossen hatte.

Der Mordverdächtige blieb im Mittelpunkt des öffentlichen Interesses und zugleich eines reklameartigen Rummels. Vom ersten Augenblick an nämlich wandten sowohl die höheren als auch die subalternen Beamten der Polizei von Dallas die Politik der offenen Türe an, durch die jeder eintreten durfte. Neben Reportern, Photographen, Kameraleuten des Fernsehens und der Wochenschau hielten Gaffer und Nichtstuer das Gebäude ständig besetzt. Jedes Mal, wenn der Häftling mit seiner Eskorte sich durch die kompakte Masse hindurchdrängen mußte, nützte man nach Belieben die Gelegenheit aus, ihn anzusprechen und auszufragen.

Man hat behauptet, daß die Polizei von Dallas allen freien Zulaß gewährte, um solcherart zu beweisen, daß sie absolut nichts zu verbergen hätte. Sie befürchtete nämlich, der Nachlässigkeit beschuldigt zu werden, ja der stillen oder aktiven Komplizenschaft. Überdies fiel ins Gewicht, daß sich aller Beteiligten das schlecht unterdrückte, niemals befriedigte Bedürfnis nach Reklame bemächtigte und frenetisch wurde, jetzt, da sich ihnen diese einzigartige Gelegenheit bot, sich vor zahllosen Millionen Zuschauern zur Geltung zu bringen. Denn sie wußten, daß das Publikum vor den Fernsehschirmen nicht müde wurde, an der Untersuchung teilzunehmen, als ob es unmittelbarer Zeuge wäre. Die Tragödie von Dallas und ihre Folgen ermöglichten den beruflichen Informatoren endlich, ihr höchstes Ziel zu erreichen: nämlich das Ereignis selbst zu übermitteln und nicht nur seine Schatten, nicht nur die Nachricht, die stets nachher, gewöhnlich zu spät kommt.

So waren wir zwei Tage danach alle da, wir waren sozusagen dabei und mittendrin, als Jack Ruby sich auf Oswald stürzte und ihn mit solcher Leichtigkeit niederschoß, als parodierte er die Tat, die er da wirklich verübte.

Ja, vom 22. November an und während der darauffolgenden Tage sahen wir alles, hörten wir alles, was die Männer von der Polizei, was wirkliche und vorgebliche Zeugen, was selbsternannte Fachleute und Journalisten, Politiker, Philosophen und Stripteasegirls uns enthüllen wollten. Die Wirkung der zahllosen widersprüchlichen Mitteilungen war, daß außer der unbestreitbaren Tatsache der drei Morde alles immer nebelhafter, verwirrend und hoffnungslos verworren wurde. Alles schien von nun an möglich, aber nichts war mehr glaubhaft, und der *common sense*, der sogenannte gesunde Menschenverstand, warnte jeden von uns vor der absichtsvollen Irreführung, die uns drohte.

Für den hausbackenen Verstand war die Ermordung des Präsidenten der USA eine politische Tat und nur dies. Vor diesem ungeheuerlichen Verbrechen wog dieser schmächtige Lee Harvey Oswald weniger als eine Flaumfeder: nichts. Er mochte nichts anderes sein als das leicht ersetzbare Rädchen einer riesigen Maschine oder umgekehrt, vielleicht hatte er überhaupt nichts mit dieser ganzen Sache zu tun, dieser frühere Marinefüsilier. Oder er war im Gegenteil vielleicht ein höchst wichtiger Agent des amerikanischen, russischen oder kubanischen Geheimdienstes ...

Obschon das ausgezeichnete Renommee, das unser gesunder Menschenverstand genießt, im Prinzip ungreifbar ist, so darf man doch vorsichtig behaupten, daß er dazu dient, die größten Torheiten und die gefährlichsten Verirrungen immer dann zu rechtfertigen, wenn man ihn dazu mißbraucht, Sachverhalte und Ereignisse aufzuhellen, die keineswegs so rational sind, wie es im allgemeinen wünschenswert wäre. Gleich dem Hahnrei der Komödie bleibt der hausbakkene Verstand zu lange vor der Erkenntnis gefeit, daß die menschliche Natur ihn gewöhnlich schamlos betrügt.

Sobald sich herausstellte, daß Oswald einige Jahre in der Sowjetunion verbracht hatte und daß er von dort mit einer russischen Frau heimgekehrt war, erklärten die Leute von der Rechten, daß sie nun genug wüßten. Das Verbrechen war sozusagen abgestempelt, es war unverkennbar, weil unverwechselbar kommunistisch, sagten sie und fügten hinzu, daß man es rechtens der ganzen Linken anlasten müßte, leider indirekt sogar auch dem Opfer selbst.

Als man einige Stunden später erfuhr, daß der Häftling sich zwei Monate vorher nach Havanna begeben hatte oder es jedenfalls versucht hatte, dorthin zu gelangen, und daß er außerdem in New Orleans der Chef der Ortsgruppe des pro-castristischen Komitees *Fair Play for Cuba* gewesen war, da schienen die Leute von der Rechten wie geblendet von der Erleuchtung: Oswald hatte ohne Zweifel, proklamierten sie, im Dienste Castros gehandelt, um Kennedy für das Ultimatum zu bestrafen, das er im Oktober 1962 an Chruschtschow bezüglich der Bewaffnung Kubas gerichtet hatte. Der Zweck dieses Attentates war also offenbar der, den USA eine pro-castristische Politik aufzuzwingen.

Tatsächlich gab es rechts und links sehr zahlreiche Zeitgenossen, die bis zu diesem 22. November John Fitzgerald Kennedy verabscheut und seine Politik verdammt hatten, die aber nun, angesichts seiner Leiche, entdeckten, daß ihr Herz für ihn blutete. Sie fühlten, daß sie ihn ein Leben lang betrauern würden. Daraus folgerten sie, daß sie ihn wohl immer geliebt hatten. Diese späte Entdeckung flößte ihnen die unerschütterliche Überzeugung ein, daß nur ihre eigenen politischen Gegner den jungen Präsidenten getötet haben konnten.

Selbstverständlich, erklärten die Leute der Linken ihrerseits, ist die angebliche kommunistische Vergangenheit Oswalds ein Beweis dafür, daß das Verbrechen von der Rechten gewollt, methodisch vorbereitet und ausgeführt worden ist: von der negerfeindlichen Reaktion, von der John Birch Society und gewiß auch von jenem American Fact Finding Committee, das am Morgen des Mordtages in die Zeitung *Dallas Morning News* ein infames Kennedy-feindliches Inserat eingerückt hatte. Die in ihm enthaltenen zwölf Fragen an den Präsidenten waren keine Fragen, sondern gemeine Insinuationen und verleumderische Verdächtigungen. Die Leute von der Linken unterstellten daher, daß die Multimillionäre aus Texas, etwa die Eigentümer der Petroleumquellen, und andere steinreiche Männer ihre Hand im bösen Spiel gehabt hatten.

Jedoch dreizehn Monate vorher hatte die procastristische Linke überall in der Welt Kennedy angeklagt, daß er nach dem Vorbild Hitlers handelte und nichts Besseres verdiente, denn als Kriegsverbrecher abgeurteilt zu werden. Jetzt aber, nach dem Attentat, waren und blieben diese Leute die lautesten und beharrlichsten Trauerträger und die hartnäckigsten Vertreter der These, der Präsident der Vereinigten Staaten wäre einer Verschwörung von Rassisten, Anticastristen und Kriegstreibern zum Opfer gefallen.

Keine dieser beiden, übrigens durchaus symmetrischen Deutungen von links und rechts schaltete die Täterschaft Oswalds ganz aus. Er hätte, hieß es, als das Werkzeug einer vielschichtigen Verschwörung und eines teuflisch ersonnenen Komplotts gedient. Die tödlichen Schüsse Jack Rubys kamen sehr gelegen, denn man durfte danach denken, daß sowohl Lee H. Oswald als auch sein Mörder Agenten der gleichen weitverzweigten Organisation gewesen wären.

Alle diese Hypothesen, die tausendfach wiederholt und dem Publikum als unanfechtbare Gewißheiten dargeboten wurden, alle diese Gerüchte, Spekulationen, Insinuationen, Verdächtigungen und Mutmaßungen werden zitiert und widerlegt in dem Kapitel: *Spekulationen und Gerüchte des Warren-Reports*. Dieser ist, wie bekannt, das Ergebnis monatelanger Nachforschungen, Untersuchungen und zahlloser Zeugeneinvernahmen, welche die vom Präsidenten Johnson bestellte Kommission ausführte, um gemäß seinem Auftrag alle Umstände des Anschlags von Dallas aufzuklären und die Hintergründe ans Tageslicht zu bringen.

Die 880 Seiten dieses Berichts sind meiner Meinung nach ein Dokument von unschätzbarem Wert. Es verdient unser Vertrauen sowohl durch die Feststellung sicherer Tatsachen und ihrer Beweise als auch durch das ehrliche Eingeständnis, daß Ungewißheiten und unbehobene Zweifel in vielen Hinsichten weiterhin bestehen bleiben. Es gibt deren sehr viele; sie sind zum größten Teil durch das Vorgehen der Polizei hervorgerufen worden; ebenso bleiben Zweifel bestehen bezüglich des Attentats, das gegen den früheren General E. A. Walker verübt worden war. Ich spreche davon an anderer Stelle ausführlicher.

Wie dem auch sei, der *Warren-Report* ist so aufschlußreich und bedeutsam, daß man ihn als eines der besten Bücher unserer Zeit ansehen darf. Dessen ungeachtet haben die Schlußfolgerungen dieses objektiven Berichts das Publikum nicht befriedigt. Vor allem weil es sich nunmehr für ganz andere, schnell vergessene Sensationen interessiert. Auch die Zustimmung zahlreicher Journalisten bleibt ihnen versagt, insbesondere jener, die sich als Sachverständige für Komplotte und Spionageorganisationen ausgeben und ihr Leben als Lieferanten von Enthüllungen fristen. Es ist bezeichnend, daß mehrere Wochen vor der Veröffentlichung des *Warren-Reports* ein solcher Spezialist Verlegern ein Buch anbot, das er fünfzehn Tage nach Erscheinen dieses Dokuments fertig haben wollte. Er versprach, darin nachzuweisen, daß die Feststellungen und Schlußfolgerungen der Warren-Kommission falsch wären.

Der aufmerksame Leser dieses Berichts erfährt, was alles diese Kommission unternommen hat, um die Kenntnis der Tatsachen zu erlangen. Sie hat alle direkten und indirekten Zeugen einvernommen und jede Aussage eingehend überprüft; ebenso hat sie die Quelle und die Triftigkeit aller Mutmaßungen untersucht und ist jedem irgendwo geäußerten Verdacht bis zu seinem Ursprung nachgegangen. Die Kommission hat überdies die tatsächliche Bedeutung ermessen, die der politischen Stimmung im Lande, insbesondere in der Stadt Dallas zukam, wo noch vor dem schicksalhaften Tag der Haß gegen den Präsidenten Kennedy und seine Mitarbeiter, so zum Beispiel gegen Adlai Stevenson, in niederträchtiger Weise zum Ausdruck gekommen war. Die Warren-Kommission hat anderseits alle biographischen Tatsachen und Geschehnisse an den Tag gebracht, die nur irgend dazu dienen können, das Leben und den Charakter Oswalds, ebenso wie die Lebensumstände und die Motive Jack Rubys aufzuhellen. Nachdem die Kommission alle diese Aufgaben, soweit es nur irgend möglich war, erfüllt und sich soviele Gewißheiten verschafft hatte, als sie nur erlangen konnte, kam sie zu dem Ergebnis, daß Lee Harvey Oswald allein, ohne irgendwelche Mittäter und unabhängig von irgendeiner Verschwörung den Mordanschlag verübt haben mußte. Die Kommission erklärte aber zugleich, daß manche psychologischen Widersprüche bestehen blieben, die aufzulösen sie nicht imstande war, und recht viele Wirkungen, die durch ihre feststellbaren Ursachen nicht zureichend erklärt werden konnten.

Das Verbrechen war sozusagen monologisch, im wesentlichen psychologisch bestimmt, aber auch sozial in jenem Ausmaß, in dem – um mit Marx zu sprechen – das Wesen des Menschen ein »soziales Ensemble« ist. Somit ist das Attentat eine sinnlose Tat gewesen, die unsinnigste in ihrer Motivation und die unwirksamste in ihren Folgen, abgesehen von der furchtbaren, mörderischen Wirkung, durch die sie die Aufmerksamkeit der ganzen Welt auf sich gezogen hat.

Was uns in solch einem Fall zu verwirren droht, ist die unlösbare Verflechtung zweier Bezugssysteme; das eine bezieht sich auf das Schicksal unseres Planeten und das andere auf die Verirrungen eines jämmerlich vereinsamten Wesens, das außerstande ist, seine Bedeutungslosigkeit zu ertragen oder positiv zu überwinden, aber durchaus fähig bleibt, einen Mord zu begehen.

Es kommt darauf an, den Fall Lee Harvey Oswald zu kennen und diesen Mann zu verstehen, der – obschon einzigartig, wie es jeder einzelne ist – dennoch so vielen anderen ähnlich war, die bis an ihr Ende dahinleben, ohne durch Tat oder Missetat ihr Schicksal tragisch zu dramatisieren.

2

Zwei Monate nach dem Tode seines Vaters, eines kleinen Versicherungsbeamten, kam Lee Harvey Oswald am 18. Oktober 1939 in New Orleans zur Welt. Seine Mutter hatte einen Sohn aus erster Ehe, die nach zwei Jahren geschieden worden war. Robert, der erste Sohn aus der Ehe mit Oswald, war fünfeinhalb Jahre älter als der nachgeborene Lee. Marguerite Clavière, seine Mutter, heiratete ein drittes Mal und wurde drei Jahre später, im Jahre 1948, wieder geschieden. Das Gericht warf ihr grausame Behandlung des Gatten vor und erklärte sie für schuldig.

Da seine beiden älteren Brüder zumeist in Kinderheimen untergebracht waren, blieb Lee fast immer allein; aber auch er war häufig von seiner Mutter getrennt. Er wurde einem Heim anvertraut, und zu wiederholten Malen nahm sich seine Tante Liliane Murret seiner an. Seine Mutter wechselte nicht weniger als etwa zwanzigmal die Wohnung während der sechzehn Jahre, die er in ihrem Haushalt verbrachte.

Von seiner Geburt bis zu seinem Tode blieb die Existenz Oswalds stets unstabil. Weder dem Kinde noch dem Halbwüchsigen wurde jemals die geringste Gelegenheit gegeben, Wurzeln zu schlagen, nirgends war er zu Hause. Ohne Unterlaß wechselte er den Ort wie in einer ewigen Flucht – einer Flucht nach vorne, glaubte er. Doch war sie nichts anderes als eine Bewegung in einem jämmerlich engen Kreis. So läuft man bis zur völligen Erschöpfung und glaubt, die Unendlichkeit erobert zu haben, doch an welchem Punkte auch immer man schließlich haltmacht, man ist immer ganz nahe dem Ausgangspunkt.

Um in das Marinecorps einzutreten, noch ehe er das vom Reglement erforderte Alter von siebzehn Jahren erreicht hatte, gab Oswald endgültig die Schule auf. Er fälschte die Unterschrift seiner Mutter unter einem Brief, durch den der Schule angekündigt wurde, daß die Familie Oswald den Wohnort wechsle. Einige Tage, nachdem er das sechzehnte Lebensjahr erreicht hatte, stellte er sich im Rekrutierungsbüro mit einer falschen

Erklärung seiner Mutter vor, durch die bescheinigt wurde, daß er schon siebzehnjährig wäre. Er wurde aber trotzdem zurückgewiesen und mußte noch ein Jahr ausharren.

Inzwischen arbeitete er als Botenjunge und als Bürodiener; während der Freizeit studierte er das *Marine Manual*, das Handbuch der Marinefüsiliere, welches ihm sein Bruder Robert geborgt hatte. Er entlehnte auch Bücher aus der Leihbibliothek, insbesondere kommunistische Schriften, scheint es. Drei Wochen nachdem er endlich vom Marinecorps angenommen worden war, am 26. Oktober 1956, schrieb er an die *Socialist Workers' Party*, um zu erkunden, ob es in der Stadt Fort Worth, wo er damals lebte, eine Jugendsektion gebe. Er begründete sein Interesse wie folgt: »Ich bin ein Marxist. Seit sechzehn Monaten studiere ich die sozialistischen Prinzipien.«

Dieser Brief blieb ebenso ohne Folgen wie fast alle anderen Versuche Oswalds, sich Organisationen zu nähern. Es sollte ihm nie gelingen, in einer Partei Aufnahme zu finden oder sich einer politischen Gruppe anzuschließen; er gehörte nie einer Gemeinschaft an, außer – während seines Militärdienstes – der mehr scheinbaren als wirklichen des Mannschaftsraums. Aber nicht um diese Gemeinschaft zu finden, drängte es den ungeduldigen Freiwilligen zum Militärdienst. Was suchte er eigentlich? In erster Linie zweifellos das Gefühl, daß er seinen Brüdern, die beide freiwillig zum Militär gegangen waren, nicht unterlegen war. Sodann – und das ist weit wichtiger – das Prestige, das diese Elitetruppe erobert hat. Überall rühmte man die Abenteuerlust der *marines* und ihre unüberbietbare Härte und Standfestigkeit im Gefecht. Der wenig ansehnliche Lee, scheu, völlig vereinsamt, ohne irgendwelche besonderen Eignungen, ohne Schulzeugnisse – dieser im Nirgendwo beheimatete junge

Lee hoffte, daß die Uniform eines Mariners ihn mit einem Schlage zu einem Mann machen würde, dem man männliche Kühnheit und Schlagkraft zutrauen müßte. Überdies befreite ihn dieser Militärdienst wenigstens materiell endgültig von der Herrschaft seiner Mutter. Schließlich wußte er, daß er als Mariner lange Reisen machen und in exotischen Ländern leben würde, wo ihn – auch ihn – Frauen erwarteten, deren Kunst zu verführen in der verlockenden Leichtigkeit besteht, sich scheinbar verführen zu lassen.

Die Dinge spielten sich mehr oder minder so ab, wie der Jüngling es vorausgesehen hatte. Er machte viele Reisen, die ihn über den amerikanischen Kontinent, nach Japan, zu exotischen Inseln im Pazifischen Ozean führten, denn er wurde einer Radar-Abteilung in der Nähe von Tokio und später auf den Philippinen zugeteilt. Obschon Lee ein disziplinierter Soldat war, kam er dennoch zweimal vors Kriegsgericht. Das erste Mal, weil ein Revolver, den er in seinem Schrank versteckt hatte, sich im Fallen entladen und ihn leicht verletzt hatte; nun war aber der Privatbesitz von Waffen im Dienste untersagt. Einige Monate später hatte sich Oswald wieder zu verteidigen. Diesmal wegen seines provozierenden, ja beleidigenden Verhaltens gegenüber einem Unteroffizier. Er wurde nur leicht bestraft, denn er hatte in einem Zustand von Trunkenheit gehandelt, verlor aber seinen Dienstgrad, den untersten, der etwa dem eines Gefreiten entspricht.

Im April 1959 unterzog er sich auf eigenen Wunsch einer Prüfung in Russisch. Er hatte diese Sprache ganz allein gelernt, doch fiel er bei der Prüfung durch. Schon vorher hatte er alle seine Kameraden wissen lassen, daß er sich für alles Russische passionierte und daß seine ganze Sympathie der Sowjetunion galt. Man gab ihm den Spitznamen Oswaldkowitsch, was ihm zu schmeicheln schien. Er wurde so eine Persönlichkeit, empfand er, jemand, der von allen anderen verschieden war — der einzige, der sich für die internationale Politik interessierte und bei jeder Gelegenheit für Rußland und für das castristische Kuba Stellung nahm. Man sah in seinen Händen *Das Kapital* von Karl Marx, aber auch andere Bücher; unter ihnen einige entschieden antistalinistische, zum Beispiel die Werke George Orwells. Lee Oswald zeigte sich auch gerne mit russischen Zeitungen in der Hand und legte es immer wieder darauf an, Diskussionen über den Marxismus zu provozieren. Er gerierte sich als ein Fachmann in der Mitte seiner jungen Kameraden, die durchaus unfähig waren, seine Kenntnisse zu überprüfen, und im übrigen all diesen Fragen gegenüber völlig gleichgültig blieben.

Alles in allem waren die drei Jahre, die Oswald im Marinecorps diente, die besten seines Lebens. Sie stellten gewiß die stabilste und trotz allem auch die ermutigendste Periode seiner Existenz dar. Etwa sechs Monate vor seiner Demobilisierung wandte er sich an die Albert-Schweitzer-Schule mit der Bitte um Aufnahme. Mehr noch als durch die beabsichtigten Ungenauigkeiten und die wahrheitswidrigen Angaben fallen in seinem Curriculum vitae die überaus dürftige Sprache und die unzulängliche Orthographie auf. In der Liste der von ihm bevorzugten Schriftsteller nennt er in einem bezeichnenden Durcheinander Jack London, Charles Darwin und Norman Vincent Peale. Auf die Frage nach seinem Berufswunsch antwortete er, daß er wohl am ehesten berufen sei, ein Verfasser von *short stories* zu werden.

Am 4. September 1959, sieben Tage vor seiner Demobilisierung, reicht er ein Gesuch um einen Reisepaß ein und erklärt, daß er zwecks Studien in die Schweiz und nach Finnland reisen und gelegentlich einige Länder besuchen möchte: Kuba, England,

Frankreich, Deutschland und Rußland. Er erhält anstandslos den Paß.

Er besucht seine Mutter in Fort Worth und gibt ihr seinen Beschluß bekannt, auf einem Schiff zu arbeiten, denn so würde er Gelegenheit haben, viel zu verdienen. Aber im Reisebüro von New Orleans stellt er sich als Übersee-Exportagent vor, der sich auf eine Ferienreise begibt. Es fällt ihm nicht schwer, die 220 Dollar für sein Billett nach Le Havre zu bezahlen, denn er hat von seinem Sold etwa 1500 Dollar erspart.

Ehe er sich einschifft, schreibt er seiner Mutter: »Meine Werte sind ganz verschieden von denen Roberts oder den Deinen ... Ich habe Dir von meinen Plänen nichts gesagt, weil ich nicht hoffen konnte, daß Du sie verstehen wirst.«

Er verläßt Le Havre gleich nach der Landung, schifft sich nach Southampton ein, wo er erklärt, eine Woche bleiben und sich nachher in die Schweiz begeben zu wollen. Tatsächlich fliegt er jedoch wenige Stunden später nach Helsinki ab, wo er ohne Schwierigkeiten das sowjetische Einreisevisum erhält, das die Dauer seines Aufenthaltes in Rußland auf sechs Tage beschränkt. Von dem Augenblicke an, da er, am 6. Oktober, in Moskau den Zug verläßt, wird er von Intourist ans Gängelband genommen.

Historic Diary, ein historisches Tagebuch, das ist der großspurige Name, den Oswald selbst für die Aufzeichnungen gewählt hat, mit denen er die dramatischen Begebenheiten der ersten Wochen in Rußland wiedergibt und, dann später, die Erfahrungen, die er als Arbeiter in einer elektromechanischen Fabrik in Minsk machen sollte.

Ohne einen Augenblick zu verlieren, erklärt Oswald bei der ersten Begegnung mit der für ihn zuständigen Intourist-Beamtin, daß er entschlossen sei, mit seinem Vaterland sofort zu brechen und sich in Rußland einbürgern zu lassen. Äußerst überrascht, erstattet die junge Frau gleich ihren Bericht und wird beauftragt, dem seltsamen Amerikaner bei der ausführlichen Darstellung seines Falls und bei der Abfassung seines Gesuchs um die Naturalisierung behilflich zu sein. Am 9. Oktober wird er von einem Reporter von Radio Moskau ausführlich interviewt. Zweifellos handelte es sich um einen Polizeiagenten, der den Eindruck erhalten haben dürfte, daß Oswald weder interessant noch nützlich sein könnte. Einige Stunden, nachdem Oswald im Paßamt, wo er die Verlängerung seines Visums beantragte, alle Fragen beantwortet hatte, wurde er informiert, daß er Moskau und die Sowjetunion ohne Verzug verlassen müßte. Die Intourist-Beamtin, die kam, um ihn zur Bahn zu bringen, fand ihn bewußtlos vor; er hatte sich eine Vene des linken Arms aufgeschnitten. Im Spital kam er schnell wieder zu sich, doch mußte er für einige Tage in die psychiatrische Abteilung, wo er auf seinen Geisteszustand untersucht wurde. Vollkommen wiederhergestellt, wurde er wieder ins Paßbüro vorgeladen, wo er seinen Beschluß wiederholte, ein Sowjetbürger werden zu wollen. Diesmal riet man ihm, geduldig die amtliche Entscheidung abzuwarten. Das tat er auch: In den drei folgenden Tagen und Nächten verließ er sein Hotelzimmer nicht; er schlief kaum und rührte sich nicht vom Telephon weg. Er wartete. Er wartete vergebens.

Am Nachmittag des 31. Oktober – es war ein Samstag – verläßt er das Hotel und fährt ins amerikanische Konsulat. Kaum hat er dessen Schwelle überschritten, wirft er seinen Paß auf den Schalter der Anmeldestelle und erklärt, daß er seine amerikanische Staatsbürgerschaft sofort »aufzulösen« wünsche. Auflösen, das war sein Wort. Der Konsul lädt ihn in sein Büro ein, wo ihm der sehr erregte Besucher ein schriftliches Gesuch überreicht, darin er verlangt, daß seine amerikanische

Staatsangehörigkeit unverzüglich »revoziert« werde. Er gibt zu verstehen, daß er nach Rußland gekommen sei, um sich einbürgern zu lassen, weil er sich nur an dieses Land gebunden fühle. Wie schon in seinem Gespräch mit Reisegefährten auf dem Schiff, erwähnt Oswald auch diesmal wahrheitswidrig das Elend seiner Mutter und sagt, er sei entschlossen, sich vor solcher Armut zu bewahren. Im gleichen Atemzug wirft er dem Marinecorps vor, ihm den militärischen Rang vorenthalten zu haben, den er verdient hätte. Schließlich verurteilt er den amerikanischen Imperialismus und kündigt dem Konsul an, daß er den Sowjets militärische Geheimnisse enthüllen würde, insbesondere geheime Einzelheiten der amerikanischen Radarkontrolle. Der Konsul bittet Oswald, sich die Sache bis Montag zu überlegen; sollte Oswald bei seinem Entschluß bleiben, so würden die nötigen Formalitäten an diesem Tage ordnungsgemäß geregelt werden.

Aber Oswald kam weder am Montag noch an irgendeinem andern Tag. Er nahm somit davon Abstand, auf seine Staatszugehörigkeit zu verzichten. Dennoch richtete er einige Tage später an die Botschaft ein Schreiben, in dem er sich darüber beschwerte, daß man ihm das gesetzlich zugesicherte Recht verweigert hätte, seine Staatsbürgerschaft aufzugeben. Er kündigte an, daß er gleich nach seiner sowjetischen Einbürgerung dafür sorgen würde, daß »seine« Regierung den Vereinigten Staaten eine scharfe Protestnote überreiche. Er erhielt postwendend die Antwort, daß er sich nach Belieben während der Bürostunden im Konsulat einstellen und dort seine Angelegenheit schnellstens regeln könnte, da die Dokumente, die er unterschreiben müßte, bereits ausgefertigt wären. Oswald reagierte auf diesen Brief genausowenig wie auf spätere Mitteilungen gleicher Art.

Das Verhalten, das er in dieser wichtigen Angelegenheit an den Tag legte, ist charakteristisch. Sein Elan erschöpft sich in einer ersten, äußerst heftigen Handlung, die er nicht weiterführt, obschon einerseits seine Beweggründe bestehen bleiben und er anderseits seinem Ziel keineswegs nähergekommen ist. Während er untätig darauf wartet, daß dieser Elan sich erneuere, neigt er dazu, das Geschehene zu vergessen oder zumindest sein Vorgehen in der Erinnerung völlig zu entstellen.

»Ich werde niemals mehr in die Vereinigten Staaten von Amerika zurückkehren, in dieses Land, das ich hasse«, schreibt er Anfang November an seinen Bruder Robert, der aus den Lokalblättern erfahren hat, welchen Skandal sein Bruder Lee in Moskau hervorgerufen hat. Daß die Zeitungen in Amerika, insbesondere die von New Orleans und Fort Worth sogar auf der Titelseite von ihm sprechen, das hatte Oswald vorausgesehen und sehnlichst erwartet. Indes ließen andere Ereignisse auf sich warten. Die Russen, die ihn am Tage nach seinem aufsehenerregenden Bruch mit dem imperialistischen Vaterlande zum Staatsbürger hätten ernennen müssen – die Russen blieben entgegen seiner Erwartung stumm.

Er verzehrte sich vor Ungeduld in seinem Hotelzimmer, völlig sich selbst überlassen, bis ihn in Moskau akkreditierte amerikanische Journalisten entdeckten, ihn telephonisch und schriftlich mit Fragen bedrängten; endlich wollte man ihn interviewen. Er empfing Aline Mosby, eine Reporterin der Agentur United Press. In all dem, was er dieser jungen Journalistin erzählte und in den Erklärungen, die er Priscilla Johnson, einer anderen Zeitungskorrespondentin, anvertraute, vermischte Lee Oswald die Wahrheit mit Halbwahrheiten und mit Lügen; er überzeugte nicht.

Er gab vor, daß er sich seit seinem fünfzehnten Lebensjahr für den Kommunismus interessiert hätte –

und zwar nachdem ihm eine alte Dame in einer Straße von New York einen Flugzettel in die Hand gedrückt hatte, der zu einer Aktion zugunsten der Rosenbergs aufrief. Tatsächlich war das Ehepaar Rosenberg bereits hingerichtet worden, ehe Oswald sein vierzehntes Lebensjahr erreicht hatte.

Da er seinen Entschluß, in der Sowjetunion zu bleiben, mit seinen marxistischen Überzeugungen begründete, bat ihn Priscilla Johnson, die Autoren zu nennen, deren Bücher er zwischen seinem fünfzehnten und zwanzigsten Lebensjahr gelesen habe. Es gelang ihm nur, sich an zwei Namen zu erinnern – Marx und Engels – und an einen einzigen Buchtitel: *Das Kapital.*

Das ist seit fast einem Jahrhundert die übliche Antwort unwissender Schwätzer, die glauben, daß sie nichts riskieren, wenn sie sich vor gleichgültigen Ignoranten solcherart rühmen. Oswald hatte die Gewohnheit angenommen, sich als einen marxistischen Spezialisten vor Leuten auszugeben, die keineswegs imstande waren, ihn auf die Probe zu stellen. Bis zu seinem Tode sollte er dieser Gewohnheit treu bleiben. So erklärte er den Polizisten in Dallas, daß er Marxist, aber nicht Marxist-Leninist wäre, lehnte es jedoch ab, den Unterschied zwischen den beiden zu kennzeichnen, denn, so sagte er, das würde zu viel Zeit beanspruchen. Er behauptete übrigens, daß er praktisch alles gelesen hatte, was von und über Karl Marx je geschrieben worden war.

Ebenso wie alle seine Briefe und Erklärungen, beweist sein *Historic Diary*, daß er nur die geläufigste Phraseologie der Flugzettel und der banalsten sektiererischen Zeitungsartikel kannte. Darin wie in allem andern war seine Art zu lügen die eines Kindes oder eines mittelmäßigen, charakterlich unstabilen Halbwüchsigen. Er nahm immer an, daß Vergeßlichkeit und

Trägheit die anderen davon abhalten würden, seine Behauptungen zu überprüfen. Obschon die Paranoiker so leicht von äußerstem Mißtrauen allen und allem gegenüber erfaßt werden können, so rechnen sie dennoch darauf, daß man ihnen vertrauensselig schlechthin alles glauben würde.

Oswald mußte länger als zwei Monate warten, bis endlich sein Gesuch entschieden wurde. Nicht naturalisiert, doch als staatenlos anerkannt, erhielt Oswald endlich am 4. Januar 1960 das Aufenthaltsrecht für ein Jahr und einen Personalausweis. Überdies wurde ihm eine Summe von fünftausend Rubel alter Währung überreicht, wovon er die Hälfte zur Begleichung der Hotelrechnung verwandte. Ihm wurde als Wohnort die Stadt Minsk zugewiesen. Dort empfing ihn der Bürgermeister selbst und versprach ihm eine Wohnung, die er auch einige Monate später beziehen konnte.

Er lebte recht angenehm, denn außer seinem Arbeitslohn wurden ihm monatlich siebenhundert Rubel ausgezahlt – im Namen einer Organisation, die sich als eine Abteilung des russischen Roten Kreuzes ausgab. Seine günstige Lage und auch sein amerikanischer Ursprung machten aus Oswald eine interessante Erscheinung, um so mehr als er sich's leisten konnte, seine russischen Bekannten ins Theater oder ins Café einzuladen. Er wurde Mitglied eines Jäger-Vereins und verbrachte ein Dutzend Weekends auf dem Lande, wo ihn die Armut der Bauern und die Verwahrlosung der Dörfer stark beeindruckt und enttäuscht haben dürften.

Er verliebte sich in Ella, ein junges Mädchen polnischer Abstammung. Doch da sie seinen Heiratsantrag ablehnte, ehelichte er vier Monate später die ebenso junge Marina Prussakowa. Am Tage nach der Hochzeit vermerkte er in seinem Tagebuch, daß er Marina nur zur Frau genommen hätte, um Ella zu verletzen. Ein anderes Mal notierte er – ich zitiere wörtlich –, »daß der Übergang, die volle Liebe für Ella zu Marina zu wechseln, sehr schmerzhaft gewesen ist«. Dieses Kauderwelsch offenbart die Künstlichkeit, die seine gesamte Ausdrucksweise entwertet, selbst dann, wenn echtes Leiden ihn bedrängt.

Im Februar 1961, somit fünfzehn Monate nach seiner Ankunft in der UdSSR, wendet er sich wieder an die amerikanische Botschaft, verlangt seinen Paß zurück und drückt den Wunsch aus, in die Vereinigten Staaten zurückzukehren. Er schließt seinen Brief mit den Worten: »Ich hoffe, daß Sie Ihrer Verantwortung gegenüber Amerika eingedenk sein werden, sowie ich der meinen eingedenk bin, und daß Sie alles tun werden, um mir zu helfen, weil ich ein amerikanischer Bürger bin.«

Sobald dieser Briefwechsel mit der Botschaft beginnt, die Oswald ermöglichen wird, mit Frau und Kind heimzukehren, hört das sogenannte Rote Kreuz auf, ihm eine Monatsrente zu zahlen. Fortab lebt er unter den gleichen Bedingungen wie seine russischen Kollegen; von diesem Augenblick an weicht die sowjetische Wirklichkeit immer grotesker von dem Bilde ab, das er sich von ihr gemacht hat.

Als er – etwa dreißig Monate nach dem Beginn seines sowjetischen Abenteuers – in einem Hafen bei New York landete, hatte er in seinem armseligen Gepäck etwa fünfzig bis sechzig handgeschriebene Seiten und sein »historisches« Tagebuch. Diese Seiten enthielten eine Darstellung seiner enttäuschenden Erfahrungen in der Minsker Fabrik und, allgemeiner, in Rußland. Außerdem ein gleichermaßen gegen die Sowjetunion und Amerika gerichtetes Manifest; sodann eine Erklärung, die er vor den Journalisten verlesen wollte, welche doch gewiß den Heimkehrer am Hafen erwarten würden; schließlich zwei verschiedene, teilweise entgegengesetzte Fassungen eines Interviews, das er für die Presse vorbereitet hatte. Er sah viele Fragen voraus und sogar, daß Journalisten ihm am Ende der zweiten Fassung seines Interviews zurufen würden: »Wir danken Ihnen, Sie sind ein echter Patriot.«

Er war gerade zweiundzwanzig Jahre und zehn Monate alt; ihm war es beschieden, nur noch siebzehn Monate in einer fast unerträglichen Dunkelheit zu leben, ehe er unter den Augen der ganzen Welt im blendenden Lichte der Jupiterlampen sterben mußte.

Seit seinem sechzehnten Lebensjahr betrachtete er sich als Marxist, und obschon alles, was er im »Vaterland des Sozialismus« gesehen und erlebt hatte, ihn unsicher machte, so glaubte er dennoch, seinen Prinzipien treu bleiben zu müssen. Welchen Prinzipien?

Und vor allem, was drängte den Halbwüchsigen, diesen Pfad einzuschlagen? Nicht materielles Elend, denn diesem war er selbst niemals ausgesetzt gewesen. Nach dem Tode seines Vaters verkaufte die Mutter das Haus mit Gewinn; später verdiente sie stets genug, um ihren Kindern und jedenfalls Lee, dem Jüngsten, alles Notwendige zu verschaffen. Sie ist nie die arme Arbeiterin gewesen, die der Sohn als ein typisches Opfer der kapitalistischen Ausbeutung hinstellte, sondern eine kaufmännische Angestellte, die wegen ihrer Tüchtigkeit geschätzt wurde und auch stets ein ausreichendes Gehalt erhielt. Ihr Wesen war es, das sie jedoch hinderte, an irgendeinem Posten länger zu bleiben oder in einer Wohnung oder an einem Wohnort lange zu verweilen. Daher kannte auch ihr Sohn niemals ein wirkliches Heim. Unruhe trieb sie nach New York, wo er der *southerner* war, der Südstaatler, über den sich die Kinder der Gasse und in der Schule lustig machten. Er litt darunter und auch deswegen wurde er ein Schulstürzer. Während der langen Stunden, die er in der Schulklasse hätte verbringen müssen, wanderte er, oft bis zur völligen Erschöpfung, durch die endlos langen Straßen der unausmeßbar weitläufigen Stadt, die so anders war als New Orleans. Als er dann in seine Heimatstadt zurückkehrte, warf man ihm die Redeweise eines »Yankees« vor, die er wahrscheinlich übertrieb, um sich hervorzutun; man lachte ihn aus.

Nein, nicht wirtschaftliches Elend war es, das ihm den Wunsch eingab, Marxist zu sein – was auch immer er darunter verstehen mochte –, sondern eine Entdeckung, die er zuerst beim Lesen der Zeitungen gemacht hatte. Diese griffen damals wahllos Marxisten und »Rote« an und identifizierten Kommunisten, Sozialisten ganz allgemein mit den Linken. Der Manichäismus McCarthys produzierte die gleichen *Kettenidentifikationen*, die das totalitäre Denken kennzeichnen: Man verwandelt den wirklichen oder vermeintlichen Gegner in einen Dämon, dem man die Gabe der Tarnung und die Fähigkeit zuschreibt, gleichzeitig überall zu sein.

Diese abwegige Vorstellung fand damals in Europa ein Gegenstück in der grenzenlosen Idealisierung der Sowjetunion und ihrer Politik. Insbesondere in Italien und in Frankreich proklamierten Intellektuelle mit Stolz ihre bedingungslose Unterwerfung unter das »Gesetz der Geschichte«, sie deklarierten sich als Marxisten und beriefen sich dabei genauso wie der ungebildete Oswald auf Prinzipien und auf eine marxistische Lektüre. Sie hatten dies aber gar nicht nötig, denn einerseits waren sie von vornherein überzeugt und anderseits hätte sie *Das Kapital* von Marx zum Beispiel nur gelangweilt, weil sie sich für die politische Ökonomie genausowenig interessierten wie für die Geschichte der Arbeiterbewegung oder für ihre inneren Zwistigkeiten in der Vergangenheit und Gegenwart.

Der junge Lee wollte Marxist sein, weil er fühlte, daß er von seiner Umwelt verschieden war, und da gab er auch den Ehrgeiz auf, den Helden zu gleichen, die bei seinen Kameraden grenzenlose Begeisterung hervorriefen. Er machte bei Spielen und sportlichen Wettkämpfen nicht mehr mit. Keine besondere Fähigkeit zeichnete ihn aus; er wußte nicht, wodurch er hätte gefallen oder jemanden anziehen können. Da er überdies ein schlechter Schüler war, schwänzte er die Schule auch, weil er dem täglichen Mißerfolg entfliehen wollte.

Während des unglücklichen Aufenthaltes in New York mag ihn die Gewißheit überwältigt haben, daß er fortan nichts mehr unternehmen könnte, um so zu werden wie die anderen. Solch vereinsamende Gewißheit, die gewöhnlich durch ein demütigendes Minderwertigkeitsgefühl hervorgerufen wird, muß überkompensiert und in ein Überlegenheitsgefühl verwandelt werden, bis es die *autistische Allophobie*, das heißt die neurotisch-egozentrische Scheu vor anderen Menschen erzeugt. Diese *Angst vor den andern* bringt bei der Umwelt einen heftigen Abscheu gegen den Allophoben hervor, den dieser schließlich gegen sich selbst wendet, gedrängt von einer trügerischen Verbittertheit und einer alles verzerrenden Übertreibung.

Oswald beschloß einerseits, so früh wie möglich in das Marinecorps einzutreten und ohne Verzug ein wahrer, harter Mann zu werden. Anderseits beschloß er, ein Held, ein negativer Held zu werden, denn er hatte entdeckt, daß es genügte, Marxist zu sein, um im Sinne der McCarthyschen Legende ein Dämon zu werden. So war er auf eine jener Offenbarungen gestoßen, die in einem einzigen Augenblick den Lebensweg eines ausweglosen jungen Menschen ändern können.

Er war fortab überzeugt, daß er sich nur als Marxist zu erklären brauchte, damit er Freunden wie Feinden als ein besonderes, ein überlegenes Wesen erscheine. Er war nie einem Marxisten begegnet, er hatte niemals Sozialisten gekannt oder Kommunisten, er hatte nicht die blasseste Ahnung von der Geschichte der Arbeiterbewegung, der Parteien oder der Gewerkschaften, aber unter dem Einfluß des McCarthyismus dachte er, daß die Marxisten, wenngleich nur eine verschwindend winzige Gruppe in seiner Heimat, ungeheuer gefährliche, furchterregende und im geheimen mächtige Leute waren. Öffentlichen Leihbibliotheken entlehnte er die Bücher von Karl Marx, vor allem die drei Bände des *Kapital,* weil man gerade diesen Titel in jedem Lexikon findet, wenn von Marx die Rede ist. Überall, wo er hinkam, borgte er sich so die Bücher von Marx aus, manchmal auch von Engels und zuweilen von Darwin und von dem amerikanischen Freidenker Ingersoll. Aber er las sie nicht. Denn er las keine Bücher, sondern nur Zeitungen und Traktätchen. In seinem Wortschatz kommen unaufhörlich die Klischees vor, wie er sie unausgesetzt im *Worker,* der Zeitung der amerikanischen Kommunistischen Partei, und im *Militant,* dem Organ der konfusen, zeitweise trotzkistischen *Socialist Workers' Party* und in anderen sektiererischen Blättern ähnlicher Art findet. Er weiß nichts von den großen Kämpfen der fernen und nahen Vergangenheit, fast nichts von den bewegenden Problemen unserer Zeit, er hat kaum Kenntnis von den sozialen, wirtschaftlichen und politischen Ereignissen, die das Schicksal seines eigenen Landes beeinflussen.

Während er inmitten der arbeitenden Menschen von Minsk lebte, konnte er vielerlei beobachten, was den Touristen gewöhnlich entgeht. Aber seine Kritik blieb stets oberflächlich, denn als er endlich die Rolle der bolschewikischen Staatspartei entdeckte, blieb er noch weit davon entfernt, sie in ihrem ganzen Ausmaß zu erfassen und zu durchschauen. Die durch die Parteifunktionäre in der Fabrik ausgeübte Diktatur empörte ihn zwar, ihm blieb jedoch der Einblick in das Räderwerk des Machtapparates verwehrt. Sein paranoisches Verhältnis zur Wahrheit erlaubte ihm jedoch, sich selbst als aufrichtig und als einen Marxisten zu betrachten, während er die zwei folgenden Antworten auf die Frage vorbereitete: »Sind Sie Kommunist?«

Antwort Nummer eins: »Ja. Im Grunde, ja. Denn obschon ich die Sowjetunion und das kommunistische System hasse, so bewahre ich die Überzeugung, daß der Marxismus unter anderen Bedingungen Ergebnisse zeitigen könnte.« Und hier die Antwort Nummer zwei auf die gleiche Frage: »Nein, natürlich nicht. Ich bin niemals einem Kommunisten begegnet, außer in der Sowjetunion, wo das natürlich unvermeidlich ist.« Und so weiter, und so weiter. Doch weder die Antworten Dr. Jekylls noch die Mr. Hydes drangen in die Öffentlichkeit, denn niemand kam, um diesen Heimkehrer zu begrüßen.

Die gleichen Lokalzeitungen, die die Worte und Gebärden des jungen Landsmannes mit riesigen Schlagzeilen zur Sensation gemacht hatten, als er in Moskau seinen Bruch mit der Heimat proklamierte, ignorierten ihn nun völlig. Daher schien es Oswald um so dringender, ein Buch über Rußland zu veröffentlichen, von dem er allerdings erst wenige Seiten hatte. Die Kopistin, die diese Seiten abtippte, empfahl ihn einem Professor der russischen Sprache, der ihm helfen sollte. Dank diesem Mann und seinem Sohn, der bei Marina Russischstunden nahm, wurde Oswalds Familie in einem Kreis von Leuten heimisch, die, obschon seit langem in Amerika seßhaft, sich durch die gemeinsame russische Abstammung verbunden fühlten. Die junge Frau gefiel allen, man hatte Mitleid mit ihr, weil sie arm war und weil sie an der Seite ihres bizarren Gatten gar vieles auszustehen hatte. Nicht nur war Oswald außerstande, ihr eine behagliche Existenz zu sichern; er wurde immer brutaler, weil er – so dachte man – seine Frau nicht liebte.

Bei den früheren Landsleuten fühlte sich Marina schnell zu Hause. Sie ließ sich gehen, äußerte ihre Verachtung gegenüber dem Gatten, dem nichts gelang und der auch in der Liebe versagte, wie sie es ihm einmal grausam beschämend in Gegenwart ihrer gemeinsamen Freunde vorwarf. Oswald entfernte sich auch wieder von seiner Mutter und verbot seiner Frau, ihre Besuche zu empfangen; bald danach brach er auch mit den neuen Freunden, die unaufhörlich seiner Frau zuredeten, ihn zu verlassen. Er fand immer wieder Arbeit, doch war sie schlecht bezahlt. Oswald gab sie schnell wieder auf oder wurde schon vorher entlassen. Genau wie während seiner Kindheit wechselte er ununterbrochen die Wohnung – die Stadt, die Wohngegend, das Haus. In Wirklichkeit ließ er sich nirgends nieder. Während des Jahres, das seiner Heimkehr folgte, übersiedelte er nicht weniger als achtmal.

Er abonnierte sich auf die kommunistische Zeitung *Worker* und auf den *Militant;* er schrieb häufig an die Leitung der kommunistischen Partei in New York, aber auch an die nichtkommunistische *Socialist Workers' Party*, der er beitreten wollte. Selten bekam er Antworten auf seine Angebote, die Zeitungen, die Komitees, die Parteifunktionäre zu informieren oder als Journalist und Photograph mitzuarbeiten. Niemand machte von seinen Angeboten Gebrauch. Für seine Post, Briefe, Druckschriften und Pakete mietete er am 9. Oktober 1962 im Hauptpostamt von Dallas das Postfach Nummer 2915, über das er bis zum 12. Mai 1963 verfügte, und in New Orleans vom 11. Juni an das Postfach 3061. Er teilte dem Postamt schriftlich mit, daß sein Fach Sendungen empfangen solle, die an Lee H. Oswald, an Marina Oswald und an A. J. Hidell addressiert sein würden. Der Name Alec James Hidell, der einmal als Unterzeichner einer falschen Impfbestätigung zum Doktor J. A. Hideel wird, tauchte das erste Mal im Winter 1962/63 auf, wahrscheinlich nicht früher als im Januar 1963.

Oswald, der um diese Zeit in einer graphischen Anstalt arbeitete, benutzte die spärlichen Kentnisse, die er sich da erwarb, um zwei Marine-Identitätspapiere auf den Namen Alec James Hidell herzustellen, die er mit seinem eigenen Signalement und seinem Photo ausstattete. Per Mailorder, das heißt mit vorgedruckten Kauforder- und Zahlscheinen, bestellte er am 27. Januar einen Revolver der Marke Smith and Wesson, Kaliber 38, und am 12. März bei der Firma Klein's Sporting Goods in Chicago ein Gewehr der Marke Mannlicher-Carcano. Beide Bestellscheine unterschrieb er mit A. Hidell und bestimmte, daß die Waffen an das Postfach 2915 geschickt würden.

Der Vorname Alec stammt aus Minsk, wo ihn die Fabrikskollegen so nannten. Der Name Hidell hingegen wäre nach Aussagen von Marina Oswald dadurch zu erklären, daß er sich auf Castros Vornamen Fidel reimen könnte. Doch dürfte dieses Pseudonym wohl eher das Ergebnis der merkwürdigen selbstverräterischen List sein, welche nicht selten die Wahl eines Decknamens bedingt: *hide L* heißt: verstecke L (Lee); dies wird noch deutlicher im Falle des falschen Doktors Hideel, was einfach eine Umstellung von *hide Lee* ist.

Als Hidell begann Oswald gleichsam seine zweite, geheime Existenz, die unendlich überlegen sein sollte jener des unqualifizierten Lohnarbeiters, des gesichts- und zukunftslosen, ungeliebten Menschen, der er wirklich war und länger zu sein nicht ertrug. Halbwüchsige, die das Gefühl haben, daß sie von allen, die sie umgeben, in einer demütigenden Weise mißverstanden werden und daß überhaupt die ganze Menschheit darauf aus ist, sie zu erniedrigen – diese vereinsamten jungen Menschen suchen nicht selten Zuflucht in solch zweiter Existenz, im Schutzasyl von Träumen, die so tröstlich sind wie der Gedanke an den rächenden Selbstmord.

Es ist denkbar, daß Oswald im Sommer 1958, nachdem er das zweite Mal vors Kriegsgericht gestellt worden war, den Gedanken, wenn nicht gar den Plan faßte, eine aufsehenerregende Tat zu vollbringen, die die Einzigartigkeit seines Wesens beweisen und seine Vereinsamung gleichsam rückwirkend begründen würde. Die Zeitungen, die immer wieder während eines Tages oder gar einer Woche den Fall fast jedes Sowjetbürgers, der die Freiheit gewählt hat, rühmend herausmachen, bringen Oswald auf einen Gedanken. Sie zeigen ihm einen Weg, den er selbst wählen wird. Natürlich in der umgekehrten Richtung.

Er lernt Russisch und wird nach der Demobilisierung die sowjetische Freiheit wählen. Fortab trägt er mit sich ein Geheimnis, das seinem scheinbar einfachen Soldatendasein eine eigene Dimension hinzufügt. Nur er allein weiß, daß er ein potentieller Überläufer ist, ein Rebell, der die militärischen Geheimnisse seines Vaterlandes verraten und der aufhorchenden Welt verkünden wird, daß er die USA haßt, die Sowjetunion liebt und fortab ihr allein in Treue dienen will.

Für seine verletzte Eigenliebe und seinen krankhaften Ehrgeiz findet er eine Kompensation in jener geheimen Freude eines Rumpelstilzchens, das es nur den Bäumen im Walde anvertraut: »Ach wie gut, daß niemand weiß, daß ich Rumpelstilzchen heiß!«

Hidell kauft Waffen. Wozu? Was will er mit ihnen

machen? Vielleicht nichts. Doch auch ungenutzt dienen sie dazu, Oswald die tröstliche Gewißheit zu verschaffen, daß er Ungeheures vollbringen könnte, wenn er nur wollte. Das Vernichtungspotential, über das er insgeheim selbstherrlich verfügt, verleiht seiner zweiten Existenz einen Reiz ohnegleichen. Dank ihm wird das alltägliche, graue Leben nachgerade erträglich. Genau wie in den Monaten, die seinem russischen Abenteuer vorangingen, führt er nun wieder ein Doppelleben.

Solche Hidell leben unter uns; sie sind recht zahlreich. Ihre Lebensstimmung ist ein Gemisch von beklemmender Angst und schlecht begründeter Hoffnung. Bebend warten sie auf eine extreme Demütigung und träumen davon, sie durch eine Tat zu rächen, deren Folgen unabwendbar sein müßten. Gewöhnlich versagen sie in ihren Mordplänen, gleichviel ob sie über Waffen verfügen oder nicht – genau so wie sie ihr eigenes Leben verfehlen, wie ihnen die Liebe mißlingt und zumeist auch ihr Selbstmord, den sie recht häufig versuchen.

Sobald die Waffen angelangt waren, ließ sich Oswald mit ihnen und seinen zwei Lieblingszeitungen in der Hand photographieren. Er wollte dieses Photo der Wochenzeitung *Militant* gelegentlich zuschicken. Es mag sein, daß er schon damals plante, den General Edwin A. Walker zu töten, der an der Spitze einer extrem rechten Bewegung gerade sehr viel von sich reden machte. Am meisten in Dallas, wo er wohnte. Am Abend des 10. April 1963 wurde tatsächlich durch das offene Fenster ein Schuß abgegeben, der den General nur um ein Geringes verfehlte.

Oswald soll seiner Frau gestanden haben, daß er es war, der auf Walker geschossen hatte. Es ist jedoch keineswegs erwiesen. Nur eines steht fest: Nachdem er seinen Posten am 6. April verloren hatte, plante

Oswald als A. J. Hidell zu handeln. Dennoch zögert der Psychologe, ohne weiteres eine Darstellung gelten zu lassen, die ausschließlich auf der Zeugenaussage Marina Oswalds beruht.

Die Anweisungen für seine Frau mag er tatsächlich an jenem 10. April oder zuvor geschrieben haben. Jedenfalls verhielt er sich nach dem Attentat auf Walker so, als ob er es verübt hätte. Es könnte sein, daß er es tatsächlich beabsichtigt hat, daß ihm aber jemand zuvorgekommen ist. Das wäre nur eine jener ironischen Possen, mit denen sich – das glaubten schon die alten Hellenen – die müßiggängerischen Götter des Olymp ihre tägliche Zerstreuung verschaffen. Man wird diese gleichen schicksalhaften Possenreißer im weiteren Verlauf am Werke sehen. Die Möglichkeit, daß Oswald diesen Schuß doch abgefeuert hat, ist indes nicht unbedingt auszuschließen.

Er kehrte nach New Orleans zurück, wo er leicht eine Arbeit fand, die nicht schlecht bezahlt, aber für ihn völlig uninteressant war. Von dort wandte er sich an das Komitee *Fair Play for Cuba* in New York, um sich eine Mitgliedskarte schicken zu lassen. Er schrieb mehrere Male an den Generalsekretär dieses Komitees, unter anderem, um ihm mitzuteilen, daß sich in New Orleans eine Ortsgruppe gebildet hätte, doch wartete er vergeblich auf eine Antwort.

Unter dem Namen Lee Osborne bestellte er bei einer Druckerei Flugzettel, die er mit einem Stempel versah, auf dem manchmal sein wahrer Name und seine Adresse, manchmal aber der Name A. J. Hidell und die Postfachnummer 3061 in New Orleans angegeben war. Der Text des Flugzettels ist in jeder Hinsicht äußerst dürftig, er lautet im wesentlichen: »Hände weg von Kuba! Tretet dem Komitee *Fair Play for Cuba* bei! Alle sind willkommen!«

Diese Zettel verteilte er bereits während des Monats

Juni in der Nähe des Hafens und später, als er wieder seine Arbeit verloren hatte, auch in anderen Stadtvierteln.

Obschon er nicht den geringsten Widerhall fand, hörte er nicht auf, in seinen Briefen an die New Yorker Zentrale seinen steigenden Erfolg zu rühmen. So behauptete er, daß die von A. J. Hidell geleitete Ortsgruppe bereits fünfunddreißig Mitglieder hätte, über ein eigenes Büro und über ein Versammlungslokal verfügte. Er sprach von der Sturmflut von Briefen, die die tägliche Post brachte, und dergleichen mehr. All dies war gelogen. Wieder einmal drohte er, in kläglichster Weise zu scheitern, noch ehe irgend jemand auf ihn aufmerksam geworden war. Da ereignete sich ein ärgerlicher Zwischenfall, der ihm endlich das große Tor zu öffnen schien: Ein kubanischer Emigrant fiel ihn an, ein Polizist mußte die beiden trennen und zum Kommissariat führen. Dort wäre diese winzige Angelegenheit schnellstens erledigt worden, hätte sich ein zufällig anwesender Reporter nicht der Sache bemächtigt.

Er lud Oswald ein, sich für das Radio interviewen zu lassen und vier Tage nachher an einer Rundfunkdebatte über Kuba teilzunehmen, in der Oswald den Standpunkt Castros vertreten sollte. Wie gewöhnlich hatte Oswald auf die Vergeßlichkeit der anderen gerechnet, deshalb war er völlig entwaffnet, als man ihm seine russische Vergangenheit vorhielt. Oswald hatte geglaubt, daß er nun endlich dank dem Rundfunk beruhmt werden würde, und hatte vorwegnehmend bereits entsprechend an die New Yorker Zentrale berichtet. Aber bald war alles verpufft, niemand kümmerte sich um ihn. Eine einzige Person stellte sich bei ihm ein: Es war ein Agent einer kubanischen Emigrantenorganisation.

So stand er wieder einmal im Schatten einer Niederlage – doch nur wenige Tage. Denn bald sah er die Sache anders an. Er sagte sich, daß er nunmehr eine politische Vergangenheit hätte, daß sein Auftreten im Rundfunk von New Orleans ihn schließlich vor der ganzen Welt als einen Vorkämpfer für Castros Kuba legitimierte. Er schickte sich an, seine zweite »Aktion Moskau« zu starten: diesmal, vier Jahre nach der ersten, sollte sie in Havanna stattfinden. Sobald seine Frau und das Kind nach Irving bei Dallas zurückgekehrt waren, wo eine Freundin, Frau Payne, sie gerne aufnahm, reiste er in einem Autobus nach Mexiko City. Gleich nach seiner Ankunft sprach er im kubanischen Konsulat vor und brachte seine Verdienste um Kuba und seine hervorragende Rolle im Komitee *Fair Play for Cuba* zur Geltung. Er gab vor, auf dem Weg in die UdSSR zu sein, und verlangte ein Transitvisum. Man verweigerte es ihm, da er kein sowjetisches Visum hatte und behandelte ihn während der ganzen Zeit mit Gleichgültigkeit und schließlich mit wachsendem Mißtrauen.

Nach fünf Tagen demütigend vergeblicher Bemühungen kehrte Oswald nach Dallas zurück, ein geschlagener Mann. Dort erwartete ihn die Lichtlosigkeit seines Lebens, die Eheschwierigkeiten und die materiellen Sorgen; überdies sollte seine Frau bald mit einem zweiten Kinde niederkommen. Doch dank Frau Payne fand er schon am 16. Oktober eine Anstellung in einem privaten Schulbücher-Versandhaus, dem Texas School Book Depository. Obwohl er dort mit unqualifizierten Arbeiten betraut war und dementsprechend schlecht bezahlt wurde, faßte er neuen Mut. Wieder mietete er ein Postfach, wobei er angab, daß er auch Sendungen für das Komitee *Fair Play for Cuba* erwartete. Er schrieb wieder an einen Funktionär der kommunistischen Partei in New York, diesmal um ihn über eine Versammlung der Walkeristen zu informieren; er wandte sich an die sowjetische Botschaft mit einem Gesuch um ein Einreisevisum für seine Familie und für sich selbst. Wie gewöhnlich, brachte er auch in diesem Schreiben eine Anzahl von Unwahrheiten vor, auf die er niemals verzichten zu können glaubte.

Nein, trotz allem gab er seine Flucht nach vorne nicht auf; der rasende Lauf innerhalb des jämmerlichen, engen Kreises ging weiter. Es ist nicht gewiß, daß er tatsächlich wieder nach Rußland fahren wollte, noch daß er seine sozusagen politische Karriere wieder aufzunehmen gedachte. Ein Agent des FBI, der von seiner Tätigkeit in New Orleans und seinen Demarchen in Mexiko City Wind bekommen hatte, stellte sich in Irving ein, um sich zu erkundigen – nur so aus Routine. Denn genau wie die russischen Polizei- und Nachrichtendienste und später die kubanischen, war das FBI zu dem Schluß gekommen, daß Oswald, den es natürlich seit seiner Rückkehr aus Rußland beobachtet hatte, weder gefährlich noch nützlich sein könnte: ein armer Teufel, ein Querkopf.

Jeden Freitag fuhr er für das Wochenende zu seiner Familie nach Irving – im Wagen seines Betriebskollegen Frazier, der dort wohnte und durch den übrigens Frau Payne erfahren hatte, daß im Versandhaus ein Arbeitsplatz frei wäre. In Dallas logierte Oswald in einer Art von Hotel, in dem er sich unter dem Namen O. H. Lee angemeldet hatte. Die Benutzung des falschen Namens rief einen Streit mit seiner Frau hervor, als sie bei einem Versuch, ihn telephonisch zu erreichen, die Auskunft bekam, daß man dort keinen Oswald kannte. Das geschah während des Wochenendes vom 16./17. November, das er nicht in Irving verbrachte. Die Familie Payne feierte nämlich gerade einen Geburtstag, da wäre er zuviel gewesen. Donnerstag, den 21. November, begab sich Oswald nach Irving, wieder mit Frazier, um dort Vorhangstangen zu holen, die er angeblich für sein Hotelzimmer brauchte. Seine Frau empfing ihn kühl, denn sie hatte ihm noch immer den Streit nicht verziehen. So verbrachte das Paar die Nacht zusammen, doch ohne sich zu versöhnen, obwohl Lee versuchte, Marinas Gunst zu erlangen, und ihr Versprechungen machte – etwa eine Waschmaschine zu kaufen, endlich eine eigene Wohnung zu mieten.

Am Morgen fuhr er mit seinem Kollegen zurück; im Innern des Wagens verstaute er einen großen, länglichen Papiersack. Darin befanden sich, sagte er obenhin, die Vorhangstangen. Er log. Er war nicht nach Irving gekommen, um solche Stangen für sein Zimmer zu holen; es gab sie da gar nicht, und er konnte sie auch gar nicht brauchen. Er war gekommen, um das Gewehr zu holen, das Hidell am 12. März bestellt hatte und das seit einiger Zeit in der Garage von Frau Payne verstaut gewesen war. Und mit diesem Mannlicher-Carcano C 2766 kam er an diesem Freitag, dem 22. November 1963, in Fraziers Wagen nach Dallas zurück und trug es sofort in das Stockwerk des Gebäudes, in dem er arbeitete.

An diesem gleichen Tage wurden um zwölf Uhr dreißig mit diesem Gewehr Schüsse abgefeuert, die den Präsidenten Kennedy tödlich verwundeten. Das Mannlicher-Carcano-Gewehr mit der Kennmarke C 2766 und aufmontiertem Fernglas wurde in der sechsten Etage gefunden, nahe der Fensternische, von wo aus man geschossen hatte. Die Identität dieses Gewehrs mit dem von Oswald-Hidell bestellten ist ebenso gewiß wie die Tatsache, daß Oswald sich in diesem Gebäude befand, vor dem Attentat, während des Attentats und noch drei Minuten nachher. Das war der Zeitpunkt, zu dem ihn sein Vorgesetzter Roy Truly vor dem Polizisten M. L. Baker legitimierte, als die beiden in der Kantine auf Oswald stießen.

Sofort danach verließ Oswald die Stätte, nahm einen

Autobus, stieg aber wieder aus und ließ sich in einem Taxi bis in die Nähe seiner Wohnung fahren. Wenige Minuten nachher verließ er wieder das Haus; er trug nun eine Jacke mit Reißverschluß. Als kurz darauf, um 13 Uhr 16, der Polizist D. J. Tippit sein mit Radio versehenes Patrouillenauto anhielt, um von einem eiligen Passanten Ausweispapiere zu verlangen, wurde er von diesem wortlos durch mehrere Revolverschüsse hingestreckt.

Der Fluchtweg des Mörders führte über einen Parkplatz – dort fand man Oswalds Jacke. Da er sich durch Gebärden auffällig machte, die den Verdacht erregten, daß er sich zu verstecken suchte, wurde Lee Oswald von zwei Personen angezeigt, von denen die eine die Kassierin des Kinos war, in das Oswald sich hineingeschlichen hatte. Dort wurde er von der Polizei gefunden und gewaltsam entwaffnet und festgenommen. Der Revolver, den er bei dieser Gelegenheit gegen den Polizeimann in Anschlag brachte, war der gleiche, den er unter dem Namen Hidell am 27. Juni 1963 per Mailorder angeschafft hatte. Die Waffenexperten sehen es als durchaus möglich an, daß Tippits tödliche Verletzungen durch diesen Revolver verursacht worden sind, doch können sie das nicht mit absoluter Gewißheit feststellen.

Oswald, der die ganze Zeit stumm geblieben war, fand die Sprache wieder, als er von der Polizei ausgefragt wurde. Er nannte vor allem den Advokaten, dem er seine Verteidigung anvertrauen wollte, den New Yorker Rechtsanwalt John Abt. Diesen Namen muß er als Leser des *Worker* gekannt haben, denn Abt war in den Prozessen gegen die Führer der kommunistischen Partei als Verteidiger aufgetreten.

Oswald leugnete alles, außer, daß er den Autobus in einer Zwischenstation verlassen und dann mit einem Taxi nach Hause gefahren wäre. Das gab er aber erst zu, als er erfuhr, daß der Taxichauffeur sich bereits gemeldet und ausgesagt hatte. Er konnte keineswegs leugnen, daß er der Eigentümer des Revolvers war, den er in der Hand hielt, als man ihn verhaftete. Er beantwortete nicht die Frage, warum er ihn mit sich trug, noch wo er ihn gekauft hatte. Was er überdies nicht leugnen konnte, war der Besitz der falschen militärischen Identitätskarte, an der sein Photo und seine Personalbeschreibung echt waren, doch nicht der Name: Alec James Hidell.

Er lehnte es ab zu erklären, wozu diese falsche Karte dienen sollte, und schließlich weigerte er sich, irgendwelche Aussagen zu machen, bis der von ihm gewählte Advokat ihm zur Seite stehen würde. Doch alle Bemühungen, John Abt telephonisch zu erreichen, scheiterten.

Oswald wurde am 22. November, um 19 Uhr 10, beschuldigt, D. J. Tippit erschossen zu haben, und erst um 1 Uhr 35, also in den ersten Stunden des 23. November, bezichtigte man ihn, den Präsidenten getötet zu haben. Daher konnte Oswald im Verlaufe der vor dieser Stunde abgehaltenen und vom Fernsehen übertragenen Pressekonferenz behaupten, daß ihn niemand über den Tod Kennedys ausgefragt hätte.

Ich selber habe Oswald auf dem Bildschirm gesehen, ich habe seine Äußerungen mehrfach gehört: Sie erzeugten in mir Zweifel an seiner Schuld. Wir waren sicherlich sehr viele, überall in der Welt, die vor allem nach Oswalds Tod an diese Erklärungen erinnert wurden und an die Entschiedenheit, mit der er sie von sich gegeben hatte. Man zitterte bei dem Gedanken, daß der arme junge Mensch mit den geschwollenen Augenlidern das Opfer einer Kette von Mißverständnissen gewesen sein könnte, die nun durch die Untat seines Mörders nie wieder gutzumachen sein würden. Diesen Zweifel habe ich während zehn Monate, bis zum

Erscheinen des *Warren-Reports*, bewahrt. Nachdem ich aber dessen 880 Seiten mit größter Aufmerksamkeit gelesen und das darin enthaltene biographische Material eingehend studiert hatte, wußte ich, daß Lee Oswald fähig war, im Brustton der Überzeugung alles, die unanfechtbarste Tatsache zu leugnen, sofern man ihm nicht augenblicks beweisen konnte, daß er log.

Ein Beispiel: Im Januar 1962 wandte er sich an J. M. Connally, den späteren Gouverneur von Texas, mit der Erklärung, daß er in die Sowjetunion gekommen wäre, um sich dort während einer kurzen Periode aufzuhalten, genauso, schrieb er, wie »der berühmte Schriftsteller Ernest Hemingway eine Zeitlang in Paris gewohnt hatte«. Und er fügte hinzu, daß er dies mit der ausdrücklichen Zustimmung der amerikanischen Botschaft in Moskau getan hätte.

Im gleichen Moment schrieb er an einen Senator von Texas, um sich über die Langsamkeit zu beklagen, mit der die Sowjetbehörden sein Ansuchen um ein Ausreisevisum behandelten, und er schloß in seinem konfusen Stil: »Ich verlange von Ihnen dringendst, Senator Tawer, daß Sie die Frage erheben sollen, daß die Sowjetunion einen Staatsbürger der Vereinigten Staaten gegen seinen Willen und seine ausdrücklichen Wünsche zurückhält.«

Oswald wußte natürlich, daß sowohl der Gouverneur als auch der Senator sich leicht bei den zuständigen Stellen über ihn informieren konnten und so alle seine Lügen aufdecken würden, was ihn in ihren Augen für immer kompromittieren mußte. Dessen ungeachtet brachte er diese Unwahrheiten vor, als ob sie berechtigte Kampfmittel und zugleich absolut überzeugend wären. Denn all das drückte den unechten Teil seines Wesens aus.

Seine eigene aggressive Haltung erschien ihm niemals als solche, sondern stets nur als eine Reaktion.

Umgekehrt war für ihn die Abwehr, die er hervorrief, eine unvorhersehbare Gewalttat, der er völlig unschuldig zum Opfer fiel. Er griff an, verletzte, verriet, er log und fälschte bedenkenlos, doch in seinem Bewußtsein tat er dies im Zustande der Notwehr, einer »vorweggenommenen« Notwehr. Hätte er gestohlen, so wäre er überzeugt gewesen, daß er nichts anderes getan hätte, als sich wieder in den Besitz eines Gutes zu setzen, das ihm rechtmäßig zustünde. Log er, so schützte er sich vor Leuten, die, glaubte er, jedenfalls unfähig wären, ihn zu verstehen und die ganz gewiß gegen ihn ungerecht wären und darauf ausgehen würden, ihn zu erniedrigen.

Bereitete Oswald sein Attentat schon vor, als er Hidell-Hideel wurde? Und später Osborne und Lee? Nein; nein und ja. Nein, denn er träumte von einer politischen Laufbahn, die ihm eine bedeutende Existenz sichern und schließlich Berühmtheit bringen würde. Als er in Moskau »die Freiheit wählte« oder als er später Pressekonferenzen und politische Manifeste vorbereitete, glaubte er, daß er mit einem Schlage entscheidend in die internationale Politik eingreifen könnte. Damals zog er gewiß nicht einen einzigen Augenblick in Betracht, einen Mord zu begehen. Aber obschon er ein eifriger Leser von Zeitungen und Zeitschriften war, sollte er doch bis ans Ende seines Lebens nie recht begreifen, was das eigentlich ist – eine politische Aktivität. Am nächsten kam er ihr im Sommer 1963 in New Orleans, aber eben bei dieser Gelegenheit wurde seine grenzenlose Unwissenheit augenfällig. Behaupten, daß man ein Komitee mit fünfunddreißig Mitgliedern geschaffen hat, indes in Wirklichkeit nichts dergleichen geschehen ist, bekümmerte ihn nicht im geringsten, weil für ihn, der ohne irgendein dauerndes Band und ohne irgendeine gesellschaftliche Zugehörigkeit dahinlebte, das Politische nur ein Schein war, ein Schein, der durch fortgesetzte Gerüchte und Äußerungen vervielfacht und gleichsam so verdichtet werden konnte, bis er einem schließlich Ansehen, Ruhm und zuletzt gar Macht verschaffte. Für diesen entwurzelten jungen Amerikaner war die Reklame die eigentliche Erzeugerin der Wirklichkeit und nicht eine ihrer vergänglichsten Widerspiegelungen. In der Tat war die Reklame selbst und sie allein für ihn die Wirklichkeit. Wenn das New Yorker Komitee die Nachricht veröffentlichen sollte, es hätte sich in Louisiana unter der Leitung von Alec J. Hidell ein pro-castristisches Komitee gebildet, so würde das so wichtig, ja wichtiger sein als ein etwaiger tatsächlicher Bestand der Gruppe. Das glaubte Oswald. Und er meinte auch, es würde noch wahrer werden an dem Tage, an dem Oswald als Hidell, somit als Delegierter der angeblich von ihm organisierten progressiven Elemente von New Orleans an einem Kongreß teilnehmen und das Wort ergreifen würde.

Oswald hatte gewiß die verführerische Entdeckung gemacht, daß in unserem Jahrhundert nur eine hauchdünne Wand die Durchschnittsmenschen von jenen Stars trennt, deren geringste Gebärde ein unbegrenztes Renommee widerspiegelt und vervielfacht. Es vergeht kein Tag, ohne daß irgendein sehr mediokres Wesen, mit allen anderen verwechselbar, diese Wand durchstößt. Etwa als ein Sänger ohne Stimme oder als ein hemmungsloser Schwätzer vor der Kamera oder, bedachte Oswald, als einer, der »die Freiheit wählt«. Oswald mag den Plan gefaßt haben, sich über das Radio von Havanna an die Hörer der ganzen Welt zu wenden, um vor ihnen »dem räuberischen Imperialismus die scheußliche Maske« herunterzureißen, die Kriegshetzer zu entlarven und dergleichen mehr. Vor diesem Mikrophon hätte Oswald zweifellos mit besonderer Wildheit Präsident Kennedy angegriffen und ihm vor allem das Ultimatum vorgeworfen, durch das er im Oktober 1962 die kubanische Krise entfacht hatte. Doch nicht deswegen hat Oswald Hidell den Präsidenten getötet.

John F. Kennedy hatte zielstrebig einen verführerischen Stil und einen jugendlichen Elan in die Politik gebracht und sich damit ein unvergleichliches Ansehen in der ganzen Welt verschafft. Dem 35. Präsidenten der USA schien alles zunutze zu kommen: seine Jugend, seine Erscheinung, sein Reichtum, sein Vater und seine Mutter, seine Brüder, seine hübsche Frau und seine Kinder. Alle Massenmedien, alle Propagandatricks wurden benutzt, um der täglichen Chronik dieser Familie eine pausenlos werbende Wirkung zu verleihen. Die Neugier für diesen Mann, für seine Familie und seine Erfolge wurde im weltweiten Publikum immer aufs neue belebt und ständig befriedigt. Man gewöhnte sich daran, stets auf dem laufenden gehalten zu werden über alle Einzelheiten des so glanzvollen privaten, mondänen und politischen Lebens aller drei Generationen der Kennedys.

»Ich glaube nicht, daß ein einziger Mensch alles zu seiner Verfügung haben muß und ein anderer nichts, gar nichts.« Mit diesen ungeschickten Worten versuchte ein armer Mann namens Leon F. Czolgosz zu erklären, warum er William McKinley, den Präsidenten der USA, im Jahre 1901 getötet hatte. Oswald dachte gewiß wie Czolgosz; auch er verglich sich eher mit dem Präsidenten der Vereinigten Staaten als mit seinesgleichen, als mit Männern, die dank ihrer Arbeit ihren Familien ein gesichertes Auskommen und das Gefühl des sozialen Aufstiegs verschafften. Denn selbst wenn Oswald Arbeit hatte, verdiente er gewöhnlich nicht mehr als den Minimallohn, und eben deshalb mußte er sich im

Vergleich zu seinen Nachbarn als minderwertig empfinden. Aber indem er sich nicht mit ihnen verglich, sondern sich in seiner Einbildung den Größten, einem John F. Kennedy zum Beispiel, entgegenstellte, konnte er je nach seiner Stimmung glauben, daß er bestimmt wäre, dank einer mirakulösen Zukunft sich auf deren Höhe zu schwingen, oder aber umgekehrt, sie durch eine Tat zu vernichten, die er selbstherrlich beschließen könnte.

»Wenn sie wüßten, daß wenn ich nur wollte ...«, Giuseppe Zangara, ein Bauarbeiter, wiederholte sich diese Worte im Stillen während langer Monate. Ein sonst durchaus friedlicher Mann, hatte er den Beschluß gefaßt, den Präsidenten der Vereinigten Staaten umzubringen. Jedoch kam Herbert Hoover, den er so endgültig verurteilt hatte, nicht nach Florida, Zangara seinerseits scheute das Washingtoner Klima, weil es seiner Gesundheit nicht zuträglich war. Daher vertagte er die Ausführung seines Plans bis zu jenem Tage, an dem Hoover selbst oder sein Nachfolger endlich in Miami auftauchen würde. Am Ende war es Franklin D. Roosevelt, auf den er fünf Schüsse abfeuerte; sie trafen nicht den neu gewählten Präsidenten, sondern dessen Begleiter, den Bürgermeister von Chicago. Genau wie Czolgosz schoß auch Zangara gleichsam aus seiner abgedichteten Einsamkeit hinaus. Er hatte niemandem seine Absicht anvertraut.

In der Tat lebt man mit solch einem Plan wie mit dem Glücksversprechen einer unmöglichen Liebe oder wie mit einer völlig unbegründeten Hoffnung auf eine unermeßliche Erbschaft. Und gewöhnlich beschließt man seine Tage, ohne irgend etwas Auffälliges getan zu haben, weil die Umstände fast niemals günstig genug sind oder weil man im vorletzten Augenblick entdeckt, daß mancherlei vorher erledigt werden muß. Schließlich auch, weil es viel leichter ist, eine *letzte* Tat im letzten Augenblick aufzuschieben, noch bevor jemand irgend etwas gemerkt hat, als sich dem sicheren Tode auszusetzen.

Im Besitze seiner Waffen – er mußte immer welche haben und bei jeder Gelegenheit von ihnen sprechen – hätte Oswald ebensogut niemals auf Kennedy oder sonst jemanden feuern können, es sei denn auf sich selbst oder auf seine Frau. Das Wochenende, das diesem fatalen Freitag vorausgegangen war, hätte weniger demütigend für ihn sein können und in ihm nicht das Gefühl zurücklassen müssen, daß niemand zu ihm hielt; Marina mußte nicht gerade an diesem Tage entdecken, daß Lee sich mit einem falschen Namen in Dallas angemeldet hatte. Für den Einzug des Präsidenten hätte man ebensogut eine andere Straße wählen können als jene, in der sich das Schulbücherlager befindet. Gewiß, Oswald war am Tag zuvor nach Irving gefahren, um sein Gewehr zu holen, und er kündigte diese Absicht versteckt dadurch an, daß er davon sprach, dort Vorhangstangen holen zu müssen – aber wenn seine Frau sich mit ihm ausgesöhnt und die Nacht ihm die Befriedigung seiner Sinne gebracht hätte, wenn sein Schmerz darüber, überall ein Außenseiter zu sein, besänftigt worden wäre ...

Wenn das possenspielende Schicksal – o, Rodjon Raskolnikow! – nicht gerade in jenen Tagen die Fußbodenleger in die sechste Etage des Depots gebracht hätte und wenn diese nicht die Bücherkästen entfernt und ans andere Ende des Saals gestellt hätten, hätte Oswald an jenem Donnerstag sich nicht sagen können: Ich riskiere jedenfalls nichts, wenn ich mein Gewehr hierher bringe, denn zwischen den zusammengestellten Kästchen werde ich es leicht verstecken können. Und tags darauf, Freitag früh, hätte er nicht alles genau vorbereitet gefunden: Die aufeinandergeschichteten Möbel schützten den, der sich in der Fensternische befand, vor der Neugier der anderen. Als sich Oswald um zwölf Uhr dorthin stellte, das Gewehr zur Hand, doch gewiß, es wenn nötig sofort verstecken zu können, bewahrte er die Freiheit, sich erst im allerletzten Augenblick zu entschließen. Wenn er wirklich ganz allein bei diesem Fenster blieb und die anderen, auch die Fußbodenleger, rechtzeitig das Stockwerk verließen, um sich das Spektakel auf der Straße anzusehen; wenn die Kavalkade des Präsidenten langsam genug fuhr, so daß das Zielen leicht wurde ...

Vom Zusammentreffen all dieser Umstände und von der trivialen Logik kleiner Dinge hing diese maßlose Tat ab. Von alledem, aber nicht vom Antagonismus Ost-West, nicht von der Politik des Präsidenten Kennedy und nicht von dessen Politik gegenüber Kuba, nicht von der Segregation der Neger und nicht von ihrer Integration, nicht von den Meinungen Lee Oswalds und nicht von seinem vorgeblichen Marxismus – denn letztlich schoß er, weil es unwahrscheinlich leicht war zu schießen, fast so leicht wie nicht zu schießen.

Und dennoch ... warum tat er es? Um eine unauslöschliche Spur seines Erdenwallens zurückzulassen, so wie es jenem Herostratos, dem Brandstifter von Ephesus, so albern gelingen sollte? Ja, vielleicht. Doch hatte es Oswald vor allem nötig, um seiner selbst willen zu handeln. Man ertrinkt in der Demütigung erst, wenn man nicht mehr weiß, wohin man sich vor der eigenen Verachtung flüchten soll. Oswald hatte es nötig, etwas zu vollbringen, das als Tat ganz einfach, leicht ausführbar sein mußte und gleichzeitig ein erdrückender Beweis dafür, daß er anders war als die anderen und skandalös verkannt in seiner persönlichen Überlegenheit.

Alle nahmen an diesem Empfang teil, es war ein Volksfest. Nichts durfte neben solchem Ereignisse bestehen; seit Tagen sprach man von nichts anderem. Und nichts, nicht das Allergeringste wäre anders, wenn er, Oswald, tot oder nie zur Welt gekommen wäre. Jedoch eine Gebärde, die winzige Bewegung eines Fingers würde genügen, um dieses Fest plötzlich in ein Unheil zu verwandeln und all diese selbstzufriedenen Leute in eine Panik zu stürzen, in der endlich ihre Dummheit an den Tag kommen würde. Damit dieses geschähe, brauchte er nur zu wollen, von ihm, dem *nobody*, hing plötzlich alles ab.

Die an seinem Gewehr angebrachten Ferngläser zeigen ihm genau das Ziel, unscharf in den Konturen, doch für einen Jäger deutlich genug, damit er auf diesen Mann feuere, der »alles zu seiner Verfügung« hatte, auf diesen Kopf, dessen Bild so unaufhörlich verbreitet wurde, daß sein Anblick schlechthin unvermeidlich geworden war.

Oswald beging seine Tat aus den bereits angegebenen Gründen, aber auch aus anderen, denn dieser Mord ist ungewöhnlich überdeterminiert, wie es häufig jene Handlungen sind, deren Ursache und Zweck in ihrer unzureichenden Rationalität zugleich verwirren und ärgern. Es handelt sich sozusagen um »Eisberg-Taten«.

Er rechnete nicht damit, verdächtigt zu werden, selbst in dem sehr wahrscheinlichen Falle, daß man ohne Verzug entdecken sollte, daß das Gewehr von einem A. Hidell durch Postbestellung gekauft worden war. Aber wie konnte er annehmen, daß man nicht sodann hinter die wahre Identität dieses Hidell kommen würde? Nun, er nahm dieses aus dem gleichen Grunde nicht an, aus dem er sich einbildete, daß Gouverneure, Senatoren, Konsuln, an die er sich mit falschen Angaben wandte, ihm unbesehen alles glauben und nie Erkundigungen einziehen würden.

Als Oswald das Bücherlager verließ, wußte er zweifellos, daß er Kennedy verletzt, doch nicht, ob er ihn getötet hatte. Er nahm davon Abstand, jemanden zu fragen. Somit wäre er im Kino während einiger Stunden ohne jene Information geblieben, auf die die ganze Welt fieberhaft wartete. Diese einzige Tatsache allein stellt ein schweres Verdachtsmoment dar.

Er hatte sein ganzes Leben lang eine deprimierende Einsamkeit gekannt, doch nun erst, im Schatten seiner größten Tat, empfand er eine Vereinsamung bedrängendster Art: Er allein von allen Erdbewohnern, er wußte, daß sich der Haß aller in diesen Stunden gegen ihn richtete und daß sie ihn wie ein scheußliches Ungeziefer vernichten wollten. Im Zimmer nahm er schnell den Revolver und verließ wieder das Haus, entschlossen, unverzüglich zu schießen, sollte ihn einer festhalten wollen. Er hatte nichts mehr zu verlieren.

Lee Oswald hätte sich der Polizei selbst stellen und sein Verbrechen hochgemut auf sich nehmen können. Er wußte, daß er wenige Minuten nachher in der ganzen Welt berühmt sein würde. Warum tat er es nicht? Um dieses seltsame Verhalten zu verstehen, muß man die eigenartigen, bisher wenig erforschten Beziehungen in Betracht ziehen, die den Menschen an seine eigene Tat binden und ihn ebenso häufig aufs eigenartigste von ihr entfernen.

Erstens: Jeder Mensch ist imstande, gemäß einer *abkapselnden Finalität*, einer den Blick aufs äußerste *verengenden Zielstrebigkeit* so zu handeln, als ob er die unvermeidlichen Begleitwirkungen seines Handelns vollkommen ausschalten und das einzig von ihm angestrebte Ergebnis erzwingen könnte. Diese Verengung kennzeichnet alle Wahnsinnstaten und die Mehrzahl der aus Leidenschaft begangenen Verbrechen: »Ich mußte ihn unbedingt töten, aber wünschte nicht einen

Augenblick, daß er wirklich tot sein sollte«, erklärt zum Beispiel eine verstoßene und erniedrigte Geliebte. Als Oswald auf den Präsidenten Kennedy schoß, wollte er ihn treffen und diesen großen Mann, der triumphierend in seinem Wagen stand, hilflos zusammenbrechen sehen. Aber er hatte keinen besonderen Grund, seinen Tod zu wünschen.

Zweitens: Die abkapselnde verengende Finalität genügt nicht, um in einem Menschen die Fähigkeit zu einem Verbrechen oder einer anscheinend sinnlosen Tat zu erzeugen. Er muß überdies vom *Despotismus des Augenblicks* so unterjocht sein, daß er zeitweilig unfähig wird, an Folgen zu denken. Die Illusion des Glücks: »Augenblick, verweile doch, du bist so schön!« verwandelt sich in »Handle ohne Furcht vor dem Nachher, denn es wird *nie mehr* ein Nachher geben.«

Die *moral insanity* regt zu solchen sozusagen zuständlichen Handlungen an, deren Urheber sich so verhalten, als ob alle Zukunft abgeschafft wäre und mit ihr die bedrohlichen Folgen ihrer Missetaten. Der Halbwüchsige, der einen Taxichauffeur im Hofe des väterlichen Hauses hinterrücks tötet, nur um sich des Wagens zu bemächtigen und jemanden zu besuchen, der ihn gar nicht erwartet, handelt gemäß dieser *moral insanity* genau so wie Lee Oswald im Augenblick, da der Hinterkopf des Präsidenten sich ihm in seiner Fensternische anbietet.

Drittens: Ein Gewehr abdrücken, das ist die winzige Fingerbewegung, mit der der Jäger seine Beute erlegt. Genau die gleiche Gebärde tötet einen Präsidenten. Es gibt die *Verführung der Gebärde*, die *Lockung* der sozusagen *abstrakten* Handlung. Sie zieht uns alle an, aber nur Wesen ohne Halt und ohne Schatten erliegen ihr widerstandslos.

Somit war Oswald nicht einer von jenen Attentätern, die Staatshäupter sozusagen aus Prinzip anfallen, nicht einer von jenen, die etwa König Umberto I. von Italien, die Präsidenten der französischen Republik, Sadi Carnot und Paul Doumer, oder die Kaiserin Elisabeth von Österreich und so viele andere umgebracht haben; er gehört auch nicht zu jenen, die die Präsidenten der Vereinigten Staaten anfielen. Sie alle, die Anarchisten unter ihnen und die anderen, ausnahmslos isolierte Männer, hatten lange vor ihrer Tat den Wunsch genährt, einen Herrscher umzubringen. Ohne die mindeste Hoffnung zu entfliehen, wollten sie mit einer letzten Geste sich selbst vollenden und zusammen mit dem Leichnam eines Staatschefs ins Nichts verschwinden.

Das alles gilt nicht für Oswald. Wenn die Beweise sich fortlaufend gehäuft hätten und schließlich erdrückend geworden wären – und das war unvermeidlich –, so hätte er schließlich gestanden. Aber nur, um sich sofort hinter politischen Klischees zu verstekken. Er bildete sich ein, daß John Abt seinen Fall übernehmen und, von den Kommunisten und all ihren Sympathisanten in der ganzen Welt unterstützt, ihm dazu verhelfen würde, der Held einer großen Sache zu sein. Daher lehnte er es hartnäckig ab, irgendwelche Aussagen zu machen, bevor er mit diesem Advokaten gesprochen hatte. In Wirklichkeit hätte Abt niemals seine Verteidigung übernommen, aber ein guter Rechtsanwalt hätte den Attentäter vor dem elektrischen Stuhl retten können – diesen ewigen Waisenknaben, der nichts von dem war, was er zu sein wähnte; der nie wurde, der er sein wollte, und dessen fürchterliches Verbrechen nur eine abstrakte Tat gewesen ist.

3

Zu wiederholten Malen habe ich die *polizistische Geschichtsauffassung* definiert und angeprangert und im Zusammenhang damit die *Legende des Verrats* beschrieben, welche die charakteristische Hirnvernebelung einer durch totalitäre Regime verängstigten und verderbten Epoche herbeiführt. Die Polizei, schrieb ich, macht nicht die Geschichte; sie interpunktiert nur diese oder jene finstere Periode – gewöhnlich verkehrt, wie eine Halbanalphabetin.

Die große Misere der politischen Polizei wird nach jedem Attentat offenbar, sie provoziert immer wieder einen eklatanten Skandal. Man wirft ihr vor, das Attentat nicht vereitelt zu haben, und im gleichen Atem spricht man den Verdacht aus, daß sie, die Polizei selbst, diese Missetat vielleicht insgeheim gefördert, vielleicht sogar organisiert haben könnte. Entdecken die Polizisten nicht sofort die Verschwörung, so folgert man daraus, daß sie selbst an ihr teilgenommen haben. Finden sie aber den Schuldigen recht schnell, so wird unterstellt, daß es sich in der Tat um einen Unschuldigen handelt; wird der Festgenommene gar zwei Tage später durch einen Eindringling getötet, so folgert man, daß er doch nicht unschuldig war, sondern tatsächlich ein Mörder, den ein Mitverschworener befehlsgemäß umgelegt hat, weil nur ein Toter ein absolut verläßlicher Geheimnisträger ist.

Abgesehen von Abraham Lincoln ist kein Präsident der Vereinigten Staaten als Opfer eines Komplotts gestorben. Und dies aus gutem Grunde: In einem demokratischen Lande verursacht der natürliche oder gewaltsame Tod eines Staatsoberhauptes zwar beschränkte Veränderungen des politischen Personals, aber keinerlei politische Umwälzungen.

Wäre es hingegen den Attentätern gelungen, Hitler

im Juni 1934, respektive im November 1939, oder im Juli 1942 zu beseitigen, so hätten sie damit den Sturz seines Regimes beschleunigt, beziehungsweise den von ihm geplanten Krieg verhindert oder zumindest abgekürzt. Und Millionen Unschuldiger, deren Tod der Nazismus im organisierten Amoklauf herbeiführte, wären am Leben geblieben.

Ebenso kann man sich unschwer vorstellen, wie anders die kommunistische Bewegung sich entwickelt und die politischen Verhältnisse unserer Welt sich gestaltet hätten, wenn man Stalin, gemäß dem Vermächtnis Lenins, von der Macht entfernt oder wenn man ihn getötet hätte, als er zum absoluten Herrscher über einen totalitären Apparat geworden war. Doch leider fallen die Czolgosz, Zangara, Gorguloff, Oswald und ihresgleichen fast niemals Diktatoren an.

Welch politisches Resultat hätten Verschwörer von der Ermordung des Präsidenten Kennedy erhoffen können? Keines; keines, das für sie wünschenswert war. Sie mußten wissen, daß jene, die sich auf den Märtyrer berufen und versprechen würden, seine Politik getreu weiterzuführen, mit ungleich größeren Erfolgsaussichten als er selbst in den Wahlkampf ziehen konnten. Verschwörer hätten alles für einen Umsturz vorbereitet, der am 22. November 1963, genau um 12 Uhr 30, hätte beginnen und in den folgenden Stunden und Tagen ohne Unterbrechung weitergehen müssen, um das Regime der USA abzuschaffen. Sie hätten sich ohne Verzug der militärischen, administrativen, wirtschaftlichen und technischen Befehlsstellen bemächtigen und alle Kommunikationsmittel rastlos für ihre Propaganda ausnutzen müssen. Jetzt, aus längerem Zeitabstand nach dem Attentat, darf man mit absoluter Gewißheit behaupten, daß nichts dergleichen im Gange war –

nichts und nirgends auf dem gewaltigen Territorium dieses Landes.

Doch vielleicht handelte es sich nicht um ein wirkliches Komplott, sondern um eine von extrem-reaktionären Kreisen organisierte Explosion ihres unversöhnlichen Hasses gegen Kennedy? Muß man in Erinnerung rufen, daß der gegen Franklin D. Roosevelt wegen seines New Deal von den *vested interests* offen geschürte Haß von einem ganz anderen Kaliber und im übrigen sozusagen objektiv, also ungleich besser begründet gewesen ist? Und trotzdem hat es keine politische Verschwörung gegen sein Leben gegeben. In Wahrheit sucht der Haß besonders *günstige* Gelegenheiten, um sich offen zu entladen, und ist daher unerbittlich nur gegen die Schwachen; gegen die Starken erhebt er sich zumeist erst nach deren endgültigem Sturz. So bringt der Haß oft durchschnittliche Menschen in Bewegung, wenn sie sich gefahr- und straflos in Pogromen austoben können, die Leichen von Besiegten plündern und schänden oder Prostituierten, die sich mit Fremden eingelassen haben, die Köpfe kahl rasieren dürfen. Oder wann immer es ähnlich feige Niederträchtigkeiten zu verüben gilt. Nein, der Haß wagt sich nicht an jene heran, die auf dem Höhepunkt der Macht sind, und nicht an ihm ist John F. Kennedy gestorben.

Dennoch ziehen es besonders in Europa viele Zeitgenossen vor, eben daran zu zweifeln. So wurde in London ein Komitee gegründet, dessen Name eigentlich der Titel eines Kriminalromans sein müßte: *Who killed Kennedy?* Sein Präsident, der imponierende polypragmatische Greis Bertrand Russell, verurteilte die Warren-Kommission von Anfang an. Indes sollten er und seine Anhänger zumindest ein Verdienst dieser von ihnen der Verachtung preisgegebenen Kommission mit besonderer Dankbarkeit anerkennen. Wer die reichhaltige biographische Dokumentation über Lee Oswald unvoreingenommen studiert hat, weiß, wie leicht es gewesen wäre, aus ihr auf einen fanatisch pro-castristischen, vielleicht kommunistischen Mord zu schließen. Es genügt anderseits nachzulesen, was die britische Linkspresse und insbesondere Bertrand Russells Freunde und er selbst im Jahre 1962 während der Kubakrise gegen Kennedy geschrieben haben, um der allseitig beschimpften Warren-Kommission auch dafür Bewunderung zu zollen, daß sie den Einfluß dieser Presse auf Lee Oswald nicht in Rechnung gestellt hat. Dies, obwohl er ein eifriger Leser pro-castristischer und Kennedy-feindlicher Zeitungen war.

Mehr als fünfundzwanzig Jahre hat die Sowjetunion die ihr bedingungslos ergebenen Organisationen und darüber hinaus zahllose Intellektuelle des Westens, Philosophen, Wissenschaftler, Schriftsteller, Journalisten, Juristen und andere, dazu benutzt, die *Legende des Verrats* überall in der Welt zu verbreiten und durch sie die totalitäre Diktatur zu rechtfertigen. Auch nichtkommunistische Blätter veröffentlichten immer wieder Artikel, aus denen hervorging, daß der unfehlbare Stalin stets recht hatte und daß alle jene, die er umbringen oder in Kerkern und Lagern verkommen ließ, nichts anderes waren als verächtliche Verräter.

Während des Krieges schrieb ein gewisser Davies, seinerzeit Botschafter der USA in Moskau, ein Buch, um zu beweisen, daß Stalin dank dieser Massaker der dreißiger Jahre nicht nur Rußland, sondern auch die Amerikaner und überhaupt alle Alliierten gerettet hätte. So durften Zeitgenossen glauben, daß Trotzki der Häuptling einer von Hitler gedungenen Verbrecherbande gewesen ist, Bucharin ein Spitzel der japanischen Polizei und Tuchatschewski ein Spion der Wehrmacht. Und kurz vor Stalins Tod mußte gemäß der Verratslegende als selbstverständlich angesehen werden, daß bedeutende russische Ärzte jüdischer Abstammung aus zionistischer Gesinnung ihre kommunistischen Patienten umbrachten.

Ist es eine der fortdauernden Folgeerscheinungen der stalinistischen Depravation, daß es manchen so schwer fällt, auf die düstere Legende der Verschwörung gegen Kennedy zu verzichten? Vielleicht ... Oder handelt es sich um ein Mißtrauen gegenüber den Vereinigten Staaten und ihren Einrichtungen; um ein Mißtrauen, das die Affäre Sacco und Vanzetti vor einem halben Jahrhundert überall hervorgerufen hat und das im übrigen damals durchaus begründet war. Aber das Amerika der zwanziger Jahre ist nicht mehr. Die soziale und politische Lage der Arbeiter hat sich seither dort gründlicher gebessert als in irgendeinem andern industriellen Land.

Dessenungeachtet bleibt der Skeptizismus immer und überall nützlich; man hat durchaus recht, jeder politischen Polizei gegenüber mißtrauisch zu sein. Doch sollte man sich hüten, ihre Kompetenz und ihre Rolle zu überschätzen oder ihre Geheimnisse, die in einem demokratisch dirigierten Lande gewöhnlich ohne wirkliche Bedeutung sind.

Es gibt nur ein Geheimnis, das vielschichtig und gleichermaßen harmlos und furchterregend ist. Jeder nimmt es wahr, so wie man sich selber wahrnimmt, und dennoch kennt es keiner wirklich: Es ist das Allerweltsgeheimnis, hinter dem sich die Widersprüche zwischen Sein und Schein, zwischen dem Subjektsein und dem Objektsein jedes Menschen zeitweise verbergen, und sich fast immer dem verraten, der sie durchschauen will. Solcherart war auch das armselige und am Ende tödliche Geheimnis des Lee Oswald.

Diese amerikanische Tragödie bringt uns das wieder in Erinnerung, wie es so viele europäische Tragödien vorher getan haben.

Frühling 1965

Der vielfache Tod des Wladimir Iljitsch erschien erstmals in: Merkur, Heft 5, 24. Jg., Mai 1970; *Charles de Gaulle oder Der besiegte Sieger* in: Merkur, Heft 5, 20. Jg., Mai 1966; *Willi Münzenberg* in: Merkur, Heft 10, 22. Jg., Oktober 1968; *Djilas oder Die bestrafte Reue* in: Forum, Nr. 106, 9. Jg., Wien 1962; *Die falschen Situationen – T. E. Lawrence und seine zwei Legenden* in: Die Achillesferse, Köln 1957; *Der Mensch und seine Taten* und *Der Attentäter* in deutscher Sprache erstmals in: Leben in dieser Zeit – Sieben Fragen zur Gewalt, Wien 1972.